हमला

हमला

हरी मूलिश

अनुवाद

विष्णु खरे

वाणी प्रकाशन

ISBN : 978-81-7055-194-2

वाणी प्रकाशन
21-ए, दरियागंज, नयी दिल्ली-110002
द्वारा प्रकाशित

प्रथम संस्करण : 2003

आमुख़ तथा पिछला कवर : इसी उपन्यास पर आधारित, कॉमन सिटी प्रोडक्शंस के लिए फ़्रोंस रादेमाकर्स द्वारा निदेशित, 1986 के सर्वश्रेष्ठ विदेशी फ़िल्म ऑस्कर पुरस्कार से सम्मानित फ़िल्म 'द आंस्लख़' के दृश्य।

The financial support of the Foundation for the Production and Translation of Dutch Literature is gratefully acknowledged

मूल्य : रुपये 350.00

नागरी प्रिंटर्स, दिल्ली-110032
में मुद्रित

HAMALA : Hindi Translation, by **Vishnu Khare, of Harry Mulisch's Dutch Novel De aanslag**

अनुवादकीय टिप्पणी

डच भाषा का मेरा ज्ञान लगभग नहीं के बराबर है किंतु जर्मन और डच में निकट का संबंध है और चूँकि जर्मन से मेरा थोड़ा-बहुत परिचय है इसलिए यह अनुवाद मूल कृति को सामने रखकर उसके जर्मन तथा अंग्रेज़ी भाषांतरों से उसका मिलान करते हुए उन्हीं के माध्यम से किया गया है।

'हमला' में मुख्यतः यूरोपीय इतिहास, भूगोल, साहित्यों आदि तथा अम्स्तर्दम के आसपास के एवं हॉलैंड के कुछ इलाकों के कई हवाले आए हैं लेकिन वे कुछ आंतरिक संकेतों, संदर्भों या व्याख्याओं से और कुछ सामान्य अनुमान से स्पष्ट हो जाएँगे ऐसी आशा है।

डच नामों के उच्चारणों के समीपतम रहने की कोशिश की गई है किंतु केवल एक नाम 'Fake' नागरी लिपि में फ़ाके ही रहने दिया गया है जबकि उसका सही उच्चारण 'फ़ाक' है जिसमें 'क' को हिंदी उच्चारण के अभ्यस्त हलंत के बिना पूरा बोला जाना चाहिए।

अनुवाद में सहायता के लिए अनुवादक हॉलैंड के हिंदी विद्वान तथा अध्यापक तथा अम्स्तर्दम के 'इंदिआ इंस्तितूत' ('भारत संस्थान') के संचालक डॉ. दिक एफ़. प्लुक्कर तथा उनकी पत्नी अन का बहुत आभारी है किंतु स्पष्ट है कि अनुवाद की त्रुटियों की ज़िम्मेदारी अनुवादक की ही है।

विष्णु खरे

तालिका

"चारों ओर दिन हो चुका था, लेकिन यहाँ रात थी,
नहीं, रात से भी बढ़कर"

प्लीनी कनिष्ठ
पत्र, IV, 16

यह अनुवाद अनुवादक की ओर से
'तमस' के लेखक भीष्म साहनी को

पूर्वपीठिका

बहुत, बहुत पहले, दूसरे विश्वयुद्ध के दौरान, एक अंतॅन स्तेनवेइक अपने माता-पिता और भाई के साथ हार्लम के बाहरी इलाके में रहता था। वहाँ चार घर एक-दूसरे के पास एक घाट पर खड़े हुए थे जो पानी के किनारे सौ मीटर के करीब लंबा पसरा हुआ था। एक हल्के मोड़ के बाद घाट सीधा होकर एक सामान्य सड़क बन जाता था। हर घर एक बग़ीचे से घिरा हुआ था और हर एक के एक छज्जा, खाँचा-खिड़कियाँ और खड़े ढलान वाली छत थी जिससे वह एक शालीन विला जैसा दिखता था। सबसे ऊपर की मंज़िल के सभी कमरों की दीवारें तिरछी थीं। ये घर कुछ-कुछ ख़स्ता-हाल थे और रंग-रोग़न की ज़रूरत में थे क्योंकि सदी के तीसरे दशक से ही उनके रख-रखाव में लापरवाही की गई थी। हर एक का गर्व-भरा, मध्यवर्गीय नाम अधिक सुखी दिनों की उपज था :

सुदर्शन चिंतामुक्त कल्पनातीत शांतिदुर्ग

अंतॅन बाएँ से दूसरे घर में रहता था, जिसकी छत फूस की थी। युद्ध के कुछ ही पहले जब उन लोगों ने उसे किराये पर लिया था तब ही उसका नाम 'चिंतामुक्त' न होता तो उसके पिता ने उसका नाम ग्रीक वर्णमाला और भाषा में 'एल्यूथेरा' (मुक्तिदान) जैसा कुछ लिखवाना ज़्यादा पसंद किया होता। सर्वनाश होने से पहले अंतॅन सोचता था कि 'चिंतामुक्त' का मतलब होता है जिस जगह चिंताएँ मुक्त रूप से आती हैं, चिंताओं से मुक्त जगह नहीं; वैसे ही जैसे कोई समझे कि अमूल्य का मतलब बिना दाम की कोई चीज़, बजाय इसके कि ऐसी वस्तु जो मूल्य से परे हो।

बेउमर दंपति, एक बीमार रिटायर्ड वकील और उनकी पत्नी, 'सुदर्शन' में रहते थे। अंतॅन कभी-कभी एक कप चाय और केक के लिए उनसे उनके यहाँ मिलने जाया करता था, उन दिनों जब वाक़ई चाय और केक जैसी चीज़ें हुआ करती थीं—यानी, इस कहानी के शुरू होने के बहुत पहले, जो कि एक हादसे की कहानी है। कभी-कभी मिस्टर बेउमर उसे द्यूमा के उपन्यास 'तीन बंदूक़बाज़' का एकाध हिस्सा पढ़कर सुनाते।

मिस्टर कोर्तेवेख़ 'कल्पनातीत' में रहनेवाले पड़ोसी थे, जो अंतॅन के घर की

दूसरी तरफ़ पड़ता था। वे पहले व्यापारी जहाजरानी में सेकंड मेट थे लेकिन युद्ध की वजह से अब बेकार थे। उनकी पत्नी की मृत्यु के बाद उनकी बेटी कारिन, जो एक नर्स थी, वापस घर आ गई थी। कभी-कभी अंतॅन उनके यहाँ भी जाता था, पिछवाड़े की बागड़ में एक ख़ाली जगह के जरिए। कारिन हमेशा दोस्त-जैसी थी, लेकिन उसके पिता अंतॅन की ओर कोई ध्यान नहीं देते थे।

उस घाट पर आपसी मेल-जोल बहुत ज़्यादा नहीं था। सबसे अलग-थलग रहने वाले पड़ोसी थे आर्त्स, जो लड़ाई के शुरू होने के वक़्त से 'शांतिदुर्ग' में रहते थे। ऐसा कहा जाता था कि मिस्टर आर्त्स किसी बीमा कंपनी में काम करते हैं हालाँकि कोई भी वाक़ई ठीक-ठीक नहीं जानता था।

लगता था कि ये चार घर किसी एक नये आवास विकास की शुरूआत के रूप में सोचे गए थे लेकिन उसका आगे कुछ हुआ नहीं। वे परती ज़मीन से घिरे हुए थे जिस पर ख़ूब खरपतवार और झाड़ियाँ उगी हुई थीं, और कुछ ऊँचे पेड़ तक थे। अंतॅन ज़मीन के इन अविकसित टुकड़ों पर एक दूर के मुहल्ले के लड़कों के साथ खेलता हुआ अपना अधिकांश समय बिताता था। कभी-कभी देर झुटपुटे में जब उसकी माँ उसे घर बुलाना भूल जाती तब एक सुगंधित ख़ामोशी उठती और उसे आशाओं से भर देती—किसकी, यह वह नहीं जानता था। बाद की बातों से संबंधित कुछ, जब वह बड़ा हो जाएगा—वे चीज़ें जो तब होंगी। निश्चल धरती, पत्तियों, अचानक चहचहाने वाली और आसपास खुरचने वाली दो गौरैयों से संबंधित कुछ। किसी दिन जीवन उन शामों की तरह होगा, रहस्यमय और अनंत, जब वह ख़ुद भुला दिया जाएगा।

घर के सामने की सड़क के पत्थर आड़े जमाए गए थे। रास्ते की कोई पटरी नहीं थी। वह एक ऐसे घास वाले कूल में बिला जाता था जो धीरे-धीरे नीचे नाव खींचनेवाले मार्ग तक उतरता था, जहाँ पीठ के बल लेटने में मज़ा आता था। चौड़ी नहर के ऊँचे-नीचे, घुमावदार कूल से पता लगता था कि वह कभी एक नदी रही होगी। पानी की दूसरी तरफ़ कुछ खेतिहर मजदूरों की झोपड़ियाँ और छोटे खेत थे; दाहिने ओर, जहाँ कूल मुड़ता था, एक पवनचक्की थी जो कभी चलती न थी। खेतों के पीछे, चरागाह क्षितिज तक फैले हुए थे। और आगे अम्स्तर्दम फैला हुआ था। उसके पिता ने उसे बताया था कि युद्ध से पहले शहर की बत्तियों की दमक बादलों पर प्रतिबिंबित होती दिखती थी। अंतॅन कई बार वहाँ गया था, चिड़ियाघर और शाही अजायबघर देखने, और रात अपने मामा के यहाँ रुका था।

घासदार तट पर लेटे हुए और दूर तकते हुए, उसे कभी-कभी अपने पैर मोड़ने पड़ते थे क्योंकि मानो किसी और सदी से बाहर कदम रखता हुआ एक आदमी रौंदे हुए नाव खींचने वाले रास्ते पर चलता आता था। उस आदमी की कमर से कई गज़ लंबे एक डंडे का किनारा बँधा होता, जबकि उसका दूसरा किनारा एक बजरे

के सामने वाले हिस्से से जुड़ा होता। भारी कदमों से चलता हुआ वह उस डंडे को धकाता और इस तरह नाव को पानी में से चलाता। अक्सर एक औरत जो ऊपर एप्रन पहने हुए होती और जिसके बाल पीछे एक गठान में बँधे होते, बजरे का चका चला रही होती और एक बच्चा डैक पर खेल रहा होता।

दूसरे वक्तों पर आदमी डैक पर रहता और नाव के किनारे के बराबर आगे-आगे चलता, पानी के भीतर से उस डंडे को अपने पीछे खींचता हुआ। जब वह नाव की अगवाड़ तक पहुँचता तो उस डंडे को नहर के तले में तिरछा गाड़ देता, उसे मज़बूती से पकड़ता और पीछे चलता जिससे वह नाव को अपने पैरों के नीचे से आगे धकाता। इससे अंतॅन को ख़ास तौर पर मज़ा आता : एक आदमी किसी चीज़ को आगे बढ़ाने के लिए ख़ुद पीछे चलता हुआ, लेकिन ख़ुद उसी जगह पर रुका हुआ। इसमें कुछ बहुत ही अजीब था लेकिन यह उसका निजी भेद था जिसे उसने किसी को नहीं बताया था। बहुत बाद में ही, जब उसने अपने बच्चों को उसके बारे में बताया, उसे यह अहसास हुआ कि उसने कितना पुराना ज़माना देखा था। सिर्फ़ अफ़्रीका और एशिया के बारे में बनी फ़िल्मों में अभी भी ऐसी चीज़ें देखी जा सकती थीं।

दिन में कई बार तिरते हुए बजरे, गहरे-भूरे पालों वाले खूब लदे हुए जहाज़ चुपचाप पहले मोड़ के पास उभरते और अदृश्य हवा से आगे धकाए गए अगले मोड़ पर ओझल हो जाते।

मोटर-बोट अलग थीं। लपकते हुए उनके सिरे पानी को अंग्रेज़ी के 'वी' अक्षर के आकार में चीरते जो फैलता हुआ नहर के दोनों किनारों तक पहुँच जाता। वहाँ पानी ऊपर-नीचे थपथपाने लगता हालाँकि बोट पहले ही बहुत दूर जा चुकी होती। फिर लहरें उछलकर लौटतीं और एक उल्टा 'वी' बनातीं, जो पहले वाले 'वी' से छेड़छाड़ करता, रूपांतरित हो वे दूसरे किनारे को लौटतीं और फिर उछलकर वापस होतीं—जब तक कि सारे जल पर तरंगों की एक जटिल पट्टी न विकस आती जो कई मिनटों तक बदलती रहती, फिर अंत में समतल हो जाती।

हर बार अंतॅन समझने की कोशिश करता कि यह ठीक-ठीक होता कैसे है लेकिन हर दफ़ा वह बनावट इतनी पेचीदा हो जाती कि वह और उसका पीछा न कर पाता।

पहला प्रसंग
1945

1

शाम के कोई साढ़े सात बजे थे। लकड़ी के कुछ टुकड़ों से ज़िंदा रखी गई कोयले की अँगीठी हौले-हौले घुरघुरा रही थी, और फिर बुझ गई थी। अपने माता-पिता और पेतर के साथ अंतॅन पिछले कमरे में मेज़ के पास बैठा हुआ था। एक रकाबी पर करीब एक फूलों के गमले जितना जस्ते का एक बेलन जैसा रखा हुआ था। उसके ऊपर गुलेल की दो डंडियों सरीखी एक पतली नली लगी हुई थी जिसकी नोकों पर बने हुए छोटे-छोटे छेदों में से एक-दूसरे को निशाना बनाती हुई चौंधिया देने वाली दो सफ़ेद तीखी लपटें निकलती थीं। इस अजीब-सी चीज़ से कमरे में एक मैला उजाला होता था। कई बार सुधारे और रफ़ू किए गए धुले कपड़े गहरी परछाइयों के सामने छाया-चित्रों जैसे लटके सूख रहे थे। उजाला बग़ैर इस्तरी की कमीज़ों के अंबार, भोजन गरम रखनेवाले डिब्बे और पिता के पढ़ने के कमरे की किताबों के दो ढेरों को उजागर करता था—जो ढेर रसोई की मेज़ पर था वह पढ़नेवाली पुस्तकों का था, उपन्यासों का जो अम्बार फ़र्श पर था वह उस आपात्कालीन अँगीठी को चेताने के काम में तब आता था जब उस पर खाना बनाने के लिए कुछ मिल जाता था। अख़बार महीनों से नहीं आए थे।

सोने को छोड़कर रोज़मर्रा की सारी ज़िंदगी इसी कमरे में गुज़रती थी जो कभी रसोईघर हुआ करता था। दरवाज़े के सरकने वाले पल्ले बंद रखे जाते थे। रहने का असली कमरा, जो दरवाज़े के पीछे सड़क की तरफ़ था, सारी ठंड इस्तेमाल नहीं किया गया था। सर्दी से बचाव के लिए दिन में भी उसके पर्दे गिरे रहते थे जिससे घाट की ओर से देखने पर घर वीरान लगता था।

जनवरी उन्नीस सौ पैंतालीस का वक्त था। तकरीबन सारा यूरोप आज़ाद किया जा चुका था और एक बार फिर जश्न मना रहा था, पी रहा था, प्रेम कर रहा था और लड़ाई को भूलना शुरू कर रहा था। लेकिन रोज़मर्रा का हार्लम उन झुलसी हुई भूरी ईंटों जैसा था जो उस ज़माने में अँगीठियों से निकाल दी जाती थीं जब जलाऊ कोयला मिला करता था।

उसकी माँ के सामने वाली मेज़ पर एक गहरे नीले रंग की ऊनी बनियान

पड़ी हुई थी। उसने उसे आधा उधेड़ लिया था। अपने बाएँ हाथ में वह ऊन के बढ़ते हुए गोले को पकड़े हुए थी जिस पर उसका दायाँ हाथ फुर्ती से बनियान का धागा लपेटता जाता था। अंतॅन धागे को तेजी से आगे-पीछे दौड़ते देखता रहा जबकि उस बीच बनियान दुनिया से ग़ायब हो गई। सपाट लेटी हुई बाँहें ऐसी दिख रही थीं जैसे वे अपनी पूरी ताकत से अपने को एक गोले में तब्दील होने से रोकती हुई मोर्चे पर डटी हुई हों। उसकी माँ उसकी तरफ़ देखकर पल-भर मुस्कराई और उसने अपनी आँखें फिर अपनी किताब में गड़ा लीं।

उसकी माँ की सुनहरी लटें उसके कानों पर सीपियों के आकार में लिपटी हुई थीं। बीच-बीच में वह रुककर अपनी एवजी शीतल चाय का एक घूँट पीती थी जो पिछवाड़े जमे हुए बर्फ़ से बनाई गई थी क्योंकि नल में पानी जम चुका था। उसके दाँत में एक सूराख़ हो गया था जिसे उसी वक्त ठीक करवा पाना संभव नहीं था; उसका दर्द कम करने के लिए उसने अपनी दादी की तरह एक लौंग उस जगह रख ली थी जो उसे रसोई में कहीं मिल गई थी। वह सीधी बैठी हुई थी लेकिन मेज़ की दूसरी तरफ़ उसका पति झुका हुआ कोई किताब पढ़ रहा था। उसकी गंजी चाँद पर उसके सफ़ेद होते हुए काले बाल घोड़े की नाल के आकार में उगे हुए थे। कभी-कभी वह अपनी साँस से अपनी हथेलियों में फूँकता था जो बड़ी और बेडौल थीं हालाँकि वह कोई मज़दूर नहीं बल्कि ज़िला अदालत में किरानी था।

अंतॅन अपने भाई के पुराने कपड़े पहने हुए था जबकि पेतर अपने पिता का एक बहुत बड़ा काला सूट लटकाए हुए था। पेतर सत्रह का था और चूँकि उसने उस वक्त बढ़ना शुरू किया था जब खाने की चीज़ें लगातार घटती गई थीं इसलिए उसका शरीर ऐसा दिखता था जैसे जलाऊ टहनियों से बना हो। वह अपना स्कूल का काम कर रहा था। उसने दो महीने से सड़क पर कदम नहीं रखा था क्योंकि वह इतना बड़ा था कि पुलिस उसे गिरफ्तार करके जर्मनी के किसी मजदूर-शिविर में भेज सकती थी। वह अभी हाइस्कूल की दूसरी कक्षा में ही था क्योंकि वह दो बार फ़ेल हो चुका था। अब पिता उसे होमवर्क समेत सब-कुछ करवा रहे थे ताकि वह और भी न पिछड़ जाए।

दोनों भाई क़तई एक-दूरारे से नहीं दिखते थे; और न उनके माता-पिता। कुछ पति-पत्नी विचित्र ढंग से एक-जैसे दिखते हैं (शायद इसका मतलब यह होता है कि पत्नी अपने पति की माँ जैसी दिखती है और पति अपनी पत्नी के पिता जैसा, या शायद इससे भी कुछ पेचीदा चीज़ होती हो, जो कि वह बेशक़ होती ही है)। हालाँकि, स्तेनवेइक दम्पति की दो स्पष्ट अस्मिताएँ थीं। बेटों में पेतर की रंगत अपनी माँ की तरह सुनहरी-नीली थी, अंतॅन का रंग अपने पिता जैसा गहरा बादामी था, यहाँ तक कि दोनों की आँखों के चारों ओर की भूरी त्वचा का ज़्यादा गहरे रंग का होने का ढंग भी एक-जैसा था।

उस वक्त अंतॅन भी स्कूल नहीं जा रहा था। वह छठवीं कक्षा में था लेकिन कोयले की क़िल्लत की वजह से क्रिसमस की छुट्टियाँ ठिठुरन-भरे मौसम के ख़त्म होने तक बढ़ा दी गई थीं।

उसे भूख लगी थी लेकिन उसे मालूम था कि सुबह से पहले उसे चुकंदर के शीरे से चुपड़ी अपनी चिपचिपी भूरी सैंडविच नहीं मिलने वाली। उस तीसरे पहर वह बच्चों के स्कूल की बड़ी रसोई में एक घंटे तक कतार में खड़ा रहा था। अँधेरा होने के बाद ही बंदूक़धारी सिपाही के पहरे में भगोनोंवाली पहियागाड़ी सड़क पर पहुँची थी। जब यकबारगी अंतॅन की पर्चियों को छेद दिया गया तभी चार करछुल पनीला शोरबा उस बर्तन में उँड़ेला गया जिसे वह अपने साथ लाया था। ज़मीन के टुकड़ों को पार करता हुआ जब वह घर लौट रहा था तो उसने उस गुनगुने, खट्टे काढ़े को थोड़ा-सा चखा था। खुशक़िस्मती यह थी कि वह जल्द ही सोने जा रहा था; उसके सपनों में हमेशा शांति रहती थी।

कोई कुछ नहीं बोल रहा था। बाहर भी एकदम चुप्पी थी। लड़ाई हमेशा के लिए चली थी और हमेशा तक चलेगी। रेडियो नहीं, टेलीफ़ोन नहीं, कुछ नहीं, लपटें फुफकार रही थीं। बीच-बीच में वे फटफटाती थीं। उसने एक गुलूबंद लपेट रखा था, उसके पैर उस पाँवदानी में घुसे हुए थे जिसे उसकी माँ ने एक पुरानी सौदे-सुल्फ़ की थैली से बनाया था। अंतॅन 'प्रकृति और तकनीक' पत्रिका में एक लेख पढ़ रहा था। उसके जन्मदिन पर उसे 1938 के संस्करण की एक पुरानी, जिल्द-बँधी प्रति उपहार में मिली थी : 'हमारी भावी पीढ़ियों को एक पत्र'। एक फ़ोटो में खाए-पिए अमेरिकियों का एक झुंड दिखाया गया था जो कमीज़ें पहने हुए थे और अपने सिरों के ऊपर लटकते हुए एक टॉर्पीडो के आकार के बड़े, चमकदार कैप्स्यूल को देख रहे थे। कैप्स्यूल 15 मीटर गड्ढे में उतारा जाने वाला था। पाँच हज़ार वर्षों बाद वह उस युग की पीढ़ी द्वारा खोदा और खोला जाएगा जो तब यह जान सकेगी कि न्यूयॉर्क के विश्व मेले के समय पर मानव-सभ्यता कैसी थी। उस कैप्स्यूल के भीतर कपएलॉय नामक अद्भुत दीर्घजीवी धातु से बने एक अग्निरोधक काँच का बेलनाकार था जिसमें सैकड़ों वस्तुएँ भरी हुई थीं : माइक्रोफ़िल्म पर विज्ञान, तकनीक और कलाओं का एक करोड़ शब्दों और एक हज़ार चित्रों वाला एक सर्वेक्षण, अख़बार, सूचीपत्र, प्रसिद्ध उपन्यास, बाइबिल, बेशक़, और 'हमारे पिता' शब्दों से शुरू होने वाली ईसाई प्रार्थना तीन सौ भाषाओं में। साथ में विख्यात व्यक्तित्वों के संदेश, जापानियों द्वारा 1937 में केंटन पर की गई बमबारी की फ़िल्में, बीज, बिजली का प्लग, सरकने वाला पैमाना और हर क़िस्म की दूसरी चीज़ें—यहाँ तक कि महिलाओं का एक हैट भी जिसका 1938 की पतझड़ में काफ़ी चलन था। सीमेंट में गाड़े गए उस कैप्स्यूल की ठीक-ठीक जगह के ब्यौरे देता हुआ एक दस्तावेज़ सभी महत्त्वपूर्ण पुस्तकालयों और संग्रहालयों को भेजा गया था ताकि सत्तरवीं शताब्दी में उसे फिर निकाला जा

सके। लेकिन अंतॅन को इस बात पर अचरज हुआ कि लोगों को ठीक सन् 6938 तक क्यों इंतज़ार करना पड़ेगा? क्या उससे बहुत पहले वह दिलचस्प नहीं होगा?

"पापा, पाँच हज़ार वर्ष पहले का वक्त कितना होता है?"

"ठीक पाँच हज़ार वर्ष का," स्तेनवेइक ने अपनी किताब से बिना सिर उठाए कहा।

"हाँ, वह तो मैं जानता हूँ। लेकिन क्या तब पहले भी...मेरा मतलब है..."

"जो तुम्हारा मतलब है वह कहो।"

"यानी क्या आज की तरह लोग तब भी..."

"सभ्य थे?" माँ ने पूछा।

"हाँ।"

"तुम खुद लड़के को क्यों ठीक-ठीक सवाल नहीं बनाने देतीं?" अपने चश्मे के ऊपर से अपनी पत्नी को देखते हुए स्तेनवेइक ने पूछा। और फिर अंतॅन से कहा, "मिस्र और मेसोपोटेमिया में सभ्यता उस वक्त शुरूआती हालत में थी। क्यों पूछ रहे हो?"

"क्योंकि इसमें लिखा है कि उससे भी ज़्यादा..."

"हो गया!" पेतर ने कहा और अपने शब्दकोशों और व्याकरण से गर्दन उठाकर ऊपर देखा। उसने अपना स्कूल का काम पिता के सामने सरका दिया और आकर अंतॅन के पास खड़ा हो गया।

"तू क्या पढ़ रहा है?"

"कुछ नहीं," अंतॅन ने किताब पर झुककर उसे अपने सीने और तिरछे हाथों से अपने भाई से छिपाते हुए कहा।

"मत करो ऐसा, तोनी," उसकी माँ ने कहा और उसे खींचकर सीधा बिठा दिया।

"मुझे तो वह कभी अपनी किताब नहीं देखने देता!"

"ये एक गंदा झूठ है, अंतॅन मुस्सर्त," पेतर बोला, जिस पर अंतॅन ने अपनी नाक दबाकर पिनपिनी आवाज़ में गाना शुरू किया :

मैं अभागा था जनम का
और अभागा ही मरूँगा...

"चुप!" स्तेनवेइक ने ज़ोर से कहा और मेज़ पर अपनी हथेली मारी।

बेशक यह परेशानी की बात थी कि हालैंड की नात्सी पार्टी के नेता अंतॅन मुस्सर्त की तरह उसका पहला नाम भी अंतॅन था और उसे लेकर उसे बहुत चिढ़ाया भी जाता था। लड़ाइ के दौरान हॉलैंड के फ़ासिस्ट अक्सर अपने बेटों का नाम अंतॅन या अडोल्फ़ या कभी-कभी अंतॅन अडोल्फ़ तक रखा करते थे और उनके जन्म की सूचनाएँ जर्मन चिह्नों या डच नात्सी पार्टी के निशान भेड़ियों को पकड़ने वाले पिंजरे

से सजाकर भेजते थे। बाद में जब वह कभी किसी ऐसे नाम वाले से या तोन या डोल्फ़ जैसे उपनाम वाले से मिलता तो वह कोशिश करके पता लगाता कि वे लड़ाई के दौरान तो पैदा नहीं हुए थे। यदि वैसा होता तो यह उस बात का पक्का सबूत होता कि उनके माता-पिता नात्सियों के सहयोगी थे और सिर्फ़ थोड़े-से ही नहीं। लड़ाई के दस-पंद्रह वर्ष बाद अंतॅन नाम फिर स्वीकार्य होने लगा जिससे यह पता चलता है कि अंतॅन मुस्सर्त दरअसल कितना नगण्य था। क्योंकि अडोल्फ़ नाम अब भी नहीं चल पाया है। जब तक लोगों को अडोल्फ़ कहकर न पुकारा जा सके तब तक हम दूसरे विश्वयुद्ध को सच में भूल नहीं पाएँगे। लेकिन इसका मतलब यह है कि उसके लिए हमें तीसरी लड़ाई की ज़रूरत होगी, इसलिए बेहतर यही होगा कि हम अडोल्फ़ों के बग़ैर ही काम चला लें।

जहाँ तक उस गीत का सवाल है जो अंतॅन अपने बचाव में गा रहा था, वह भी निरर्थक हो चुका है। वह पेतर पेष नामक एक रेडियो-हास्यकार द्वारा नाक से उस वक्त गायी गई पंक्तियाँ थीं जब रेडियो पर पाबंदी नहीं लगाई गई थी। डच भाषा में पेष का अर्थ बदक़िस्मती या परेशानी होता है। लेकिन उस ज़माने की और भी बहुत सारी चीज़ें हैं जो आज, ख़ास तौर पर खुद अंतॅन के लिए, बेमानी हो चुकी हैं।

"तुम यहाँ आकर मेरे पास क्यों नहीं बैठते?" स्तेनवेइक ने स्कूल का काम देखना शुरू करते हुए पेतर से कहा। उसने गंभीर आवाज़ में ज़ोर से अनुवाद पढ़ना शुरू किया :

> ठीक जैसे जब वर्षा और पिघलते हुए बर्फ़ से आप्लावित, पर्वतों से घाटी के जलक्षेत्र को बहती हुई और प्रचुर निर्झरों से उमड़ती हुई नदियाँ अपने धँसे हुए तलों में एकत्रित होती हैं—और सुदूर पर्वत पर चरवाहा उनका मंद्र गर्जन सुनता है—उसी तरह हाथोंहाथ की लड़ाई में लगे हुए सैनिकों की पुकारें और यंत्रणापूर्ण संघर्ष सुनाई दे रहे थे।

"कितना सुंदर है यह," स्तेनवेइक ने कुर्सी पर पीछे टिकते हुए और अपना चश्मा उतारते हुए कहा।

"सचमुच, शानदार," पेतर ने कहा। "ख़ासकर जब मैंने इस घटिया वाक्य पर डेढ़ घंटे मेहनत की हो।"

"यह एक पूरे दिन के लायक है। देखो तुलना के लिए वह कैसी वक्रता से प्रकृति का आह्वान करता है। तुमने ध्यान दिया? जो याद रह जाता है वह है प्रकृति का चित्र, लड़ते हुए सैनिक नहीं—और वह प्रकृति का चित्र बना रहता है। युद्ध ग़ायब हो चुका है, लेकिन नदियाँ अभी-भी हैं, आदमी उन्हें अभी-भी सुन सकता है, और फिर वह स्वयं वह चरवाहा बन जाता है। मानो वह यह कहना चाहता हो कि अस्तित्व का सब-कुछ एक दूसरे यथार्थ का एक रूपक है और समूची सार्थकता उस दूसरे

यथार्थ को ग्रहण कर पाने में है।"

"तो वह दूसरा यथार्थ युद्ध होना चाहिए," पेतर ने कहा।

स्तेनवेइक ने ऐसा जताया जैसे उसने वह सुना न हो।

"बेटे तुमने बहुत बढ़िया अनुवाद किया है। सिर्फ़ एक ग़लती है—वे मिलनेवाली कई, बहुवचनीय नदी नहीं हैं बल्कि दो नदियाँ हैं।"

"यह कहाँ कहता है?"

"यहाँ : 'सिम्बाल्लेतोन', यह द्विवचनीय है, दो वस्तुओं का मिलन। अब दो सेनाएँ भी सही लगती हैं। यह एक ऐसा रूप है जो सिर्फ़ होमर में मिलता है। 'सिम्बल' शब्द याद करो जो 'सिम्बाल्लो' से बनता है, 'मिलाना', 'सम्मेलन'। तुम्हें पता है 'सिम्बोलोन' क्या होता था?"

"नहीं," पेतर ऐसे स्वर में बोला जिसकी ध्वनि यह थी कि उसे कोई परवाह नहीं थी।

"क्या होता था, पापा?" अंतॉन ने पूछा।

"वह एक पत्थर होता था जिसके वे दो टुकड़े कर देते थे। मान लो मैं किसी और शहर में किसी का मेहमान हूँ और उससे पूछता हूँ कि क्या वह तुम्हें भी अपने यहाँ ठहरने देगा। उसे कैसे मालूम हो कि तुम सचमुच मेरे बेटे हो? हम दोनों एक सिम्बोलोन बनाते हैं। आधा हिस्सा वह रखता है और घर लौटकर दूसरा आधा मैं तुम्हें देता हूँ। ताकि जब तुम उसके यहाँ जाओ तो दोनों हिस्से ठीक-ठीक जुड़ सकें।

"यह तो बहुत बढ़िया बात है," अंतॉन ने कहा। "एकाध दिन में इसे आज़माऊँगा।"

आह भरते हुए पेतर मुड़ा। "ईश्वर के वास्ते आख़िर मुझे यह सब क्यों पढ़ना है?"

"ईश्वर के लिए नहीं," स्तेनवेइक ने उसको अपने चश्मे के ऊपर से तकते हुए कहा, "मानविकी के लिए। तुम्हें पता चलेगा कि बाकी सारे जीवन भर तुम्हें इससे कितना आनंद मिलेगा।"

पेतर ने फटाक से अपनी पुस्तकें बंद कीं, उनका ढेर लगाया और एक विचित्र स्वर में कहा, "जो मानव को देखता है वह यदि हँस सकता है तो हँसता है।"

"इससे किसका क्या लेना-देना है पेतर?" उसकी माँ ने पूछा। अपनी जीभ से उसने फिर लौंग को वापस उसकी जगह पर सरका दिया।

"कुछ भी नहीं।"

"मुझे यही डर था," स्तेनवेइक ने कहा। "Sunt pueri pueri pueri puerilia tractant. लड़के लड़के ही रहेंगे।"

बनियान ग़ायब हो चुकी थी और श्रीमती स्तेनवेइक ने ऊन के गोले को सिलाई की टोकरी में सजा दिया।

"चलो सोने से पहले कोई खेल खेलते हैं।"

"अभी से ही सोने?" पेतर ने कहा।

"गैस की बचत करनी है। कुछ ही दिन की बची है।"

श्रीमती स्तेनवेइक ने अलमारी की दराज़ से डिब्बा निकाला, लैंप को एक तरफ़ सरकाया और खेल की बिसात को खोला।

"मैं हरी लूँगा," अंतॅन ने कहा।

पेतर ने उसकी तरफ़ देखा और माथे पर उँगली से खटखटाया।

"तुझे लगता है तू हरी से जीत जाएगा?"

"पक्का।"

"चल देखते हैं।"

स्तेनवेइक ने अपनी किताब रख दी। एक पल के बाद सिर्फ़ बिसात पर पाँसे फेंकने और गोटियाँ चलने की आवाज़ें आ रही थीं। आठ बजने को थे : कर्फ़्यू। बाहर इतनी चुप्पी थी जैसी चंद्रमा पर रहती होगी।

2

उस वक़्त उस ख़ामोशी में जिसका नाम हॉलैंड था अचानक छः गोलियों के चलने की आवाज़ें गूँजी। पहले एक सड़क के बीच से सुनाई पड़ी, फिर फ़ौरन एक के बाद एक दो, और कुछ पलों के बाद, चौथी और पाँचवीं। एक क्षण के बाद एक तरह की चीख़ आई, उसके बाद छठवीं गोली की आवाज़। अंतॅन, जो पाँसा चलने वाला था, जड़ होकर अपनी माँ की ओर देखने लगा, उसकी माँ उसके पिता की ओर, पिता सरकने वाले दरवाज़े की ओर; लेकिन पेतर ने कोयले के लैंप का ढक्कन उठाया और उसे उसकी लौ पर ढँक दिया।

अचानक सब अँधियारा हो गया। पेतर खड़ा हुआ, सामने की तरफ़ लड़खड़ाया, दरवाज़े के पल्ले को सरकाया और घाट के तरफ़ वाली खिड़की के पर्दे की झिरी से झाँका। बैठक से ठिठुरा देने वाली ठंडी हवा फ़ौरन अंदर बहने लगी।

"किसी को गोली मारी है!" उसने कहा। "कोई वहाँ पड़ा हुआ है।" वह सामने के हॉल में दौड़ गया।

"पेतर!" उसकी माँ ने उसे पुकारा।

अंतॅन ने माँ को उसके पीछे जाते सुना। वह खुद कूद कर उठ खड़ा हुआ और दौड़कर घाट वाली खिड़की पर गया। बिना कोई ग़लती किए वह उस सारे अदृश्य असबाब से बचा जिसे उसने महीनों से नहीं देखा था : आरामकुर्सियाँ, काँच की पट्टी के नीचे गोटेदार मेज़पोश वाली नाटी गोल टेबिल, चीनी मिट्टी की थाली वाली खुली अलमारी और अपने दादा-दादी की तस्वीरें। पर्दे, खिड़की की सिल, सब कुछ बर्फ़ जैसा ठंडा था। इतने लंबे अर्से से किसी ने भी इस कमरे में साँस नहीं ली थी कि खिड़की के काँचों पर पाले के फूल जैसे निशान तक नहीं बने थे। चाँदनी रात नहीं थी लेकिन जमी हुई बर्फ़ तारों का उजाला लिए हुए थी। पहले उसने सोचा कि पेतर बकवास कर रहा था लेकिन उसने भी घाट वाली खिड़की की बाईं तरफ़ से वह देखा।

सूनी सड़क के बीचोंबीच, कोर्तेवेख साहब के घर के सामने, एक साइकिल पड़ी हुई थी जिसका उलटा हुआ सामने का पहिया अब भी घूम रहा था–एक ऐसा

नाटकीय दृश्य जिसे बाद में भूमिगत नात्सी-विरोधी सशस्त्र कार्रवाइयों पर बनी फ़िल्मों में बहुत नज़दीक से बार-बार दिखाया जाता रहा। पेतर बगीचे की पगडंडी पर से लँगड़ाता हुआ सड़क पर दौड़ गया। पिछले कुछ हफ़्तों से उसके पंजे पर एक फोड़ा हो गया था जो अच्छा नहीं हो रहा था और माँ ने उसके जूते का थोड़ा-सा हिस्सा काट कर निकाल दिया था ताकि उसे दर्द कम हो। वह साइकिल से कुछ ही दूर नाली में अचेत पड़े हुए एक आदमी के पास झुक गया। आदमी का दायाँ हाथ पटरी पर इस तरह टिका हुआ था जैसे वह सुस्ता रहा हो। अंतॅन ने काले बूटों की चमक और एड़ियों पर लोहे की नालें देखीं।

माँ ने दरवाज़े की सीढ़ियों से पेतर को एक ऐसी फुसफुसाहट में तुरंत अंदर आने को कहा जो आश्चर्यजनक ढंग से ऊँची थी। वह खड़ा हुआ, घाट तक दाएँ और बाएँ देखा, फिर दुबारा उस आदमी को, और लँगड़ाता हुआ घर आ गया।

"वह प्लूख़ है!" एक मिनट बाद अंतॅन ने हॉल में उसे कहते सुना, उसकी आवाज़ में जीत का स्वर था। "मुझसे पूछो तो दरवाज़े की सिल जैसा मुर्दा।"

अंतॅन भी पुलिस के बड़े दरोग़ा, हार्लम के सबसे बड़े हत्यारे और ग़द्दार फ़ाके प्लूख़ को जानता था : हेम्स्तेद के अपने घर से थाने आते-जाते हुए वह नियमित रूप से यहाँ से गुज़रता था। वह एक अनगढ़ चेहरे और चौरस कंधों वाला बड़े डील-डौल का आदमी था और अक्सर कमीज़, टाइ, खिलाड़ियों का एक भूरा कोट और टोप पहने रहता था। लेकिन उसका काला पतलून घुड़सवारों वाला हुआ करता था और वह लंबे जूते पहनता था और उससे हिंसा, घृणा और भय की किरणें फूटती थीं। उसके लड़के का नाम भी फ़ाके था और वह अंतॅन के साथ पढ़ता था। घाट वाली खिड़की से अंतॅन उसके बूटों को देखता रहा। वह उन्हें खूब पहचानता था क्योंकि कई बार फ़ाके को उसका पिता इसी साइकिल पर स्कूल छोड़ने आया था। जब भी वे स्कूल के प्रवेश पर पहुँचते, हर आदमी चुप हो जाता। पिता मखौल उड़ाता-सा चारों तरफ़ देखता लेकिन जब वह चला जाता तो बेटा आँखें झुकाए हुए अंदर आता और जैसे-जैसे अपना काम चलाता।

"तोनी!" उसकी माँ ने आवाज़ दी। "उस खिड़की से हटो!"

स्कूल खुलने के दूसरे दिन, जब फ़ाके के बारे में कोई जानता भी न था, वह नात्सी युवा संगठन की हल्की नीली वर्दी और काली और नारंगी टोपी पहनकर आया था। यह सितंबर की बात थी, उस पगलाए मंगलवार के कुछ ही दिन बाद, जब सबने सोचा था कि आज़ाद कराने वाली फौजें आने ही वाली है और अधिकांश नात्सी और उनका साथ देनेवाले ग़द्दार जर्मनी की सीमा पर या उसके पार भाग गए थे। फ़ाके क्लास में अकेला बैठ गया और अपनी किताबें निकालीं। विज्ञान के शिक्षक मिस्टर बोश दरवाज़े की मुठिया पर हाथ रखकर रास्ते में खड़े हो गए ताकि दूसरे विद्यार्थी अंदर न जा सकें। जो कुछ अंदर चले गए थे उन्हें उन्होंने वापस बुला लिया

था। उन्होंने फ़ाके के लिए ऐलान किया कि वर्दी में कोई विद्यार्थी नहीं आएगा, अभी ऐसी हालत नहीं हुई है और न कभी ऐसी हालत होगी, और उसे घर जाना होगा और कपड़े बदलने पड़ेंगे। फ़ाके ने कुछ नहीं कहा, पलट कर दरवाज़े की तरफ़ देखा भी नहीं, लेकिन बिना हिले-डुले बैठा रहा। कुछ देर के बाद प्रधानाध्यापक विद्यार्थियों को हटाते हुए आए और उत्तेजनापूर्वक शिक्षक से फुसफुसाते हुए कुछ कहने लगे लेकिन शिक्षक ने झुकने से इन्कार कर दिया।

अंतॅन भीड़ के आगे खड़ा हुआ था और बोश के हाथ के नीचे से खाली कमरे में बैठे हुए उस लड़के की पीठ देख रहा था। तब, धीरे-धीरे, फ़ाके मुड़ा और उसने सीधे अंतॅन की आँखों में देखा। अचानक अंतॅन उसके लिए एक अजीब दया से भर गया। फ़ाके आख़िर कैसे उस घर जा सकता था जहाँ उसका उस तरह का पिता मौजूद था? इसके पहले कि अंतॅन खुद जान पाता कि वह क्या कर रहा था, वह मिस्टर बोश के हाथ के नीचे से कूद कर निकला और अपनी डैस्क पर जा बैठा। इससे दूसरों का विरोध भी टूट गया। छुट्टी होने पर प्रधानाध्यापक उसके लिए हॉल में खड़ा हुआ था और कुछ पलों के लिए उसका हाथ पकड़कर वह फुसफुसाया कि उसने शायद आज मिस्टर बोश की जान बचा ली। अंतॅन जान नहीं पाया कि इस तारीफ़ से क्या समझे। उसने घर में इसके बारे में किसी को नहीं बताया, और इस घटना का कभी दुबारा ज़िक्र नहीं हुआ।

नाली में पड़ी लाश। पहिए ने घूमना बंद कर दिया था। ऊपर तारों से भरा अद्‌भुत आकाश। उसकी आँखें अब अँधेरे की आदी हो चुकी थीं और वह पहले से दस गुना बेहतर देख सकता था। अपनी तलवार उठाए हुए ओरिओन, आकाश-गंगा, एक जगमगाता, चमकीला ग्रह, शायद बृहस्पति—सदियों में कभी हॉलैंड का आस्मान इतना साफ़ नहीं रहा। क्षितिज पर दो धीरे-धीरे चलती हुई खोजबत्तियाँ एक-दूसरे को काटती हुई फैल गईं लेकिन किसी हवाई जहाज़ की आवाज़ सुनाई नहीं दी। उसने देखा कि वह अब भी एक पाँसा हाथ में लिए हुए है और उसने उसे अपनी जेब में रख लिया।

जब वह खिड़की से हटने ही वाला था कि उसने कोर्तेवेख़ को अपने घर से बाहर आते देखा और उनके पीछे-पीछे कारिन को। कोर्तेवेख़ ने प्लूख़ को कंधा पकड़कर उठाया, कारिन ने बूट पकड़कर और दोनों उसे बर्फ़ पर से घसीटने लगे, कारिन पीछे की तरफ़ चलती हुई।

"ये देखो," अंतॅन ने कहा।

उसकी माँ और पेतर ठीक उस वक्त देखने पहुँचे जब उन दोनों ने लाश को चिंतामुक्त के सामने रख दिया। प्लूख़ के टोप को, जो गिर गया था, कारिन ने उसकी लाश पर फेंक दिया। उसके पिता ने साइकिल को चिंतामुक्त के सामने वाली सड़क पर डाल दिया। अगले पल वे कल्पनातीत में ग़ायब हो गए।

स्तेनवेइक परिवार की घाट वाली खिड़की में हर प्राणी हक्का-बक्का खड़ा था। घाट फिर सूना हो गया था, हर चीज़ उतनी ही चुप थी जितनी पहले थी, फिर भी सब कुछ बदल गया था। मरा हुआ आदमी अब अपने हाथ सिर के ऊपर उठाए पड़ा हुआ था, उसके दाएँ हाथ में एक पिस्तौल थी, उसका लंबा कोट कमर पर सिमटा हुआ था जैसे प्लूख़ बहुत ऊँचाई से गिरा हो। अब अंतॅन उस बड़े चेहरे को साफ़-साफ़ पहचान गया था जिसके चिकने बाल नीचे को आकर पीछे हुए थे, लगभग अच्छी तरह जमे हुए।

"सत्यानाश हो!" अचानक पेतर फटी हुई आवाज़ में चीख़ा।

"ए, ए, ज़बान सँभाल के," स्तेनवेइक की आवाज़ पिछले कमरे के अँधेरे से आई। वह अब भी मेज़ पर बैठे हुए थे।

"हरामज़ादों ने उसे हमारे घर के सामने डाल दिया है!" पेतर चिल्लाया, "हे प्रभु येशू! जर्मनों के आने से पहले उसे हटाना पड़ेगा।"

"मत पड़ो उसमें," श्रीमती स्तेनवेइक ने कहा, "हमने कुछ नहीं किया है।"

"नहीं, नहीं, बस इतनी-सी बात है कि वह हमारे दरवाज़े के सामने पड़ा हुआ है! मालूम है उन्होंने ऐसा क्यों किया? क्योंकि जर्मन ज़रूर बदला लेंगे। जैसे पहले उन्होंने लाइद्स नहर पर किया था।"

"हमने कोई भी ग़लत काम नहीं किया है, पेतर।"

"उनको इसकी परवाह है? हमारा पाला जर्मनों से पड़ा हुआ है।" वह कमरे से निकला। "चल अंतॅन जल्दी कर। अपन दोनों यह काम कर सकते हैं।"

"तुम पागल हो गए हो?" श्रीमती स्तेनवेइक चीख़ीं। उनका गला रुँध गया, उन्होंने खँखार और लौंग को थूक दिया। "तुम क्या करना चाहते हो?"

"उसे वापस वहीं रखना—या श्रीमती बेउमर के दरवाज़े पर।"

"बेउमर के दरवाज़े पर? तुम्हें ऐसा ख़याल भी कैसे आता है?"

"बेउमर के सामने क्यों नहीं? उनका भी इससे कुछ लेना-देना नहीं है! अगर नदी न जमी होती...देखते हैं क्या हो सकता है।"

"नहीं, कुछ नहीं करना है!"

श्रीमती स्तेनवेइक दौड़ कर कमरे से बाहर गईं। खिड़की की पट्टी से जो धुँधली रोशनी सामने के हॉल में आ रही थे उसमें अंतॅन ने देखा कि उसकी माँ दरवाज़ा रोक कर खड़ी हो गई है। पेतर उसे बाजू में हटाने की कोशिश कर रहा था। उसने माँ को दरवाज़े में चाबी घुमाते और आवाज़ देते सुना, "विल्लम, तुम कुछ क्यों नहीं कह रहे हो?"

"हाँ...हाँ..." अंतॅन ने अपने पिता की आवाज़ सुनी जो अब भी पिछले कमरे में थे।

"मैं..."

दूर से फिर गोलियों की आवाज़ आई।

"अगर कुछ ही देर बाद उसे गोली लगी होती तो वह अभी श्रीमती बेउकर के घर के सामने पड़ा होता," पेतर ने कहा।

"हाँ..." स्तेनवेइक ने अजीब ढंग से टूटती हुई आवाज़ में हौले-से कहा, "लेकिन मामला वैसा नहीं है न।"

"वैसा नहीं है! मामला यह भी नहीं था कि वह यहाँ पड़ा हुआ था लेकिन अब मामला यही है!" पेतर ने सहसा कहा, "सच यह है कि मैं उसे वापस रख आऊँगा। मैं बस अकेले ही ऐसा करूँगा।"

वह रसोई के दरवाज़े की तरफ़ लपकने के लिए मुड़ा लेकिन दर्द से चीख़कर उन लट्ठों और टहनियों के ढेर पर गिर पड़ा जिन्हें उसकी माँ ने जमीन के खाली टुकड़ों के आखिरी पेड़ों को काटकर जमा दिया था।

"पेतर, भगवान के लिए!" श्रीमती स्तेनवेइक चीख़ीं। "तू अपनी ज़िंदगी से खेल रहा है!"

"वो तुम लोग कर रहे हो, उसकी ऐसी की तैसी।"

इसके पहले कि पेतर सँभल कर खड़ा हो, अंतॅन ने रसोई के दरवाज़े में चाबी लगाकर उसे हॉल में फेंक दिया जहाँ वह झनझनाकर अँधेरे में गायब हो गई, फिर वह सामने के दरवाज़े तक दौड़ गया और घर की चाबी के साथ भी उसने वैसा ही किया।

"सत्यानाश हो!" लगभग रोते हुए पेतर चीख़ा। "मुझे तुम सब पर तरस आता है, तरस।"

वह पिछले कमरे में गया, पर्दे फाड़ डाले और अपने अच्छे पैर से दरवाज़े-नुमा खिड़की को धक्का दिया। वह कड़कड़ाकर टूट गई और उसमें ठंड को रोकने के लिए लगाए गए काग़ज़ उड़ने लगे और अचानक अंतॅन ने बर्फ़ के बरक्स उकेरी हुई-सी अपने पिता की छाया-आकृति देखी। वे अब भी मेज़ के सामने बैठे हुए थे।

पेतर जैसे ही बग़ीचे में अदृश्य हुआ, अंतॅन भाग कर घाट वाली खिड़की पर पहुँचा। उसने अपने भाई को घर का चक्कर लगाकर बाड़ को फाँदते और प्लूख़ को बूटों से पकड़ते देखा। उस पल वह हिचकिचाता-सा लगा, शायद खून के कारण, शायद इसलिए कि वह तय नहीं कर पा रहा था कि किस तरफ़ जाए। लेकिन इसके पहले वह कुछ भी कर सके, घाट के छोर से चिल्लाने की आवाज़ें गूँजने लगीं।

"रुको! हिलना मत! हाथ ऊपर!"

तीन आदमी तेजी से साइकिलें चलाते आए। उन्होंने अपने दुपहिए सड़क पर फेंक दिए और दौड़ने लगे। पेतर ने प्लूख़ के पैर छोड़ दिए, उसके हाथ से पिस्तौल ले ली, लँगड़ाए बिना कोर्तेवेख़ के जंगले तक भागा और उनके घर के पीछे ग़ायब हो गया। आदमी एक-दूसरे पर चीख़ने लगे। उनमें से एक ने, जो टोप और बड़ा

कोट पहने हुए था, पेतर पर एक गोली चलाई और उसके पीछे दौड़ा।

अंतॅन को अपने पास अपनी माँ की मौजूदगी महसूस हुई।

"ये क्या हुआ? क्या वो लोग पेतर पर गोली चला रहे हैं? वह कहाँ है?"

"बाहर पीछे।"

चौड़ी आँखों से अंतॅन सब-कुछ देखता रहा। दूसरा आदमी, जो सेना पुलिस की वर्दी पहने हुए था, वापस दौड़कर अपनी साइकिल तक गया और उसे पूरी तेजी से चलाता लौट गया। तीसरा, जो सादा कपड़ों में था, पुश्ते के दूसरी तरफ़ निकल गया और अपने दोनों हाथों से एक पिस्तौल पकड़े हुए गून के रास्ते पर दुबक रहा।

अंतॅन खिड़की की सिल के नीचे छिप गया और मुड़ा। उसकी माँ कहीं दिखाई नहीं दे रही थी। मेज़ पर उसके पिता की छाया पहले से कुछ ज़्यादा झुकी हुई थी जैसे वे प्रार्थना कर रहे हों। फिर अंतॅन ने पीछे के आँगन से अपनी माँ को रात के विस्तार में पेतर का नाम फुसफुसाते सुना। ऐसा लगा जैसे वह ठंड जो अब घर में बह रही थी माँ की पीठ से उपज रही थी। उसके बाद कोई और आवाज़ न हुई।

अंतॅन सब कुछ देख और सुन रहा था लेकिन एक तरह से वह वहाँ समूचा मौजूद नहीं था। उसका एक अंश पहले से ही कहीं और या कहीं भी नहीं था। वह कुपोषण का शिकार था और अब ठंड से ठिठुर गया था किंतु यही सब कुछ नहीं था। यह पल—बर्फ़ के बरक्स उसके पिता की कटी-हुई जैसी आकृति, उसकी माँ तारों के उजाले के तले छत पर—शाश्वत हो गया, उस सबसे अलग हो गया जो उसके पहले हुआ था या बाद में होगा। यह उसका एक अंश बन गया और शेष सारे जीवन भर उसके साथ यात्रा पर निकल पड़ा जब तक कि अंत में वह एक साबुन के बुलबुले की तरह फूट न जाए, और तब ऐसा लगेगा कि शायद वह कभी न भी हुआ हो।

उसकी माँ अंदर आई।

"तोनी? तुम कहाँ हो? तुम्हें वह दिख रहा है?"

"नहीं।"

"क्या करें अपन? शायद वह कहीं छिप गया है।" परेशान वह फिर बाहर चली गई और वापस आई। अचानक वह अपने पति के पास गई और उसका कंधा खींचने लगी।

"तुम कभी जागोगे? वो पेतर पर गोलियाँ चला रहे हैं! शायद वह ज़ख़्मी भी हो चुका है।"

स्तेनवेइक धीरे-धीरे उठा। लंबा और दुबला, वह बिना कुछ कहे कमरे से चला गया। एक क्षण बाद वह एक गुलूबंद और अपना काला बोलर टोप पहनकर लौटा। वह बरामदे से बगीचे में दाख़िल होने वाला था कि पीछे हटा। अंतॅन सुन सकता

था कि वह पेतर का नाम पुकारने की कोशिश कर रहा था लेकिन सिर्फ़ एक भर्राई हुई आवाज़ निकली। हार कर वह पीछे मुड़ा। वह अंदर आया और काँपता हुआ सिगड़ी के पास की कुर्सी पर बैठ गया। कुछ क्षण बाद उसने कहा, ''मुझे माफ़ करना तेया...माफ़ करना।'' श्रीमती स्तेनवेइक के हाथ आपस में जूझ रहे थे।

''अब तक सब कुछ कितना अच्छा चल रहा था, और अब, अंत के पास आते-आते... अंतॅन, अपना कोट पहनो। हे भगवान, ये लड़का कहाँ गया?''

''शायद कोर्तेवेख़ के घर में न गया हो,'' अंतॅन ने कहा। ''वह प्लूख़ की पिस्तौल ले गया है।''

उसके बोलने के बाद जो चुप्पी हुई उससे वह समझ गया कि पेतर का वैसा करना भयानक था।

''तुमने सचमुच में देखा?''

''जैसे ही वो आदमी आए...इस तरह...जब वह भागा...''

उस हल्के, पाउडर-जैसे उजाले में, जो अब सारे कमरों में लटका हुआ था, उसने थोड़ा-सा कूद कर और एक काल्पनिक हाथ से एक काल्पनिक पिस्तौल खींच कर दिखाई।

''तुम्हें ऐसा तो नहीं लगता कि वह...'' श्रीमती स्तेनवेइक ने अपनी साँस रोकी। ''मैं इसी वक्त कोर्तेवेख़ के घर जा रही हूँ।''

उसने बगीचे में दौड़ना शुरू किया लेकिन पीछे-पीछे जाते अंतॅन ने कहा, ''सँभल के! बाहर कहीं एक और आदमी है।''

जैसा उसके पति ने उसके पहले किया था, वह भी ठिठुरती ख़ामोशी से पीछे हटी। कुछ भी हिल-डुल नहीं रहा था। सामने बग़ीचा था और उसके परे बर्फ़ से ढँके बंजर ज़मीन के टुकड़े। अंतॅन भी बेहरकत खड़ा रहा। हर चीज़ थमी हुई थी—फिर भी समय चला जा रहा था। ऐसा था जैसे समय के गुज़रने के साथ हर चीज़ चमकती जा रही हो, किसी झरने के तल में पड़ी कंकड़ियों की तरह। पेतर ग़ायब हो गया था, दरवाज़े के सामने एक लाश पड़ी थी और उसके चारों ओर हथियारबंद आदमी ख़ामोश थे। अंतॅन को ऐसा लगा कि कुछ ऐसा करके, जिसकी क़ूवत उसके पास थी लेकिन जिसे वह ठीक-ठीक याद नहीं कर पा रहा था, वह सब-कुछ को अनकिया कर सकता था और जैसे वे पहले थे उसमें लौट सकता था, मेज़ के आसपास बैठकर एक खेल खेलते हुए। ऐसा था जैसे वह कोई ऐसा नाम भूल गया है जिसे उसने पहले सैकड़ों बार लिया था और जो अभी उसकी ज़बान पर था लेकिन वह जितनी कोशिश कर रहा था वह उतना ही उससे छूटता जा रहा था। या जैसा उस वक्त था जब वह लगातार अंदर और बाहर साँस ले रहा था और उसे ऐसा करते रहना था वर्ना कहीं उसका दम घुट न जाए—और उस क्षण उसका दम करीब-करीब घुट ही गया था।

दूर पर फटफटियों की आवाज़ आई; उसने एक कार का शोर भी सुना।

"अंदर आ जाओ, माँ," अंतॅन ने कहा।

"हाँ, मैं दरवाज़ा लगा देती हूँ।"

वह उसकी आवाज़ से समझ सकता था कि वह किसी ऐसी चीज़ के कगार पर खड़ी थी जिस पर उसका वश नहीं चल रहा था। ऐसा लगता था कि सिर्फ़ वही अपने दिमाग़ पर काबू किए हुए था और एक भावी विमान चालक को बेशक वैसा ही होना चाहिए था। वायुसेना में कठिन स्थितियाँ भी आ सकती हैं : मसलन तूफ़ान के बीचोंबीच हवा रुकी हुई होती है और सूरज चमकता रहता है लेकिन चालक को मौसम की हलचल के बीच से जहाज़ ले जाना ही पड़ता है वर्ना वह भटक सकता है और उसका ईंधन खत्म हो सकता है।

अब फटफटियों और कार की आवाज़ें बाहर सामने घाट पर सुनाई दे रही थीं जबकि और गाड़ियाँ, ज़्यादा भारी, दूर से आती लग रही थीं। अब तक सब कुछ तब भी ठीक था; दरअसल कुछ भी नहीं बदला था–सिवा इसके कि पेतर ग़ायब हो गया था। कैसे कोई चीज़ बदल सकती थी?

होनी उसके बाद हुई। चिंचियाते हुए पहिए, जर्मन में शोर-गुल, कूद कर सड़क पर उतरते हुए जूतों की नालों की खड़खड़ाहट। बीच-बीच में पर्दे की फाँक से रोशनी चमक जाती। अंतॅन पंजों के बल घाट वाली खिड़की तक गया। हर जगह राइफ़ल और मशीनगन लिए हुए फ़ौजी, आती-जाती हुई फटफटियाँ, और फ़ौजियों को लाते हुए ट्रक, एक सैनिक अस्पताल गाड़ी जिससे एक स्ट्रेचर उतारा जा रहा था। अचानक उसने पर्दे खींचकर बंद कर दिए और मुड़ा।

"वे आ गए," उसने अँधेरे में कहा। उसी पल दरवाज़े को बंदूक के कुंदे से इतने ग़ैरजरूरी जोर से पीटा गया कि वह समझ गया कि कुछ भयानक होने जा रहा है।

"दरवाज़ा खोलो!"

वह मजबूरन पीछे के कमरे में भाग गया। उसकी माँ हॉल में गई और काँपती हुई आवाज़ में ज़ोर से बोली कि चाबी खो गई है। लेकिन दरवाज़ा टूट कर दीवार से टकरा चला था। अंतॅन ने मुड़े हुए पायों वाली छोटी मेज़ के ऊपर लगे हुए दो लकड़ी के हाथियों वाले आईने को चूर-चूर होते सुना। अचानक हॉल और कमरे हैल्मैट पहने, बर्फ़ीली हवा में लिपटे हथियारबंद आदमियों से भर गए जो उसके माता-पिता के घर के मुकाबले बहुत ज़्यादा बड़े डील-डौल के थे। वह घर अब उनका रह भी नहीं गया था। एक लालटेन की तेज़ रोशनी से चुँधियाए हुए अंतॅन ने अपनी आँखें एक बाँह से ढँक लीं। उसके नीचे से वह फ़ौजी पुलिस का चमकदार बिल्ला, और एक पट्टे से लटकती हुई गैस मास्क की लंबी थैली और बर्फ़ से सने हुए फ़ौजी जूते देख सकता था। सादा कपड़े पहने हुए एक आदमी कमरे में आया। वह एड़ियों

तक लंबा काले चमड़े का कोट पहने हुए था और उसके सिर पर निचली किनारी का टोप था।

वह जर्मन में चीख़ा, "काग़ज़ दिखाओ, सारे काग़ज़ दिखाओ!"

स्तेनवेइक उठकर खड़ा हुआ और मेज़ का एक दराज़ खोलने लगा, जबकि उसकी पत्नी ने कहा, "हमारा इससे कुछ लेना-देना नहीं है।"

"चुप रहो!" उस आदमी ने फटकारा। वह मेज़ के पास खड़ा हुआ और उसने अपनी तर्जनी के नाखून से उस किताब को बंद कर दिया जिसे स्तेनवेइक पढ़ रहा था। जिल्द पर लिखे शीर्षक को उसने पढ़ा : " 'एथिका, ओर्दिने गेओमेत्रिको देमोंस्त्राता। बेनेदिक्तुस दे स्पिनोज़ा।' आहा!" उसने सिर ऊपर उठा कर कहा। "तुम लोग यहाँ यह पढ़ते रहते हो; यहूदी किताबें।" और फिर श्रीमती स्तेनवेइक से, "ज़रा कुछ कदम चलो।"

"क्या करूँ?"

"थोड़ा चलो! तुम्हारे कानों में गू भरा हुआ है?"

अंतॅन ने अपनी माँ को काँपते हुए, चेहरे पर बच्चों जैसा परेशानी का भाव लिए हुए चलते देखा। उस आदमी ने टॉर्च की रोशनी उसके पैरों पर रखी हुई थी।

"काफ़ी है," उसने कुछ देर के बाद कहा। अंतॅन को बहुत दिनों बाद कॉलेज में ही मालूम पड़ा कि उस आदमी का ऐसा ख़याल था कि वह उसकी माँ की चाल से ही बता सकता था कि वह यहूदी थी या नहीं।

स्तेनवेइक पहचान के काग़ज़ात लिए खड़ा हुआ था। उसने जर्मन में कहना शुरू किया, "मैं..."

"जब मुझसे बात करो तो अपना टोप उतारा करो।"

स्तेनवेइक ने अपना बोलर टोप उतारा और जर्मन में दुहराया, "मैं..."

"अपना मुँह बंद रख, यहूदी-प्रेमी सुअर।" आदमी ने काग़ज़ात और राशन कार्ड का मुआयना किया और फिर आसपास देखा।

"चौथा कहाँ है?"

श्रीमती स्तेनवेइक ने कुछ कहने की कोशिश की लेकिन जवाब उसके पति ने दिया।

उसने काँपती हुई आवाज़ में शुरू किया : "इस भयानक दुर्घटना से घबराकर मेरा बड़ा बेटा बिना पूछे अपने माँ-बाप के घर से भाग गया है और उस ओर गया है।" उसने अपने टोप से सुदर्शन की तरफ़ इशारा किया जिसमें बेउमर परिवार रहता था।

"सो," उस जर्मन ने काग़ज़ात अपनी जेब में रखते हुए कहा, "वह बाहर भाग गया, एँ?"

"जी बेशक।"

उस आदमी ने अपने हाथ से इशारा किया। "इनको ले जाओ।"

फिर अचानक सब कुछ भयावह तेजी से घटा। उन्हें घर से बाहर धकेल दिया गया और अपने साथ कुछ भी ले जाने की इजाज़त नहीं दी गई, एक कोट तक नहीं। सारी सड़क पर गाड़ियाँ खड़ी हुई थीं, भूरी सादा कारें और फौज के ट्रक एक-दूसरे के आगे-पीछे गड्डमड्ड, हर तरफ़ वर्दियाँ अौ.र चिल्लाहटें और टॉर्च की नाचती हुई रोशनियाँ। कुत्तों को पट्टों से पकड़े हुए फ़ौजी भी थे। अस्पताल की गाड़ी चली गई थी; सिर्फ़ प्लूख़ की साइकिल वहीं पड़ी हुई थी और बर्फ़ पर एक बड़ा लाल धब्बा था। अंतॅन ने फिर कहीं से गोलियों की आवाज़ सुनी। उसने अपनी माँ का हाथ अपने हाथ को टटोलते हुए महसूस किया। जब उसने सिर उठाया तो देखा कि माँ का चेहरा ऐसी मूर्ति में बदल गया था जिस पर आतंक का विस्फारित भाव था। उसके पिता, जिन्होंने फिर से टोप पहन लिया था, अपनी आँखें जमीन पर गड़ाए हुए थे जो वह हमेशा चलते हुए करते थे। लेकिन पिछले दो महीनों की मुर्दा निश्चलता के बाद इस सारी गतिविधि, इस व्यस्तता से अंतॅन में एक अजीब मिली-जुली ख़ुशी भर गई। शायद वह रोशनी के उन तेज़ कौंधों से कुछ सम्मोहित भी हो गया था जो उसके चेहरे पर बार-बार चमक जाते थे; लेकिन आख़िरकार, आख़िरकार कुछ हो तो रहा था।

अपने सपने में खोए हुए उसे अपनी माँ से बलपूर्वक अलग किए जाने से पहले अपने हाथ पर उसके हाथ की पकड़ अचानक मज़बूत महसूस हुई।

"तोनी!"

वह ट्रकों के पीछे कहीं ग़ायब हो चुकी थी; उसका पिता भी। एक सैनिक अंतॅन को हाथ से घसीटते हुए गाड़ी तक ले गया जो सड़क के उस पार पुश्ते के ऊपर अधबीच में खड़ी हुई थी। उसने अंतॅन को उसमें बिठलाया और जाते हुए ज़ोर से दरवाज़ा बंद कर दिया।

अपने जीवन में पहली बार अंतॅन किसी कार में बैठा हुआ था। धुँधले ढंग से वह चलानेवाले पहिए और नियंत्रण पट्टियों को देख पाया। हवाई जहाज़ में और भी कई ऐसी पट्टियाँ होंगी। लॉकहीड एलेक्ट्रा में मसलन कम से कम पंद्रह और दो चलानेवाले चके होते हैं। उसने बाहर देखा। कहीं भी उसे अपने माता-पिता नहीं दिखे। पेतर कहाँ छिपा हुआ होगा? टॉर्च वाले सैनिक कोर्तेवेख़ के घर में भी आ-जा रहे थे लेकिन, जहाँ तक वह जान पाया था, पेतर के बिना। पक्की बात है कि वह खाली पड़ी ज़मीनों के उस पार भाग गया होगा। क्या वे जानते थे कि प्लूख़ पहले कोर्तेवेख के घर के सामने पड़ा हुआ था? बेउमर परिवार के बगीचे में कोई नहीं था। कार की खिड़कियों पर भाप जमा हो रही थी और उसे सड़क लगातार कम दिखाई पड़ रही थी। उसने उन्हें पोंछा पर आकार धुँधले और बेडौल ही दिखते रहे।

अचानक उसके माता-पिता के कमरे के छज्जे के दरवाजे तोड़ कर खोल दिए गए। एक पल के बाद नीचे की बैठक के पर्दे पीछे खींच दिए गए और अंदर से

राइफल के कुंदों से सारी खिड़कियाँ चकनाचूर कर दी गईं। वह भौंचक्का टूटती हुई किरमिचों की बारिश को देखता रहा। कितने हरामज़ादे हैं! उसके माँ-बाप नये पल्ले कहाँ से लाएँगे? बेशक काँच बिल्कुल नहीं मिलने वाला। किस्मत से ऐसा लगा जैसे सैनिकों ने काफ़ी नुकसान कर लिया था क्योंकि वे एक के बाद एक बाहर आ गए। उन्होंने सामने का दरवाज़ा खुला छोड़ दिया।

कुछ और नहीं हुआ, लेकिन वे गए नहीं। उनमें से कुछ ने सिगरेटें सुलगाईं और बातें करते रहे, जेबों में हाथ डाले, ठंड भगाने के लिए अपने पैर ज़मीन पर पटकते हुए। कुछ अपनी टॉर्चों की रोशनी से घर को निशाना बनाते रहे जैसे जो उन्होंने बर्बाद कर दिया था उस नज़ारे का मज़ा ले रहे हों।

अंतॅन ने अपने माता-पिता को देखने की फिर कोशिश की लेकिन आगे दूर अँधेरे में आगे-पीछे फिंकती टॉर्च की रोशनियों में लोग सिर्फ़ साये बनकर रह गए थे। कुत्ते भौंक रहे थे। उसके ख़याल पहले को लौट गए, किस तरह कमरे में वह टोप पहना हुआ आदमी उसके पिता पर चिल्लाया था...जिस वक्त वह हो रहा था उसके मुकाबले अब वह ज़्यादा तकलीफ़देह था। उसके पिता, जिन्हें अपना टोप उतारना पड़ा था...उसने वह चित्र अपने दिमाग़ से धकाया, वह उसे फिर कभी याद नहीं करना चाहता था; वैसा कभी होने नहीं देना चाहिए था। ज़िंदगी में वह कभी बोलर टोप नहीं पहनने वाला था; लड़ाई के बाद कभी किसी को हैट नहीं पहनने दिया जाने वाला था।

उसने बाहर देखा और सोचने लगा कि अब क्या होगा। सन्नाटा बढ़ता जा रहा था। हर आदमी एक सुरक्षित दूरी पर पीछे चला गया था; कोई भी हरकत नहीं कर रहा था। एक हुक्म दिया गया, जिसके बाद एक फ़ौजी चलकर घर तक गया, बीच की खाड़ी वाली खिड़की से उसने कुछ अंदर फेंका, और दुहरा झुका हुआ दौड़कर वापस आया। एक ज़ोर का धमाका हुआ। कुछ देर के लिए आग के एक चौंधिया देने वाले गुलदस्ते ने बैठक को जगमगा दिया। अंतॅन दुबक गया। जब उसने दुबारा देखा तब एक दूसरा हथगोला उनके सोने के कमरे में फटा। उसके फ़ौरन बाद एक सैनिक अपने हाथ में एक आग बुझाने वाले पाइप जैसा कुछ व पीठ पर एक सिलिंडर लगाए हुए आया। वह आगे बढ़ा और खिड़कियों को आग की लंबी, धधकती हुई लपटों से जलाने लगा।

अंतॅन विश्वास नहीं कर सका। क्या इस पर, यहाँ होती हुई इस चीज़ पर विश्वास किया जा सकता था? वह बेचैन होकर अपनी माँ और अपने पिता को खोजने लगा लेकिन उन तेज़ रोशनियों के कारण वह कुछ नहीं देख पाया। आगे वाले कमरे, बरामदे, सोने के कमरे और अंत में पुआल वाली छत तक धुँधुआते उजाले की एक धारा के बाद दूसरी धारा बहती रहती। वे सचमुच में वैसा कर रहे थे; उसे अब रोका नहीं जा सकता था। घर अंदर और बाहर से जल रहा था। उसकी सारी

चीज़ें, उसकी किताबें, कार्ल माइ, उसकी 'खुले क्षेत्र का प्राकृतिक अध्ययन', हवाई जहाज़ों के चित्रों का उसका संग्रह, उसके पिता का पुस्तकालय जिसके ताकों पर हरी बनात लगी हुई थी, उसकी माँ के कपड़े, ऊन का गोला, कुर्सियाँ, टेबिलें : कुछ नहीं बचा। फ़ौजी ने अपना लपट फेंकने वाला यंत्र पेंच से बंद किया और अँधेरे में गायब हो गया। हँसते और बातचीत करते हुए कुछ 'ग्रूने पोलित्साई' दस्ते के लोग अपने कंधों पर छोटी कार्बाइन राइफ़लें लटकाए हुए सामने आए, उन्होंने अपने दस्ताने अपने कमरबंदों में खोंसे, चटचटाती हुई लपटों के सामने अपने हाथ ऐसे खड़े किए जैसे आग को पीछे हटाना चाहते हों।

कुछ थोड़ा आगे, एक और ट्रक रुका। उसके खुले हुए फ़र्श पर सामान्य कोट पहने हुए लोगों की एक टोली काँप रही थी जिस पर मशीनगन वाले फ़ौजियों का पहरा था। लपटों के उजाले में उसने उनके काले हैल्मैटों से पहचाना कि वे एस. एस. टुकड़ी के थे। चिल्लाहटें, हुक्म। दो-दो की जोड़ियों में, हथकड़ियाँ लगे हुए क़ैदी कूद कर सड़क पर आए और रात में ग़ायब हो गए। पाले के दौरान सूखा हुआ घर ऐसी आतुरता से जल रहा था मानो कोई पुराना अख़बार हो। कार के भीतर खुद अंतॅन भी आँच महसूस करने लगा। नुकीली लपटें बाईं ओर की निकली हुई छत की खिड़की में से नाच रही थीं : तो अब उसका कमरा जल रहा था, लेकिन कम से कम उसे कुछ और गुनगुना लग रहा था। अचानक लपटें छत को भेद कर निकल आईं और उन्होंने समूचे घाट को एक चटक उजाले से प्रकाशित कर दिया, जैसे नाटक में कोई दृश्य हो।

उसे ऐसा लगा जैसे और आगे, गाड़ियों के बीच में, उसे उसकी माँ की एक झलक दिखी, उसके बाल बिखरे हुए, और एक आदमी उसकी तरफ़ दौड़ता हुआ। वहाँ कुछ हो रहा था; लेकिन अब शायद ही कोई चीज़ उसे विचलित कर सकती थी। वह सोच रहा था : वे लोग ऐसा ब्लैक आउट में कैसे कर सकते हैं? इसके पहले कि अपने को मालूम पड़े, अंग्रेज़ इसे देख लेंगे और फिर आ पहुँचेंगे; काश कि वे आ सकते...बाहर निकली हुई खिड़की की चौखट पर तिरछे लगे निशान पर घर का नाम हालाँकि झुलस गया था फिर भी पढ़ा जा सकता था : चिंतामुक्त। जिन कमरों में इतने लंबे अर्से तक ठंडक थी, अब नरक की आग का राज था। हर जगह बर्फ़ में गाढ़ी कालिख तिरती गिर रही थी।

कुछ मिनटों बाद, अंदर कुछ तिड़कने लगा और घर चिनगारियों के एक ऐसे प्रपात के नीचे ढह गया जो एक बुर्ज जितना ऊँचा था। कुत्ते भौंकने लगे; वे फ़ौजी जो आग ताप रहे थे पीछे कूदे, उनमें से एक प्लूख़ की साइकिल के ऊपर से लड़खड़ाया और सड़क पर औंधा लमलेट हो गया। दूसरे हँसते-हँसते दुहरे हो गए, और उसी वक्त घाट के छोर से एक मशीनगन तड़तड़ाने लगी। अंतॅन ने करवट ली और गुड़ी-मुड़ी हो गया, उसकी कलाइयाँ उसकी ठुड्डी के नीचे मुड़ी हुई थीं।

जब लंबे कोट वाले जर्मन ने दरवाज़ा खोला और उसे वहाँ लेटा हुआ देखा, तो उसकी साँस रुक गई।

"कर दिया गू," उसने कहा।

अंतॅन को सीटों के पीछे की सँकरी जगह में रेंगना पड़ा, जहाँ से उसे नहीं के बराबर दिख रहा था। लंबे कोट वाला आदमी फ़ौजी ड्राइवर की बगल में बैठ गया और सिगरेट सुलगाई। मोटर फट-फट करने लगी, ड्राइवर ने सामने की खिड़की से धुंध पोंछकर साफ़ किया, और पहली बार अंतॅन ने कार की सवारी की। घर पूरी तरह से अँधेरे थे; कभी-कभार जर्मनों की छोटी टोलियों को छोड़कर सड़कों पर कोई इंसान देखने को नहीं था। दोनों आदमियों ने कोई बात नहीं की। वे कार में हेमस्तेद की तरफ़ गए और कुछ मिनटों के बाद एक थाने के सामने रुके जिस पर दो सिपाही पहरा दे रहे थे।

गर्म वेटिंग रूम आदमियों से भरा हुआ था जिनमें से अधिकांश जर्मन या डच वर्दी में थे। तले हुए अंडों की खुशबू से अंतॅन के मुँह में तुरंत पानी आने लगा, लेकिन उसने किसी को खाते नहीं देखा। कमरे में बिजली की बत्तियाँ थीं और सभी आदमी सिगरेट पी रहे थे। उसे एक ऊँची मोटी अँगीठी के पास एक कुर्सी में बैठाया गया जहाँ गर्माहट उसे अपने अँकवार में लेने लगी। कभी-कभी अपनी ठोड़ी से अंतॅन की ओर इशारा करता हुआ वह जर्मन आदमी एक डच थानेदार से बात करने लगा। अंतॅन ने पहली बार उस आदमी को साफ़-साफ़ देखा। लेकिन जो उसने तब, 1945 में, देखा था वह उससे अलग था जो वह अब देखने वाला था। वह जर्मन करीब चालीस वर्ष का था और वाक़ई उसका चेहरा सख़्त, दुबला और आँख के नीचे की हड्डी पर एक आड़े घाव के निशान वाला था—एक ऐसा नमूना जिसका इस्तेमाल अब जर्मन-संबंधी प्रहसनों या दोयम दर्ज़े की फ़िल्मों के निदेशकों द्वारा ही किया जाता है। आजकल सिर्फ़ हिमलर जैसे बचकाने चेहरे ही कलात्मक रूप से स्वीकार किए जाते हैं; लेकिन उस वक्त वह कोई कलात्मक मामला न था, तब वह वाक़ई एक कट्टर नात्सी दिखता था, और वह कोई मज़ाक़ की चीज़ न थी। कुछ देर बाद वह अंतॅन की तरफ़ देखे बग़ैर चला गया।

घोड़ों को उढ़ाने वाला एक भूरा कंबल हाथ पर रखे एक पुलिस हवलदार इस तरफ़ आया और अंतॅन को अपने पीछे आने को कहा। हॉल में एक और पुलिसवाला उनके साथ हो लिया। उसके हाथ में चाबियों का एक गुच्छा था।

"अब ये क्या आ गया?" जब उसने अंतॅन को देखा तो कहा। "क्या हमें अब बच्चे भी बंद करने हैं? या ये कोई यहूदी छोटू है?"

"इतने सारे सवाल मत करो," हवलदार ने कहा। हॉल के आख़िर में वे एक दूसरे के पीछे तहख़ाने की सीढ़ियाँ उतरने लगे। अंतॅन हवलदार की तरफ़ मुड़ा और पूछा :

"क्या मेरे माँ और पिताजी भी आ रहे हैं?" हवलदार ने उसकी ओर नहीं देखा।

"मुझे कुछ नहीं मालूम। हमें इस वारदात से कुछ नहीं करना।"

नीचे फिर ठंडक थी।

हर तरह की नलियों और तारों के नीचे से गुज़रते हुए एक छोटा-सा हॉल कुछ लोहे के दरवाज़ों पर ख़त्म होता था जिन पर ज़ंग से धब्बों से भरा हुआ पीला-सा रोग़न था। छत पर एक नंगा, ज़र्द बल्व जल रहा था।

"जगह कहाँ है?" हवलदार ने पूछा।

"कहीं भी नहीं। इसे फ़र्श पर सोना पड़ेगा।"

हवलदार की आँखें हॉल में दौड़ गईं, मानो वह देख सकता था कि हर दरवाज़े के पीछे क्या है।

"उधर कैसा रहेगा?" उसने कहा, और बाईं ओर के सबसे अगले दरवाज़े की तरफ़ इशारा किया।

"लेकिन उधर तो वह सोशल-डिमोक्रेट है—तनहा क़ैद में।"

"जो मैं कहता हूँ करो।"

पुलिसवाले ने दरवाज़े का कुंडा खोला, और हवलदार ने दीवार के सहारे खड़ी एक खटिया पर कंबल फेंका।

उसने अंतॅन से कहा : "ये सिर्फ़ इस रात के लिए है। थोड़ी नींद लेने की कोशिश करना।" फिर जिस कोने की तरफ़ अंतॅन देख नहीं सकता था उधर की ओर कहा, "तुम्हें संगत मिल गई है, लेकिन इस लड़के को उससे दूर ही रखना, समझ में आया? तुम्हारी वजह से इसकी काफ़ी दुर्दशा हो चुकी है।"

अंतॅन ने एक हाथ को अपने को धकाते महसूस किया और सीढ़ियाँ चढ़कर अँधेरी कोठरी में दाख़िल हुआ। उसके पीछे दरवाज़ा बंद हो गया, और उसे कुछ भी और नहीं दिखा।

3

टटोलता हुआ वह खाट तक पहुँचा। अपने चारों ओर वह उस व्यक्ति की मौजूदगी महसूस कर सकता था जो वहीं कहीं होना चाहिए था। उसने अपने हाथ अपनी गोद में मोड़ लिए और हॉल की आवाज़ों को सुनने लगा। कुछ पल बाद उसने सीढ़ियाँ चढ़ते बूटों की आवाज़ सुनी और फिर सब शांत हो गया। अब उसने उस दूसरे को साँस लेते सुना।

"तुम यहाँ क्यों आए?"

एक औरत की कोमल आवाज़। अचानक ऐसा लगा जैसे कोई बड़ा भारी ख़तरा टल गया हो। उसने देखने के लिए अपनी आँखें फाड़ीं, लेकिन अँधेरा उनमें काले पानी की तरह समा गया। अब वह दूसरी कोठरियों में दबी आवाज़ें सुन सकता था।

"उन्होंने हमारे घर को जला दिया।"

जब उसने यह कहा तो खुद उसे मुश्किल से यकीन हो रहा था कि 'सुदर्शन' और 'कल्पनातीत' के बीच एक सुलगते हुए खंडहर से ज़्यादा कुछ बचा न होगा। उसके जवाब देने से पहले कुछ वक्त लगा।

"क्यों किया ऐसा उन्होंने? क्या यह अभी हुआ है?"

"हाँ, मै'म।"

"क्यों?"

"बदला लेने के लिए। एक आदमी को गोली लगी लेकिन हमारा उससे कुछ लेना-देना नहीं था। हमें कोई चीज़ नहीं ले जाने दी।"

"ओह, कर दिया गू," उसने कहा। फिर, कुछ देर बाद, "यीशु। क्या तुम शायद घर में अकेले थे?"

"नहीं, मेरे पिताजी और माँ और भाई के साथ।" उसने पाया कि उसकी आँखें अपने-आप बंद हो रही थीं। उसने उन्हें चौड़ी खोलने की कोशिश की लेकिन कोई फ़र्क़ नहीं पड़ा।

"अब वे कहाँ हैं?"

"मुझे नहीं पता।"

"क्या जर्मन उन्हें ले गए?"

"हाँ, कम से कम मेरे पिताजी और माँ को।"

"और तुम्हारा भाई?"

"वह भाग गया। वह चाहता था..." पहली बार उसे थोड़ा रोना ही पड़ा। अब देखो न मुझे..." वह शर्मिंदा था लेकिन उसका कोई ज़ोर नहीं था।

"इधर आओ और मेरे पास बैठो।"

वह खड़ा हुआ और उसकी तरफ़ टटोलता हुआ एक-एक क़दम बढ़ने लगा।

"हाँ, मैं यहाँ हूँ," उसने कहा। "अपना हाथ बढ़ाओ।" उसके हाथ ने उस औरत की उँगलियाँ छुईं, उसने उसका हाथ पकड़ा और उसे पास खींच लिया। खाट पर उसने एक हाथ से अंतॅन को लपेट लिया और दूसरे हाथ से उसका सिर अपने सीने से लगाया। उससे पसीने की बू आ रही थी लेकिन किसी और चीज़ की भी, कुछ मीठी सी, जिसे वह पहचान नहीं पाया। शायद इत्र रहा हो। अँधेरे के भीतर एक दूसरा अँधेरा था जिसमें उसने उस औरत के दिल को धड़कता हुआ सुना, जो उस व्यक्ति के हिसाब से वाक़ई बहुत तेज़ धड़क रहा था जो किसी दूसरे को ढाढस बँधा रहा हो।

जब वह शांत हुआ, उसे दरवाज़े के नीचे उजाले की एक ज़र्द पट्टी दिखने लगी जिस पर वह आँखें लगाए रहा। जब वह दाख़िल हुआ था तो उस औरत ने उसकी एक झलक ज़रूर देखी होगी। औरत ने अपना कंबल दोनों के ऊपर लपेट लिया और उसे मज़बूती से खुद से सटाए रही। वह ऊपर वाली अँगीठी की तरह गर्म नहीं थी फिर भी कहीं ज़्यादा ऊष्म थी। एक बार फिर उसकी आँखों में आँसू भर आए। लेकिन अब एक दूसरी तरह। उसने उससे पूछना चाहा होता कि वह जेल में क्यों है लेकिन हिम्मत नहीं पड़ी। शायद वह कालाबाज़ारी करती रही हो। अंतॅन ने उसे निगलते सुना।

"मैं तुम्हारा नाम नहीं जानती," वह फुसफुसाई। "और मुझे जानना भी नहीं चाहिए। तुम भी मेरा नाम नहीं जान सकते, लेकिन क्या तुम एक चीज़ अपनी सारी बाक़ी ज़िंदगी में कभी नहीं भूलोगे?"

"वह क्या?"

"तुम्हारी उम्र क्या है?"

"करीब तेरह, मै'म।"

"उफ़, मुझे मै'म कहना बंद करो। सुनो। वे कोशिश करेंगे और तुम्हें हर तरह की चीज़ों में यक़ीन दिलवाएँगे, लेकिन तुम कभी मत भूलना कि जर्मन करमकल्लों ने तुम्हारा घर जलाया था। जिसने जलाया था, उसी ने जलाया था, और किसी दूसरे ने नहीं।"

"बेशक मैं वह जानता हूँ," कुछ नाराज़ होकर अंतॅन ने कहा। "आख़िर मैंने वह खुद अपनी आँखों से देखा था।"

"हाँ, लेकिन उन्होंने यह इसलिए किया कि वह सुअर ख़त्म कर दिया गया था, और वे खुफ़िया आंदोलन पर दोष मँढ़ेंगे और कहेंगे कि उन्हें वैसा करने पर मजबूर होना पड़ा। वे तुमसे कहेंगे कि खुफ़िया आंदोलन को मालूम था कि क्या होगा और इसलिए खुफ़िया मुहिम इसके लिए ज़िम्मेदार है।"

"ओह," अंतॅन ने खुद को थोड़ा सँभालते और उसके बारे में अपने सोच को बनाने की कोशिश करते हुए कहा। "लेकिन अगर ऐसा है, तब...तब तो कभी भी किसी का कुसूर नहीं है। फिर तो हर आदमी जैसा चाहे वैसा कर सकता है।"

"वैसे क्या तुम्हें कुछ पता है..." उसने हिचकिचाते हुए शुरू किया, "उस शख़्स का नाम क्या था?"

"प्लूख़," उसने कहा। औरत ने फ़ौरन उसका मुँह ढँक दिया।

"चुप।"

"फ़ाके प्लूख़," वह फुसफुसाया। "वह पुलिस के साथ था। कमीना ग़द्दार।"

"तुमने उसे देखा था?" उसने धीरे से पूछा। "क्या वह सचमुच मर गया था?"

अंतॅन ने सिर हिलाकर हामी भरी। उसे भान हुआ कि वह उसे देख नहीं सकती थी, ज़्यादा-से-ज़्यादा सिर्फ़ छू सकती थी, और उसने कहा : "काठ की तरह।" एक बार फिर उसकी आँखों के सामने बर्फ़ पर खून के धब्बे आ गए। "मैं उसके लड़के की क्लास में हूँ। उसे भी फ़ाके कहते हैं।"

उसने उसे गहरी साँस खींचते सुना।

"तुम्हें पता है," उसने कुछ देर बाद कहा, "अगर उन खुफ़िया आंदोलन वालों ने यह न किया होता तो प्लूख़ ने और कई को मरवा दिया होता, और फिर..."

उसने अपना हाथ खींच लिया और सुबकने लगी। अंतॅन को इससे डर लगा, वह उसे ढाढस बँधाना चाहता था लेकिन कैसे यह उसे मालूम न था। वह उठ बैठा और सावधानी से अपना हाथ तब तक फैलाया जब तक उसने उसके बालों को महसूस नहीं किया : घने, घुँघराले बाल।

"तुम रो क्यों रही हो?"

उसने उसका हाथ पकड़ लिया और अपने सीने पर दबाया।

"यह सब इतना भयानक है," उसने घुटती हुई आवाज़ में कहा। "ये दुनिया नरक है, नरक। मुझे खुशी है कि यह अब ख़त्म हो चली है, मैं अब और बर्दाश्त नहीं कर सकती..."

अपनी हथेली के नीचे उसने उसके कोमल स्तन को महसूस किया, एक ऐसी कोमलता जो उसने पहले कभी महसूस नहीं की थी, लेकिन उसकी हिम्मत नहीं हुई कि अपना हाथ हटा ले।

"क्या ख़त्म हो चली है?"

उसने उसका हाथ अपने हाथ में ले लिया। उसकी आवाज़ से वह बता सकता

था कि उसने अपना चेहरा उसकी तरफ़ कर लिया है।

"लड़ाई। लड़ाई, और क्या। कुछ ही हफ़्ते और हैं कि यह सब ख़त्म हो जाएगा। अमेरिकी राइन तक पहुँच गए हैं और रूसी ओदर पर हैं।"

"पक्का? तुम्हें कैसे मालूम?"

उसने वह पूरे विश्वास के साथ कहा था जबकि घर में अंतॅन ने सिर्फ़ हल्की अफ़वाहें ही सुनी थीं जिनसे एक उम्मीद बँधती थी लेकिन फिर उसका नतीज़ा अलग ही निकलता था। औरत ने जवाब नहीं दिया। हालाँकि दरवाज़े के नीचे की उजाले की पट्टी बहुत फीकी थी लेकिन अब वह उसके सिर और बदन का आकार, उसके खुले, कुछ-कुछ छितरे हुए घने बाल, वह जगह जहाँ वह बैठी हुई थी और अपनी तरफ़ आता उसका हाथ ज़रा-सा देख सकता था।

"तुम कैसे दिखते हो यह पता करने के लिए अगर मैं तुम्हारा चेहरा छूऊँ तो तुम्हें बुरा तो नहीं लगेगा?"

हौले-हौले उसकी उँगलियों के ठंडे छोरों ने उसके माथे, उसकी भौंहों, गालों, नाक, और होठों को सहलाया। उसे लगा कि यह सब कुछ बहुत गंभीर था, एक तरह की दीक्षा जैसा, कुछ ऐसा जैसे अफ़्रीका के कबीलों में होता होगा। अचानक उसने अपना हाथ पीछे खींच लिया और कराहने लगी।

"क्या हुआ?" उसने डर कर पूछा।

"कुछ नहीं...फ़िकर मत करो।" अब वह झुक कर बैठ गई।

"क्या तुम्हें दुख रहा है?"

"सच में, कोई बात नहीं है। ईमान से!" वह सीधी हो गई और बोली, "कुछ हफ़्ते पहले मैं इससे भी अँधेरी जगह में थी।"

"क्या तुम हेमस्तेद में रहती हो?"

"मत पूछो। तुम्हारे लिए मेरे बारे में कुछ भी न जानना बेहतर होगा। तुम बाद में समझोगे। ठीक है?"

"पक्का।"

"तो सुनो। आज चाँद नहीं निकला है और फिर भी काफ़ी उजाला है, लेकिन उस वक्त बादल थे और अभी बर्फ़ नहीं पड़ी थी। मैं पड़ोस में अपने एक दोस्त के यहाँ गई थी और हम बैठे बातें करते रहे। आधी रात के पहले तक, कर्फ़्यू के बहुत बाद, मैंने उससे विदा नहीं ली। इतना अँधेरा था कि कोई मुझे देख न पाता। मुझे पड़ोस का चप्पा-चप्पा याद था और मैं दीवारों और बाड़ों के सहारे-सहारे रास्ता पकड़ती हुई घर जाने लगी। मुझे कुछ दिख नहीं रहा था। मानो मेरी आँखें ही न हों। मैंने अपनी जूतियाँ उतार लीं ताकि कोई आवाज़ न हो। मुझे सचमुच कुछ भी नहीं दिख रहा था। लेकिन सारे वक्त मुझे मालूम था कि मैं कहाँ हूँ। कम से कम मैं ऐसा सोच रही थी। मैंने सब कुछ अपनी याददाश्त में देखा, मैं वहाँ करीब एक

हज़ार बार आई-गई हूँगी, मैं हर कोना, हर झाड़ी, हर पेड़, हर उतार-चढ़ाव—हर चीज़ जानती थी।

"और अचानक मैं सब भूल गई। कुछ भी अपनी जगह पर नहीं बैठ रहा था। जहाँ एक खिड़की की सिल होनी चाहिए थी वहाँ मुझे झाड़ी का अहसास हुआ, जहाँ एक गैरिज का निकास होना था वहाँ एक खंभा मिला। मैंने कुछ और कदम बढ़ाए और कुछ भी और महसूस न कर सकी। मैं सड़क के पत्थरों पर खड़ी तो हुई थी लेकिन मुझे पता था कि पास ही में कहीं एक खंदक थी और मैं डर रही थी कि मैंने एक कदम भी बढ़ाया तो उसमें गिर जाऊँगी। कुछ देर तक मैं हाथों और घुटनों के बल रेंगी। मेरे पास न माचिस थी न लाइटर। आखिरकार मैं सिर्फ़ बैठ गई और भोर का इंतज़ार करने लगी। तुम सोच सकते हो मुझे कितना अकेला लगा होगा?"

"तुम्हें रोना आया था?" अंतॅन ने पूछा और अपनी साँस रोकी। ऐसा था मानो यहाँ इस घुप्प अँधेरे में वह उसे भी देख सकता था जो उस समय अदृश्य था।

"रोना जैसा तो नहीं," वह हँसकर बोली। "लेकिन सच मानो, मैं डर गई थी! शायद उस चुप्पी से कहीं ज़्यादा, बजाय उस अँधेरे के। मैं जानती थी कि आसपास कई लोग थे, लेकिन हर चीज़ ग़ायब हो गई थी। दुनिया मेरी चमड़ी तक आकर रुक गई थी। लेकिन मेरे डर का कोई ताल्लुक लड़ाई से नहीं था। इसके अलावा मुझे बहुत ठंड लग रही थी।"

"और फिर?"

"तुम्हें क्या लगता है? मैं ठीक अपने घर के सामने सड़क पर बैठी थी। ज़रा सोचो! पाँच डग में मैं घर में थी।"

"कुछ ऐसा ही एक बार मेरे साथ हुआ था!" अंतॅन ने कहा, जो पूरी तरह भूल चुका था कि वह कहाँ था और क्यों। "जब मैं अपने मामा के साथ अम्स्तर्दम में रहा था।"

"ये तो बहुत पहले की बात होगी?"

"पिछली गर्मियों में, जब ट्रेनें चलना बंद नहीं हुआ था। मुझे लगता है मुझे कोई बुरा सपना आया होगा। मैं जाग गया और बाथरूम जाना चाहा। अँधेरा घुप्प था। घर में मैं बिस्तर से हमेशा बायीं करवट उठता हूँ, मालूम है, लेकिन वहाँ अचानक एक दीवाल आ गई। दाहिने तरफ़, जहाँ अक्सर दीवाल होती है, कुछ भी नहीं था। मैं डर के मारे अकड़ गया, ऐसा लगा जैसे वह दीवाल मामूली दीवाल से कहीं ज़्यादा सख़्त और मोटी थी और दूसरी तरफ़ जहाँ कोई दीवाल नहीं थी ऐसा लगा जैसे गहरी खाई हो।"

"और फिर तुम्हें रोना आया?"

"बिल्कुल, बेशक। और क्या!"

"और फिर तुम्हारी मामी या मामा ने बत्ती जलाई और तुम्हें याद आ गया कि तुम कहाँ थे।"

"हाँ, मेरे मामा ने। मैं बिस्तर पर बैठा हुआ था और..."

"श्!"

सीढ़ियों से कदम उतरे। उसने अंतॅन के कंधों पर अपना हाथ फिर रख दिया और बिना हरकत सुनती रही। हॉल में आवाज़ें, चाबियों की खड़खड़ाहट। थोड़ी देर ऐसी आवाज़ हुई जिसे अंतॅन पहचान नहीं पाया, फिर अचानक गालियाँ और किसी को पीटने की धीमी धमधमाहट। किसी को हॉल में से घसीटा जा रहा था, जबकि कोठरी में छोड़ दिया गया कोई गालियाँ दे रहा था। लोहे की तेज ठनठनाहट से दरवाज़ा बंद हो गया। हॉल के आदमी को पीटा जा रहा था या लातें मारी जा रही थीं; वह चीख़ने लगा। और कई बूट धमधमाते हुए सीढ़ियों से आए, और चीख़ें, जिनके बाद ऐसा सुनाई दिया जैसे उस आदमी को घसीट कर ऊपर ले जाया जा रहा था। चुप्पी छा गई। कोई हँसा। और कुछ सुनाई नहीं दिया।

अंतॅन काँप रहा था।

"वह कौन था?" उसने पूछा।

"मुझे नहीं मालूम। मैं भी यहाँ ज़्यादा वक्त से नहीं हूँ। ये हरामज़ादे...भगवान का शुक्र है कि ये सब फाँसी पर मरेंगे, जितना तुम सोचते हो उससे कहीं पहले। मेरा यकीन मानो, रूसी और अमेरिकन इनका काम तमाम कर देंगे। चलो जब तक सोच सकते हैं," उसने उसकी तरफ़ मुड़कर दोनो हाथों से उसके बाल सहलाते हुए कहा, "किसी और चीज़ के बारे में सोचते हैं।"

"क्या मतलब?"

"यह कि जब तक वे हमें यहाँ साथ रखे हुए हैं। कल वे तुम्हें छोड़ देंगे।"

"और तुम्हें?"

"हो सकता है नहीं," उसने कहा, जैसे इसकी संभावना हो कि वे कल उसे भी छोड़ सकते हैं। "लेकिन मेरे साथ भी आखिर में सब कुछ ठीक हो जाएगा; फ़िकर मत करो। अपन काहे के बारे में बात करें? या तुम थक गए हो? क्या तुम सोना चाहते हो?"

"मैं नहीं।"

"बढ़िया। हम अब तक अँधेरे के बारे में बात करते रहे हैं; अब उजाले के बारे में बात करें?"

"बढ़िया।"

"ज़रा सोचो। खूब सारा उजाला। सूरज। गर्मियाँ। और क्या?"

"समुद्र का किनारा।"

"हाँ, पहले वह खंदकों और मोरचों से भरा हुआ था। टिब्बे। टिब्बे के गर्त

में चमकता सूरज। तुम्हें याद है उससे आँखें कैसी चौंधिया सकती हैं?''

''बेशक खूब याद है। और कैसे! वहाँ पड़ी हुई डालों का हमेशा कैसे सूरज की वजह से रंग उड़ जाता था।''

अचानक, बिना किसी परिवर्तन के, उसने इस तरह बात करना शुरू कर दिया जैसे कोठरी में किसी तीसरे आदमी से बोल रही हो।

''उजाला, हाँ, लेकिन उजाला हमेशा उजाला नहीं होता। मेरा मतलब है, कुछ वक्त पहले मैं उजाले की तुलना प्रेम से करनेवाली एक कविता लिखना चाहती थी—नहीं, मेरा मतलब है प्रेम की तुलना उजाले से। हाँ, ये दूसरी चीज़ भी हो सकती है, बेशक। तुम चाहो तो उजाले को प्रेम जैसा कह सकते हो। शायद वह और ज़्यादा सुंदर है, क्योंकि उजाला प्रेम से भी पुराना है। ईसाई कहते हैं कि ऐसा नहीं है लेकिन वे ईसाई हैं। या तुम भी ईसाई हो?''

''मुझे सचमुच ऐसा नहीं लगता।''

''उस कविता में मैं प्रेम की तुलना उस तरह के उजाले से करना चाहती थी जिसे तुम कभी-कभी ठीक सूरज के ढलने के बाद दरख्तों से हिलगा हुआ देखते हो; उस तरह का जादुई जैसा उजाला। लोगों के भीतर वैसा उजाला होता है जब वे किसी से प्रेम करते हैं। नफ़रत अँधियारा है, उसमें कुछ भी भला नहीं है। फिर भी हमें फ़ासिस्टों से नफ़रत करनी चाहिए, और उसे बिल्कुल सही माना जाता है। यह कैसे मुमकिन है? इसलिए कि हम उन्हें उजाले के नाम पर नफ़रत करते हैं, ऐसा मुझे लगता है, जबकि वे हमसे सिर्फ़ अँधियारे के नाम पर नफ़रत करते हैं। हम नफ़रत से नफ़रत करते हैं और इस वजह से हमारी नफ़रत उनकी से बेहतर है।

''लेकिन इसी से हमारे लिए यह ज़्यादा कठिन है। उनके लिए हर चीज़ बहुत सीधी है, लेकिन हमारे लिए वह बहुत पेचीदा है। उनसे लड़ने के लिए हमें थोड़ा-सा उनके जैसा होना पड़ता है—सो हम थोड़े-से अपने से अलग बन जाते हैं। लेकिन उनके आगे वह मुश्किल नहीं आती; वे बिना किसी परेशानी के हमें ख़त्म कर सकते हैं। लेकिन इसके पहले कि हम उन्हें ख़त्म कर सकें, हमें अपने अंदर का कुछ ख़त्म करना पड़ता है। उन्हें नहीं; वे तो बस अपने जैसे बने रह सकते हैं, इसीलिए वे इतने ताकतवर हैं। लेकिन आख़िर में उनकी हार होगी, क्योंकि उनके भीतर कोई उजाला नहीं है। सिर्फ़ एक चीज़ यह है कि हमें बहुत ज़्यादा उनके जैसा नहीं हो जाना चाहिए, हमें खुद को बर्बाद नहीं कर लेना चाहिए, वर्ना आख़िर में उनकी जीत हो जाएगी...''

वह धीरे-से कराही। इसके पहले कि वह बोलता, वह कहती रही। जो वह कह रही थी उसका एक भी शब्द उसे समझ में नहीं आया था, लेकिन उसे खुशी हो रही थी कि वह उससे किसी बड़े आदमी की तरह बात कर रही थी।

''उस तरह के उजाले के साथ एक और चीज़ है। जब भी कोई किसी से

प्रेम करता है तो वे हमेशा कहते हैं कि वे जिसे चाहते हैं वह बदन से या और दिमाग़ से बहुत सुंदर है। अक्सर दूसरे लोग ये चीज़ बिल्कुल नहीं देख पाते, और आम तौर पर वे सही होते हैं। लेकिन जब लोग प्यार करते होते हैं तो हमेशा सुंदर होते ही हैं क्योंकि प्रेम करते वक्त उन पर उस उजाले की उजास होती है। एक आदमी है जो मुझे चाहता है और मुझे बहुत सुंदर मानता है, जो कि मैं हूँ नहीं, सचमुच। सुंदर वह है, हालाँकि कई तरह से वह बहुत बदसूरत भी है। और मैं भी सुंदर हूँ, लेकिन सिर्फ़ इसी वजह से कि मैं उसे चाहती हूँ, हालाँकि वह यह नहीं जानता। वह समझता है कि मैं उसे नहीं चाहती, लेकिन मैं तो चाहती हूँ। अब तुम अकेले ऐसे हो जो यह जानते हो, भले ही तुम यह नहीं जानते कि मैं कौन हूँ और वह कौन है। उसकी पत्नी है और तुम्हारी उमर के जितने दो बच्चे हैं। उन्हें उसकी ज़रूरत है, जैसे तुम्हें अपने माँ-बाप की ज़रूरत है...''

अचानक वह चुप हो गई।

''तुम्हें क्या लगता है मेरे माता-पिता कहाँ हैं?'' अंतॅन ने धीरे से पूछा।

''शायद वे भी कहीं बंद होंगे। मुझे यकीन है कि तुम उनसे कल मिल सकोगे।''

''लेकिन वे मुझसे अलग जगह पर क्यों हैं?''

''क्यों आख़िर! क्योंकि हमारा साबका दरिंदों से पड़ा है। और क्योंकि ये सारी चीज़ खंडहरों का बड़ा ढेर बन चुकी है; करमकल्ले बस किसी तरह काम में जुटे हुए हैं। इस वक्त वे अपने पतलून में हगे दे रहे हैं। लेकिन तुम फ़िकर मत करो। मुझे तुम्हारे भाई की ज़्यादा चिंता है।''

''भागते वक्त उसने प्लूख़ की पिस्तौल उठा ली थी,'' अंतॅन ने कहा, ''इस उम्मीद में कि उसे बहुत डर नहीं लगेगा।''

कुछ पल गुज़रने के बाद वह बोली, ''हे प्रभु ईसा मसीह!''

उसकी आवाज़ से वह समझ गया कि जो हुआ वह कुछ-न-कुछ विनाशकारी था। पेतर को क्या हुआ होगा? अचानक वह और झेल न सका। वह उसके सहारे लुढ़क गया और फ़ौरन गहरी नींद सो गया।

4

वह आधा घंटे या एक घंटे बाद उन चिल्लाहटों और शोर से जाग उठा जो बरसों तक यूरोप में गूँजे थे। उसी वक्त टॉर्च की एक और रोशनी ने उसे चौंधिया दिया। उसे बाँह से पकड़ लिया गया, खाट से खींचा गया और इतनी तेज़ी से हॉल से ले जाया गया कि उसने कोठरी की अपनी साथिन को फिर कभी नहीं देखा। जर्मन और पुलिसवाले अब भी उस जगह के चारों तरफ़ खड़े थे। टोपी पर नरमुंड और कॉलर पर रुपहले तारों और पट्टियों वाले एक बड़े एस.एस. अफ़सर ने धड़ से कोठरी का दरवाज़ा बंद किया। वह उन सुरेख, उम्दा नाक-नक़्श वाला करीब पैंतीस का सुंदर आदमी था जिन्हें अंतॅन ने अक्सर लड़कों की तस्वीरों की किताबों में देखा था।

ऐसे कमउम्र लड़के को बंद करना, वह सीढ़ियाँ चढ़ते हुए चिल्लाया, और वह भी आतंकवादी के साथ! क्या हर किसी का दिमाग़ चल चुका था? और वो हरामी कम्युनिस्ट औरत भी यहाँ के लायक नहीं है, वह उसे अपने साथ अम्स्तर्दम ले जाएगा, ॲतर्प स्ट्रीट के अपने आफ़िस में। ये तो किस्मत की बात है कि उसे अब तक रिहा नहीं किया गया, वर्ना इस जगह के कुछ अफ़सर भी ज़िंदा न बचते। किस तरह का सुअरबाड़ा है ये? हुक्म किसने दिए थे? क्या? सुरक्षा सेवा से किसी ने! एत तू, ब्रूते! शायद हेम्स्तेद के उन दोमुँहे करतूतियों में से कोई अगले दौर के लिए अपनी जगह बना रहा होगा, अपने आपको बाग़ियों का महान साथी, सांता क्लॉज़ सरीखा दिखाता हुआ। गेस्टापो के लिए यह बेहद दिलचस्प चीज़ होगी। ये लड़का किस्मत वाला है कि अभी तक ज़िंदा है। इसके चेहरे पर ख़ून कैसे आया?

एक बार फिर अंतॅन वेटिंग रूम में खड़ा हुआ था और एक दस्तानेदार उँगली उसकी तरफ़ इशारा कर रही थी। ख़ून? उसने अपने गालों को छुआ। एक पुलिसवाले ने दीवाल से लटकी हुई इस्पात की पट्टियों में से एक से लटके दाढ़ी बनाने के गोल काँच की तरफ़ इशारा किया। वह पंजों पर खड़ा हो गया और चेहरा बढ़ाकर दिखाने वाले आईने में उस औरत की उँगलियों के ख़ून-भरे सूखे निशान अपने ज़र्द चेहरे और अपने बालों में देखे।

"यह मेरा नहीं है।"

तो ये उस औरत का है! वह अफ़सर बोल पड़ा। ये तो हद है, उसे चोट लगी है, किसी डॉक्टर को फ़ौरन यहाँ बुलाओ, मुझे अब भी उसकी ज़रूरत है। जहाँ तक लड़के का सवाल है इसे रात भर के लिए इलाकाई कमान ले जाओ ताकि सुबह इसे अपने घरवालों को सुपुर्द किया जा सके। और जल्दी करो, भोंदू मंडली। कोई हैरत नहीं कि पत्ता खड़कते ही ये अपने को कटवा डालते हैं। चीफ़ इंस्पैक्टर प्लूख़! उस बेवकूफ़ को अँधेरे में ही साइकिल की सैर पर जाना था!

घोड़ों के कंबल में लिपटे अंतॅन को एक हैल्मैट पहना हुआ जर्मन बाहर ले गया। रात अभी भी बिल्लौर की तरह साफ़ थी। दरवाज़े के सामने एक मेर्सेडेस कार खड़ी हुई थी, जो बेशक उस अफ़सर की थी और जिसकी गिराई-उठाई जा सकने वाली छत लिनेन की थी और हुड के पास बड़े-बड़े कम्प्रैसर लगे हुए थे।

जर्मन की पीठ पर छोटी कार्बाइन राइफ़ल थी और उसके गहरे-भूरे कोट के पिछले पल्ले उसके पैरों में बँधे हुए थे जिससे वह किसी भालू की चौड़े पैरों वाली बेढंगी चाल से चलता था। उसने अंतॅन से कहा कि वह मोटरसाइकिल पर उसके पीछे बैठ जाए और उसे कसकर पकड़े रहे। अंतॅन ने कंबल ऊपर खींच लिया, ज़बर्दस्त कंधों पर अपनी बाँहें डाल दीं और अपने धड़ से उस आदमी की राइफ़ल वाली पीठ पर लटक गया। मुड़ते और रपटते हुए वे सितारों के तले सूनी सड़कों से होते हुए हार्लम तक चल पड़े, पूरे सफ़र में दस मिनट से भी कम लगे। टायरों के नीचे बर्फ़ चुरमुराती रही लेकिन ऐसा लगा कि इंजन की फटफट भी चुप्पी को भंग नहीं कर पाएगी। तो अब यह रहा वह, जिंदगी में पहली दफ़ा मोटरसाइकिल पर सवारी करता हुआ। ठंड के बावजूद उसे कोशिश करनी पड़ी कि कहीं फिर सो न जाए। एक ही वक्त उजाला और अँधेरा साथ-साथ थे। उसकी आँखों के सामने जर्मन की गर्दन उसके कोट की रबर की गिरेबान और हैल्मैट के इस्पात के बीच छोटे, घने बालों वाली एक चमड़ी की पट्टी थी। अंतॅन एक ऐसी चीज़ के बारे में सोच रहा था जो एक साल पहले एक अंदरूनी तैरने के तालाब में हुई थी। उसे एक ख़ास वक्त पर जर्मन फ़ौजियों के लिए ख़ाली किया जाना था, लेकिन वह कपड़े बदलने के कमरे में इतना वक्त बर्बाद करता रहा कि उसे निकलने में बहुत देर हो गई। बाहर जब टुकड़ी आने लगी तो उसने गाने और बूटों की खटखटाहट सुनी। "हाइ ली, हाइ लो, हाइ ला!" कुछ देर बाद हँसते हुए और हूप-हूप करते हुए धड़धड़ाते फ़ौजी शांत स्नानघर में घुस आए। उसने कपड़े बदलने वाले कमरे के दरवाज़ों को खुलते नहीं सुना; वे खुले हुए इलाके में कपड़े उतार रहे थे। एक मिनट बाद उनके नंगे पैर तालाब की दिशा में छपछप करते जाने लगे। जब हर चीज़ शांत हो गई तो उसने चुपचाप भाग निकलने की हिम्मत जुटाई। अचानक उसने उन्हें हॉल के उस पार काँच के दरवाजों के पीछे देखा। न जाने कैसे वे मानव जाति में बदल

गए थे, मामूली आदमियों में, सभी नंगे, सफ़ेद बदन, भूरे चेहरों और गर्दनों वाले, हाथ जो कुहनियों तक भूरे थे। वह जल्दी निकल आया। उसने कपड़े बदलने के कमरे में छोड़ी हुई वर्दियाँ लटकती देखीं, टोपियाँ, कमरबंद, बूट। इतना ख़तरा वहाँ, वह इतनी सारी हिंसा सुस्ताती हुई...अपने बिस्तरों से उठकर नींद में चलनेवालों के भारहीन लटकने की तरह वर्दियाँ अब अपने आपको अपनी खूँटियों से उतार लेती हैं और लकड़ी के एक जलते हुए ढेर की तरफ़ तिरती जाती हैं, ऊँची लपटें एक सफ़ेद देहाती घर की ड्योढ़ी को चाटने लगती हैं—लेकिन क़िस्मत से सभी कुछ पानी के नीचे है, किसी नहर या तैरने के तालाब में; बुझती हुई लपटें फुफकारती हैं...

वह चौंक कर जाग उठा। वे हाउत क्षेत्र में अचल खड़े थे, उस खंदक के मुहाने पर जो इलाकाई कमान दफ़्तर के चारों ओर खोदी गई थी। उसने हर तरफ़ कँटीले तार देखे। एक संतरी ने उन्हें गुज़रने दिया। अँधियारे अहाते में ट्रकों और कारों की आवाजाही हो रही थी। उनकी बत्तियों पर छोटी-छोटी रोशनी रोकने वाली आड़ें लगी हुई थीं और बत्तियों के काँच पर एक सँकरी आड़ी पट्टियों को छोड़कर काला पुता हुआ था। एंजिनों और हॉर्नों के शोर के साथ रोशनी पर इस सावधान नियंत्रण का एक विचित्र विरोधाभास था।

फ़ौजी ने मोटरसाइकिल को स्टैंड पर टिकाया और अंतॅन को अंदर ले गया। यहाँ भी लगातार हलचल थी : फ़ौजी आदमियों की आवाजाही, घनघनाते हुए टेलीफ़ोन, खड़खड़ाते टाइपराइटर। उसे एक छोटे, गर्माए गए कमरे में एक लकड़ी की बैंच पर इंतज़ार करना पड़ा। खुले दरवाज़े से वह लंबे हॉल में देख सकता था—और अचानक उसने कोर्तेवेख़ साहब को देखा। वे एक दरवाज़े से अंदर आए, हॉल पार किया, और सामने के दरवाज़े में बगल में काग़ज़ दबाए हुए एक नंगे सिर वाले फ़ौजी के साथ ग़ायब हो गए। बेशक उन्हें पता लग गया था कि लाश को खिसका कर उन्होंने और उनकी बेटी ने क्या किया था। यह सोचकर कि उसके माता-पिता भी शायद यहीं कहीं थे, अंतॅन ने जमुहाई ली, बगल में लुढ़क गया, और सो गया।

जब वह उठा, उसकी आँखें सीधी एक कुछ बुजुर्ग-से सार्जंट से मिलीं जो एक बेतुकी वर्दी और पिंडली तक ऊँचे बहुत ज़्यादा चौड़े बूट पहने था और जिसने उसकी तरफ़ देखकर दोस्ताना ढंग से सिर हिलाया। अंतॅन एक दूसरे कमरे में एक लाल सोफ़े पर ऊनी कंबल के नीचे लेटा हुआ था। बाहर दिन निकल आया था। अंतॅन वापस मुस्कुराया। यह अहसास कि अब उसके घर का अस्तित्व न था कुछ देर के लिए आया लेकिन फ़ौरन ग़ायब हो गया। सार्जंट ने एक कुर्सी खींची। उस पर उसने गर्म दूध का एक टीन का प्याला और तीन बड़ी गहरी-भूरी आयताकार सैंडविचें एक रकाबी में रखीं जिन पर दानेदार काँच के रंग का कुछ फैलाया गया था। बरसों बाद, जब वह जर्मनी से होता हुआ तोस्काना में अपने घर जा रहा था, अंतॅन को मालूम पड़ा कि वह बत्तख की चर्बी 'श्माल्त्स' थी। उसके बाद कोई चीज़ इतनी स्वादिष्ट

नहीं लग पाई। संसार के सबसे अच्छे रेस्तराँओं के खाने भी नहीं, वह ल्यों का बोकूस हो या पेरिस का लासेअर, जहाँ वह इटली से लौटते हुए रुका करता था। और न सबसे महँगी लाफ़ीत रोठशिल्ड या शॉम्बरताँ जैसी शराबें कभी उस पुराने गर्म दूध का मुकाबला कर पाएँगी। जो आदमी कभी भूखा न रहा हो एक अधिक परिष्कृत स्वाद का स्वामी हो सकता है। लेकिन उसे इसका कोई अहसास नहीं होता कि खाने का अर्थ क्या होता है।

"अच्छा लगा?" सार्जंट ने कहा। उसके दूध का दूसरा कप लाने और उसे भी सुड़का जाता देखकर मज़ा लेने के बाद अंतॅन को गुसलख़ाने जाकर एक नल से हाथ-मुँह धोने पड़े। वह आईने में देख सकता था कि उसके चेहरे पर के ख़ून के धब्बे ज़ंग जैसे भूरे हो गए थे। हिचकिचाते हुए, थोड़ा-थोड़ा करके उसने उस औरत का एकमात्र बचा निशान मिटा दिया। उसके बाद उसके कंधों पर एक हाथ लपेटकर उसे इलाकाई कमान अफ़सर के कमरे में ले जाया गया। वह दहलीज़ पर ठिठका लेकिन सार्जंट ने मेज़ के सामने रखी हत्थों वाली कुर्सी की तरफ़ उसे इशारा किया।

शहर का सैन्य प्रशासक, इलाकाई कमान अफ़सर टेलीफ़ोन पर बात कर रहा था और उसने अंतॅन की तरफ़ पल भर के लिए देखा, उसे दरअसल न देखते हुए, लेकिन उसकी तरफ़ ढाढस बँधाने वाला, पिता-जैसा सिर हिलाते हुए। वह एक नाटा, मोटा आदमी था जिसके सफ़ेद बाल बहुत छोटे-छोटे कटे हुए थे और वह जर्मन वेअरमाष्ट की भूरी वर्दी पहने हुए था। मेज़ पर उसके टोप के नज़दीक उसकी पिस्तौल अपनी पेटी में रखी पड़ी हुई थी, जिसके पास चार जड़े हुए फ़ोटो रखे हुए थे, अंतॅन जिनकी सिर्फ़ पीठ देख सकता था, छोटे-छोटे तिकोने आधारों पर टिकी हुईं। सामने की दीवार पर हिटलर का एक चित्र लटका हुआ था। अंतॅन ने खिड़की से बाहर उन पत्रहीन, बर्फ़ से लिपटे, अचल वृक्षों को देखा जो इससे बिल्कुल बेख़बर थे कि युद्ध का समय आख़िर होता क्या है। कमान अफ़सर ने टेलीफ़ोन हुक पर रख दिया, कुछ लिखा, काग़ज़ों में कुछ ढूँढा, फिर स्याही-सोख पर अपने हाथ मोड़कर रख लिए और अंतॅन से पूछा कि उसे नीद अच्छी तरह आई या नहीं। वह डच भारी उच्चारण से बोल रहा था, लेकिन साफ़-साफ़।

"जी हाँ, साहब," अंतॅन बोला।

"कल जो कुछ हुआ वह भयानक था," कमान अफ़सर कुछ देर तक अपना सिर हिलाता रहा। "संसार आँसुओं की घाटी है। हर जगह वही हो रहा है। लिंत्स में मेरे घर पर भी बम गिरे। हर चीज़ ख़तम। बच्चे मर गए।" सिर हिलाते हुए वह अंतॅन की तरफ़ देखता रहा। "तुम कुछ कहना चाहते हो, है ना? कह डालो।"

"क्या मेरे माता-पिता यहाँ हैं, शायद? कल उन्हें भी ले गए थे।" वह जानता था कि उसे पेतर का नाम नहीं लेना चाहिए क्योंकि उससे वे उसे तलाशने लगेंगे।

कमान अफ़सर फिर काग़ज़ों को उलटने-पुलटने लगा। "वह दूसरों का जिम्मा था। अफ़सोस है मैं उसके बारे में कुछ नहीं कर सकता। इस वक्त हर चीज़ गड्डमड्ड है। मैं समझता हूँ कि वे यहीं कहीं नज़दीक हैं। वह हमको ठहरना और देखना पड़ेगा। लड़ाई हाँ बहुत देर तक नहीं चल सकती। तब फिर यह सब एक बुरा सपना हो जाएगा। तो," उसने अचानक हँसकर और दोनों हाथ अंतॅन की तरफ़ बढ़ाकर कहा, "तुम्हारे साथ अब क्या करें? तुम हमारे पास रहोगे? फ़ौजी बनोगे?"

अंतॅन भी मुस्कराया और समझ नहीं पाया कि क्या कहे।

"बड़े होकर तुम क्या बनना चाहते हो..." उसने कुछ पल एक छोटे भूरे कार्ड को देखा, उसका पहचान-पत्र, अंतॅन की समझ में आया। "अंतॅन एमानुएल विल्लम स्तेनवेइक?"

"मुझे अभी पता नहीं। शायद पाइलट।"

कमान अफ़सर मुस्कराया लेकिन उसकी मुस्कान लगभग उसी वक्त ग़ायब भी हो गई।

"तो," उसने कहा और अपना मोटा नारंगी रंग का फ़ाउंटेन-पैन खोला। "अब काम की बात करते हैं। क्या हार्लम में तुम्हारा परिवार है?"

"नहीं साहब।"

कमान अफ़सर ने सिर उठाकर देखा। "बिल्कुल कोई परिवार नहीं है?"

"सिर्फ़ अम्स्तर्दम में। मेरे मामा और मामी।"

"तुम्हें लगता है तुम वहाँ कुछ दिन रुक सकते हो?"

"जी हाँ।"

"मामा का नाम क्या है?"

"फ़न लीम्प्त।"

"पहला नाम?"

"एँ...पेतर।"

"पेशा?"

"डॉक्टर।"

कुछ दिनों तक अपने मामा-मामी के यहाँ रहने के विचार से वह खुश हुआ। अपोल्लोलान पर उनके खूबसूरत घर के बारे में वह अक्सर सोचता था; उसके लिए उसमें एक रहस्य का पुट था, शायद उसके चारों ओर के बड़े शहर की वजह से।

जब कमान अफ़सर पता लिख रहा था तो उसने गंभीर आवाज़ में कहा, "फ़ीबुस अपोल्लो, प्रकाश और सुंदरता का देवता।" अचानक उसने अपनी घड़ी देखी, क़लम रखा और खड़ा हो गया। "बस एक मिनट", उसने कहा और तेजी से कमरे से चला गया। हॉल में उसने एक फ़ौजी से पुकार कर कुछ कहा, जो धड़धड़ाता चला गया। "कुछ ही देर में एक छोटी गारद अम्स्तर्दम के लिए कूच कर रही है," लौटकर

उसने कहा, "तुम फ़ौरन साथ जा सकते हो। शुल्त्स!" उसने आवाज़ दी। लगता था यह सार्जंट का नाम था। वह अंतॅन के साथ अम्स्तर्दम जाने वाला था।

कमान अफ़सर खुद जल्दी उनके लिए एक चिट्ठी लिख देगा जो वहाँ के प्रभारी हैं; इस बीच में लड़का गरम कपड़े पहनकर तैयार हो जाए। वह अंतॅन के पास गया, उससे हाथ मिलाया और दूसरा हाथ उसके कंधे पर रखा। "होशियारी से जाना, वायुसेनाध्यक्ष महोदय। और बहादुर बनना।"

"जी साहब। शुभ दिवस, साहब।"

"आपकी सेवा में, छोटू जी।"

तर्जनी और बिचली उँगली से अंतॅन के गाल पर चिकोटी काटी गई, फिर सार्जंट उसे दफ्तर के बाहर ले गया। सारे वक्त एक ऐसी बोली में बात करते हुए जिसका एक शब्द भी अंतॅन समझ नहीं सका, शुल्त्स उसे एक दमघोंटू गोदाम में ले गया। वहाँ फ़ौजियों के कोटों और बूटों की लंबी कतारें थीं और ताकों पर हैल्मैटों की। शुल्त्स ने दो मोटे भूरे स्वेटर खींच कर निकाले और अंतॅन को एक के ऊपर एक पहनवाए। उसने अंतॅन के सिर पर एक गुलूबंद बाँधा और उसके ऊपर एक भारी हैल्मैट रख दिया। जब वह डगमगाता हुआ उसके कानों के नीचे तक धँस गया तो शुल्त्स ने चमड़े के अस्तर के नीचे काग़ज़ ठूँसकर तस्मे कसकर बाँध दिए, जिसके बाद वह कुछ बेहतर बैठा। सार्जंट ने पीछे हटकर उसे सिर से पैर तक देखा और असंतुष्ट होकर अपना सिर हिलाया। कतार के बाएँ छोर से एक कोट खींचकर उसने अंतॅन के बराबर खड़ा किया, फिर एक दराज़ से एक ज़बर्दस्त कैंची निकाली और कोट को फ़र्श पर लिटाया। अंतॅन फटी आँखों से देखता रहा कि किस तरह शुल्त्स ने सीधे-सीधे काटकर पोशाक को नाप की बना डाला, नीचे से और बाँहों से बड़े-बड़े टुकड़े काट फेंके। अंतॅन ने अपने हाथ उसमें डाल दिए और शुल्त्स ने उसके पेट पर रस्सी का एक सुलझा हुआ टुकड़ा कस दिया ताकि हर चीज़ अपनी जगह पर रहे। अंत में शुल्त्स ने उसे अस्तरदार बड़े-बड़े दस्तानों का एक जोड़ा दिया जिसके बाद वह ठहाका मारकर हँसने लगा, कुछ समझ में न आनेवाली बात कही, और और ज़ोर से हँसता रहा।

काश कि उसके स्कूल के दोस्त उसे इस वक्त देख पाते! लेकिन वे सब शायद अपने-अपने घरों में थे, बुरी तरह ऊबे हुए, और उन्हें इसकी कल्पना भी नहीं होगी कि उसके साथ क्या हो रहा था। ऊपर पहुँचकर खुद शुल्त्स ने भी एक हैल्मैट पहना। उसके बाद उसने कमान अफ़सर की चिट्ठी उठाई और उसे जेब में ठूँसा, और उन्होंने वह इमारत छोड़ दी।

अँधियारे आसमान से चमकते हुए बर्फ़ की बारीक़ सुइयाँ गिर रही थीं। कँटीले तारों से सुरक्षित इलाके के उस पार गैरेज पर छोटी-सी गारद इंतज़ार कर रही थी, भूरे तिरपाल से ढँके हुए चार ऊँचे सवारी ट्रक और उनके आगे एक लंबी, खुली

कार। ड्राइवर के बग़लवाली सामने की सीट पर एक अफ़सर बैठा बेसब्री से उनकी बाट जोह रहा था। पीछे की दो सीटों पर भारी कपड़ों से ढँके हुए चार फ़ौजी थे, उनकी गोद में मशीनगन थीं। अंतॅन को पहले ट्रक के कैबिन में चढ़कर शुल्त्स और ट्रक चलाने वाले एक अक्खड़ फ़ौजी के बीच में बैठना पड़ा। कितना कुछ हो रहा था! अंतॅन के लिए, जो अभी भी अतीत को आत्मसात् करने के लिए बहुत छोटा था, हर नयी घटना पिछली वाली को उसकी चेतना से मिटा देती थी और उसे उसके अवचेतन में दफ़ना देती थी।

बाहरी मुहल्लों से गुज़रते हुए उन्होंने हार्लम छोड़ दिया और उस लंबे, सीधे, दो सड़कों वाले मुख्य मार्ग पर आए जो पुरानी जहाज़ी नहर के बराबर अम्स्तर्दम तक जाता था। बाएँ हाथ पर बिजली की ट्रेन और ट्रॉली के ऊपरी तार सुघड़ घुमावों में ज़मीन पर लटके हुए थे। यहाँ-वहाँ पाँतें घोंघे के सींगों की तरह सीधी खड़ी थीं। कभी-कभी खंभे तक लेटे हुए थे। चारों तरफ़, सख़्त जमी हुई धरती। वे धीरे-धीरे सफ़र कर रहे थे। केबिन में इतना शोर हो रहा था कि बातचीत करना असंभव था। हर चीज़ मैले, खड़खड़ाते इस्पात की बनी थी, जो उसे युद्ध के बारे में जितना उसने अब तक समझा था उससे किसी तरह कहीं ज़्यादा बतलाती थी। आग और यह इस्पात–यह था युद्ध।

किसी से मिले बग़ैर वे हल्फ़वेख़ से होकर गुज़रे, तजे हुए शक्कर कारखाने के पास से, और अम्स्तर्दम को जाने वाले आख़िरी बीस किलोमीटर लंबे टुकड़े पर आए। वह अभी से ही क्षितिज पर शहर को देख सकता था, रेत के पुश्ते के पीछे, जो, जैसा उसके पिता ने उसे समझाया था, एक प्रस्तावित मुद्रिका मार्ग के लिए तैयार किया गया था। वे बर्फ़ से धँसी हुई पाँस की खुदाइयों के बराबर से गुजर रहे थे कि सामने वाली कार अचानक तेजी से पुश्ते में मुड़ गई। फ़ौजी अपने हाथ हिलाने लगे, चिल्लाए और ट्रकों से बाहर कूद पड़े। उस क्षण अंतॅन ने भी वह हवाई जहाज़ देखा। एक मक्खी से ज़्यादा बड़ा नहीं, वह सड़क से तिरछा समकोण पर उड़ रहा था। उसके ट्रक के चालक ने ब्रेक पर पैर रखे, "निकल जाओ" चिल्लाया और बिना एंजिन बंद किए ख़ुद कूद पड़ा। दूसरी बाजू शुल्त्स ने भी वैसा ही किया। अपने चारों तरफ अंतॅन ने चिल्लाहट सुनी। सामने वाले आदमी गोली चलाने को तैयार अपनी कार के पीछे मशीनगन पकड़े हुए दुबके हुए थे। अपनी आँख की कोर से उसने किसी को हाथ हिलाते हुए अपने को बुलाते देखा। वह शुल्त्स था, लेकिन अंतॅन अपनी आँखें उस छोटी-सी चीज़ से नहीं हटा सका जो सड़क के ऊपर गोल चक्कर लगाती रही और फिर सीधी उसकी तरफ़ आई, बड़ी होती हुई। वह एक स्पिटफ़ायर था; नहीं, एक मोस्कीटो; नहीं, एक स्पिटफ़ायर। सम्मोहित, वह उस हिलते हुए इस्पात को देखता रहा जो इस तरह आ रहा था जैसे उससे प्यार करता हो। वह उसे नुकसान नहीं पहुँचा सकता था। वह, आख़िरकार, उनकी तरफ़ था, वे इसे

जानते थे बेशक–कल भी। जहाज़ के डैनों के नीचे से उसने कुछ कड़कड़ाती हुई चमकें देखीं, मामूली घटनाएँ, मुश्किल से ध्यान देने लायक। जमीन पर भी आग लग गई। सब तरफ़ पटपटाहट, खड़खड़ और सीटियों जैसी आवाज़ होने लगी। उसे आघात के थपेड़े महसूस हुए और क्योंकि उसने सोचा कि जहाज़ उससे टकरा जाएगा इसलिए वह कूदकर ट्रक के डैशबोर्ड के नीचे दुबक गया जबकि उसके ऊपर मोटर सड़क एंजिन की तरह घड़घड़ाती रही।

एक पल के बाद वह स्टिअरिंग-व्हील के पीछे अपनी छिपने की जगह से खींच लिया गया और खाई में घसीट लिया गया। सड़क के दाएँ और बाएँ ओर उसने सैकड़ों फ़ौजियों को उठते देखा। आगे, आख़िरी ट्रक के पास, उसने घायलों को कराहते सुना। जब जहाज़ बादलों में गायब हो गया और यह साफ़ हो गया कि अब वह नहीं लौटेगा तो अपने अभी तक धड़कते हुए दिल के साथ अंतॅन ने सार्जंट से मिलने के लिए सड़क पार की। ग्रामोफ़ोन की सुई जितनी मोटी बर्फ़ की किरचें उड़कर उसके चेहरे पर आईं। ट्रक की दूसरी तरफ़, पायदान के बिल्कुल पास, दो फ़ौजी सावधानी से एक लाश को पलट रहे थे। वह शुल्त्स था। उसके सीने का बाजू ख़ून और धज्जियों का एक काला डबरा बन चुका था। उसकी नाक और मुँह से भी ख़ून आ रहा था। वह अभी भी ज़िंदा था, लेकिन उसका चेहरा इतनी तकलीफ़ से ऐंठ गया था कि अंतॅन को लगा कि उसे कम करने के लिए फ़ौरन कुछ करने की ज़रूरत है। अचानक वह मुड़ गया, पसीने-पसीने और मितलाता हुआ, उस तमाम ख़ून के नज़ारे से उतना नहीं जितना लाचारी से। उसने अपने सिर से हैल्मैट धका दिया, गुलूबंद ढीला किया और ट्रक के हिलते हुए हुड को पकड़ने की कोशिश की कि उसके खुले हुए गले से उल्टी फूट निकली। उसी वक्त दस्ते का आखिरी ट्रक लपटों में फट पड़ा।

उसके बाद क्या हुआ इस पर उसने लगभग कोई ग़ौर नहीं किया। उसके सिर पर हैल्मैट फिर धकाया जा रहा था और कोई उसे उस खुली कार तक ले गया। अफ़सर ने चिल्लाकर हुक्म दिए; शुल्त्स और दूसरे घायल, और शायद मुर्दा, तीसरे ट्रक में लिटाए गए। दूसरे सारे फ़ौजियों को दूसरे ट्रक में ठुँसना पड़ा। कुछ मिनटों बाद गारद वापस रास्ते पर थी, जलता हुआ ट्रक पीछे छोड़ दिया गया।

जब अम्स्तर्दम पास आने लगा, अफ़सर उसके ऊपर से ड्राइवर पर चिल्लाता रहा। अचानक उसने अंतॅन से पूछा कि जहन्नुम के वास्ते वह आख़िर था कौन, एक और शरणार्थी, और वह जा कहाँ रहा था? अंतॅन समझ गया, लेकिन वह इतने झटकों में साँस ले रहा था कि जवाब न दे सका। अफ़सर ने ऐसा इशारा किया जैसे कुछ फेंक रहा हो और कहा वह गू परवाह नहीं करता। अंतॅन शुल्त्स का चेहरा देखता रहा। वह ट्रक के अंदर ठीक बाजू में पड़ा हुआ था; उसने अंतॅन को बचाने के लिए खींचना चाहा था। सारा कुसूर अंतॅन का था, और अब शुल्त्स बिला शक

मर जाने वाला था।

पुश्ते में एक दर्रे के ज़रिए वे शहर में दाख़िल हुए। थोड़ा आगे, वह अफ़सर सड़क के कोने पर खड़ा हो गया और उसने पहले दो ट्रकों के चालकों को हाथ से सीधे जाने का इशारा किया (पहले के हुड पर अंतॅन को अपनी उल्टी की हल्की झलक मिली), जिसके बाद उसने तीसरे ट्रक को अपने पीछे आने को कहा। कुछ देर तक वे एक चौड़ी नहर के किनारे-किनारे चलते रहे जो करीब-करीब सुनसान थी। कभी-कभी वे ऐसी सड़क से गुज़रते जहाँ चीथड़े पहने हुए बच्चों और औरतों की टोलियाँ जंग-लगी ट्राली की पाँतों के बीच से, जहाँ से पत्थर हटा दिए गए थे, कुछ बीनतीं। ढहे हुए घरोंवाली सँकरी, बेआवाज़ सड़कों से होते हुए वे पश्चिमी अस्पताल के दरवाज़े पर पहुँचे। अंदर खुद अस्पताल एक शहर था, जिसकी अपनी सड़कें थीं और बड़ी इमारतें थीं। वे एक आपात्कालीन सायबान के पास रुके जिसमें एक तीर के निशान के आगे 'संक्रामक रोग विभाग' लिखा हुआ था। फ़ौरन कई नर्सें दौड़ती हुई निकलीं। उनकी पोशाक कारिन कोर्तेवेख़ से बिल्कुल अलग थी, क्योंकि वे अपने टखनों तक लंबे गाढ़े रंग के कोट पहने हुए थीं और बहुत छोटी सफ़ेद टोपियाँ, जो उनके बालों को फीतों की तरह घेरे हुए थीं। अफ़सर और पिछली सीटों पर बैठे आदमी कार से उतरे। लेकिन जब अंतॅन ने वैसा ही करना चाहा तो ड्राइवर ने उसे रोक लिया।

वे दोनों अकेले कार से शहर में गए। अंतॅन अपने सिर में सीसे जैसा भारीपन लिए हुए आसपास देखता रहा। कुछ मिनटों बाद वे शाही अजायबघर के पीछे से गुज़रे, जिसे उसने अपने पिता के साथ देखा था, और एक चौड़े मैदान में पहुँचे जिसके बीच के हिस्से को तारों से बंद कर दिया गया था। वहाँ दो विराट, आयताकार फ़ौजी तलघर खड़े हुए थे। चौग़ान की दूसरी तरफ़, शाही अजायबघर की एकदम सीध में, किसी यूनानी मंदिर के आकार की एक इमारत थी जिसकी छत पर प्राचीन वाद्य लायर बना हुआ था। दरवाज़े की चौखट और महराब के बीच बड़े-बड़े अक्षरों में 'कोंसेर्तख़ेबाउ' लिखा हुआ था। इस इमारत के सामने एक छोटा-सा ढाँचा था जिस पर 'सेनासदन एरीका' लिखा हुआ था। साफ़ था कि दाएँ और बाएँ स्वतंत्र खड़े हुए कई बँगले जर्मनों ने कब्जे में ले लिए थे। उनमें से एक के सामने कार रुकी। कंधे पर बंदूक लटकाए हुए एक संतरी ने अंतॅन की तरफ़ देखा और ड्राइवर से पूछा कि क्या वह सबसे ताज़ा रंगरूट है।

हॉल में भी एक छोटे लड़के को उसके हैल्मैट और बहुत बड़े कोट में देखकर लोग हँसे, लेकिन जल्द ही एक अफ़सर ने, जो सीढ़ियाँ चढ़ने ही वाला था, उनकी इस चुहलबाज़ी को ख़त्म कर दिया। वह चमकते हुए लंबे बूट और हर तरह के फ़ीते और बिल्ले और पट्टे पहने हुए था और उसके गले में जर्मनी का सैन्य-सम्मान 'लौह सलीब' लटका हुआ था। शायद वह दरअसल एक जनरल था। वह रुका, उसके पीछे चार कमउम्र अफ़सर कुछ कदम दूर रुके रहे, और उसने पूछा कि क्या हो रहा

है। अंतॅन समझ नहीं पाया कि ड्राइवर ने, जो फ़ौरन 'सावधान' की मुद्रा में आ गया था, क्या जवाब दिया लेकिन साफ़ था कि वह हवाई हमले के बारे में था। सुनते हुए, जनरल ने एक पैकेट से एक चपटी मिस्री सिगरेट निकाली और उसे उसके ढक्कन पर ठकठकाया, जिस पर अंतॅन ने 'स्तांबुल' लिखा हुआ देखा। जवान अफ़सरों में से एक ने फ़ौरन माचिस की तिलगी सुलगाकर पेश की। जनरल ने अपना सिर एक पल के लिए पीछे किया, धुएँ को सीधा हवा में फूँका और ड्राइवर को हाथ की एक लहर से ख़ारिज कर दिया। अंतॅन को उन चार युवा अफ़सरों के साथ उसके पीछे जाना पड़ा जो आपस में हँसते और फुसफुसाते रहे। जनरल की पीठ, जो एक इस्पात की छड़ की तरह सीधी थी, कम से कम बीस अंश के कोण में आगे झुकती थी।

वे एक बड़े कमरे में पहुँचे। एक झल्लाए हुए इशारे से उसने अंतॅन को उन ऊटपटाँग कपड़ों को उतारने को कहा। वह बिआलीस्तोक की यहूदी बस्ती का कोई फटीचर लगता है, वह बोला, जिस पर उसके मातहत मुस्कराए। अंतॅन ने वही किया जो उसे बताया गया था, और जनरल ने एक दरवाज़ा खोला और बग़ल के एक कमरे की तरफ़ गुर्राकर कुछ कहा। युवा अफ़सर पृष्ठभूमि में ही रहे; एक सुचारु रूप से खिड़की वाली कुर्सी पर बैठ गया और सिगरेट सुलगा ली।

जब अंतॅन मेज़ के सामने बैठा तो काली पोशाक में एक सुंदर दुबली लड़की कमरे में आई। उसके सुनहरे बाल कनपटियों पर चिमटी से कसे हुए थे लेकिन पीठ पर खुले हुए थे। उसने दूध के साथ एक प्याला कॉफ़ी उसके सामने रखी; रकाबी पर दूध की चॉकलेट का एक टुकड़ा पड़ा हुआ था।

"ये लो," उसने डच में कहा, "शर्त लगा लो तुम्हें यह अच्छा लगेगा।"

चॉकलेट! सिर्फ़ अफ़वाहों के बल पर ही वह जानता था कि वह अब भी होती है। यह तो बहुत कुछ स्वर्ग जैसा था। लेकिन उसे उसे चखने का मौका नहीं मिला, क्योंकि जनरल शुरू से आख़िर तक जो हुआ उसे सुनना चाहता था। लड़की ने दुभाषिए का काम किया। कहानी के पहले हिस्से ने, जो हमले और आग के बारे में था, अंतॅन को थोड़ा-सा रुलाया (लेकिन अब तक वह बहुत पहले की बात हो चुकी थी)। लेकिन जनरल बिना विचलित हुए सुनता रहा, कभी अपनी हथेली से अपने चिकने सँवारे हुए बालों को सावधानी से थपथपाता, कभी अपनी उँगलियों के उल्टे हिस्से से अपने रोमहीन, चमकीले जबड़े को सहलाता हुआ। लेकिन जैसे-जैसे कहानी आगे बढ़ी, ऐसा लगा कि उसे अपने कानों पर यक़ीन नहीं हो रहा था। "क्या, ऐसा!" वह ज़ोर से बोल उठा, जब उसने यह सुना कि अंतॅन को एक पुलिस थाने के नीचे एक कोठरी में बंद किया गया था। "यह तो यक़ीन के लायक़ नहीं है!" अंतॅन ने इसे गुप्त ही रखा कि वहाँ कोई और भी था। जनरल ने कहा कि यह तो कभी सुना ही नहीं गया कि बाद में उस जैसे किसी को इलाकाई कमान अफ़सर के सामने

ले जाया गया हो। "अनोखी बात है!" क्या हार्लम में बच्चों के लिए कोई घर नहीं थे? इलाकाई कमान अफ़सर! यह तो वाक़ई हद है। और कमान अफ़सर ने उसे फ़ौजी गारद के साथ अम्स्तर्दम भेजा? जबकि वह खूब जानता था कि गोलीबारी करने वाले हवाई जहाज़ हर जगह थे? क्या हार्लम में सब लोग पागल हो चुके थे? ये तो दिमाग़ को ख़राब कर देता है। "यह तो बेहूदा ग़लतियों का एक सिलसिला रहा है!" उसने अपने हाथ उठाए और उन्हें मेज़ पर चपटी हथेलियों के बल गिर जाने दिया। खिड़की की कुर्सी पर बैठा अफसर उसकी रंगारंग नाराज़गी से हँसने लगा, और तब जनरल ने कहा, "तुम जितना चाहो हँस लो।" क्या हार्लम के सज्जनों ने अंतॅन को कोई संदेश देने की कृपा की थी? मसलन उसके कागज़ात, एक उदाहरण के बतौर?

"जी," अंतॅन ने कहा। लेकिन एक कौंध में उसने सार्जंट को वह चिट्ठी अपनी अंदरूनी जेब में रखते देखा, ठीक वहीं जहाँ आधे घंटे बाद वह भयानक घाव रिस रहा था।

जब वह फिर रोने लगा तो जनरल नाराज़ होकर उठ खड़ा हुआ। इसे ले जाओ, चुप कराओ और फ़ौरन हार्लम फ़ोन करो। या नहीं, आख़िरकार। उन्हें उन्हीं की बदहाली पर छोड़ दो। इसके मामा को बुलाओ और कहो कि आकर इसे ले जाए।

लड़की ने उसके कंधे पर हाथ रखा और उसे बाहर ले गई।

जब एक घंटे बाद उसका मामा आया तो भी वह एक मुलाकाती कमरे में बैठा सिसक रहा था। उसके मुँह के कोने चॉकलेट से भूरे हो गए थे और उसकी गोद में 'सिग्नल' पत्रिका की एक प्रति हवाई युद्ध के एक नाटकीय चित्र वाले पृष्ठ पर खुली हुई थी। फ़न लीम्प्त ने उसे फ़र्श पर फेंक दिया, उसके सामने घुटनों के बल बैठ गया और उसे चुपचाप गले लगा लिया। फिर वह खड़ा हुआ और बोला, "आओ, अंतॅन, यहाँ से बाहर चलते हैं।" अंतॅन ने उसकी ओर सिर उठाया और अपनी माँ की आँखें देखीं।

"तुमने सुना क्या हुआ, पेतर मामा?"

"हाँ"

"यहाँ कहीं मेरा कोट है..."

"यहाँ से बाहर निकलते हैं।" फ़न लीम्प्त का हाथ पकड़े हुए, कोट के बग़ैर लेकिन दो स्वेटर पहने हुए वह ठंड के दिन में बाहर आया। वह सिसक रहा था लेकिन मुश्किल से जानता था कि क्यों, मानो उसकी स्मृतियों ने उसके आँसू धो दिए थे। दूसरे हाथ पर उसे ठंड लगी। उसने उसे अपनी जेब में डाल लिया जहाँ उसने कोई चीज़ छुई जिसे वह पहचान न सका। उसने देखा : वह एक गोटी थी।

दूसरा प्रसंग
1952

1

शेष सब अनुलेख है—राख का एक बादल जो ज्वालामुखी से उठता है, धरती के चक्कर लगाता है, और उसके सारे महाद्वीपों पर कई वर्षों तक बरसता रहता है।

मई में, जर्मनों से आज़ाद होने के कुछ दिन बाद, अंतॅन के माता-पिता और पेतर की अब तक कोई खबर न मिलने पर, फ़न लीम्प्त तड़के उठकर हार्लम गया कि कोशिश करे और पता लगाए कि क्या हुआ था। ऐसा लगता था कि वे क़ैद में रखे गए थे हालाँकि ऐसे बदले की कार्रवाई में ऐसी रिवायत नहीं थी। लेकिन भले ही वे फ़ुख़्त या अम्मर्शफ़ोर्त के बंदी शिविर में ले जाए गए हों, उन्हें अब तक छूट जाना चाहिए था। सिर्फ़ जर्मन शिविरों में ज़िंदा बच गए लोग अभी तक लौटे नहीं थे।

उस तीसरे पहर अंतॅन अपनी मामी के साथ शहर गया। अम्स्तर्दम उस मरते हुए आदमी की तरह दिख रहा था जो अचानक सुर्ख़ हो जाता है, अपनी आँखें खोलता है और चमत्कारपूर्ण ढंग से ज़िंदगी में लौट आता है। हर जगह खिड़कियों की सिलों पर, जिन्हें रंग-रोग़न की ज़रूरत थी, झंडे लहरा रहे थे, हर जगह गाना-बजाना और नाचना, और सड़कों पर खुशियाँ मनाते झुंड, जहाँ पटरियों के बीच घास और गोखरू उग रही थी। ज़र्द, भुखमरी के सताए लोग हँसते हुए मोटे कनाडावासियों के इर्द-गिर्द भीड़ लगाते, टोपियों की जगह फ़ौजी बैरा कैप पहने हुए, भूरी, काली या हरी पोशाकों में नहीं बल्कि मटमैली या हल्की-भूरी वर्दियों में जो उन पर जिरहबख़्तर की तरह कसती नहीं थीं बल्कि ढीली और आराम से लटकती थीं, जैसे अमन के वक्त के कपड़े, सिपाहियों और अफ़सरों के बीच मुश्किल से कोई फ़र्क़ दिखलाते हुए। जीपों और बख्तरबंद गाड़ियों को लोग इस तरह थपथपाते थे जैसे वे पवित्र वस्तुएँ हों। जो कोई अंग्रेज़ी बोल सकता था वह न सिर्फ़ उस स्वर्गीय राज्य का हिस्सा बन गया जो धरती पर उतर आया था, बल्कि शायद उसे एक सिगरेट भी मिली। उसकी उम्र के लड़के वृत्तों से घिरे हुए सफ़ेद सितारों की छाप वाले कारों के रेडिएटरों पर विजय गर्व से बैठे हुए थे। फिर भी उसने हिस्सा नहीं लिया। इस कारण नहीं कि वह अपने माता-पिता या पेतर को लेकर चिंतित था, क्योंकि उसने कभी उसके बारे में नहीं

सोचा, बल्कि ज़्यादा इस वजह से कि इस उत्सव का कुछ भी दरअसल उसका हिस्सा नहीं था या कभी न हो पाएगा। उसकी पूरी कायनात उस दूसरे दुःस्वप्न जैसी बन गई थी जो खुशकिस्मती से अब ख़त्म हो गया था और जिसके बारे में वह फिर कभी सोचना नहीं चाहता था। फिर भी वह उसका एक हिस्सा थी, लिहाज़ा कुल मिलाकर उसके पास कुछ ज़्यादा बचा न था।

शाम के भोजन के समय वे घर लौटे और वह अपने कमरे में गया, जहाँ अब वह काफ़ी चैन से था। उसके मामा-मामी का कोई बच्चा न था और वे उससे ऐसा बर्ताव करते थे जैसे वह उनका बेटा हो—बल्कि अपने बेटे से भी ज्यादा ध्यान से और कम सख़्ती से। कभी-कभी वह सोचता कि हार्लेम में वापस अपने माता-पिता के साथ रहना कैसा लगेगा और यह विचार उसे इतना चकरा देता कि वह उसे फ़ौरन तज देता। वह अपोल्लोलान में अपने मामा-मामी के साथ ठीक इसीलिए रहना चाहता था कि वह खुद को उनका बेटा महसूस नहीं करता था।

उसके मामा की आदत थी कि वह जब भी कमरे में आता था पहले दरवाज़ा खटखटाता था। जब अंतॅन ने उसके चेहरे की तरफ़ देखा तो वह फ़ौरन समझ गया कि वह क्या ख़बर लेकर आया था। साइकिल की चेन से पैंट को बचाने के लिए उसने बाएँ पैर पर जो क्लिप पहना था वह अब भी वहीं लगा था। वह मेज़ वाली कुर्सी पर बैठ गया और उसने अंतॅन से एक बहुत अफ़सोसनाक ख़बर के लिए तैयार होने को कहा। उसके माता-पिता को कभी जेल नहीं भेजा गया था। उन्हें उनतीस दूसरे बंधकों के साथ उस रात गोली मार दी गई थी। किसी को पता नहीं था कि पेतर का क्या हुआ इसलिए उसके बारे में अभी-भी उम्मीद थी। उसका मामा पुलिस के पास गया था लेकिन वे बंधकों के सिवा किसी और के बारे में कुछ नहीं जानते थे। फिर वह घाट पर उसके पड़ोसियों के यहाँ गया। 'शांतिदुर्ग' में आर्त्स परिवार में कोई घर पर नहीं था। कोर्तेवेख़ परिवार घर में था लेकिन उन्होंने उससे मिलने से इन्कार कर दिया। अंत में बेउमर परिवार ने उसे यह खबर दी। बेउमर ने वह देखा था। फ़न लीम्प्त ने ब्यौरे नहीं दिए। अंतॅन ने माँगे भी नहीं। वह बायीं ओर दीवार वाले अपने बिस्तर पर बैठा रहा और भूरी किरमिची बिछायत पर बने लपटों-सरीखे आकारों को देखता रहा।

उसे ऐसा लग रहा था कि वह इसे शुरू से ही जानता था। उसके मामा ने बताया कि बेउमर परिवार यह सुनकर बहुत खुश हुआ कि वह अब भी जीवित है। फ़न लीम्प्त ने अपनी पिंडली से क्लिप निकाला। उसकी बनावट घोड़े के नाल जैसी थी। बेशक, उसने कहा, अंतॅन यहीं रहता रहेगा।

जून के पहले तक उन्हें मालूम नहीं पड़ा कि उसी शाम पेतर को भी गोली से मार दिया गया था। तब ऐसा लगा कि वह किसी प्रागैतिहासिक युग से कोई संदेश था, जिसकी कल्पना कठिन थी। अंतॅन के लिए जनवरी 1945 से जून 1945

के पाँच महीनों के बीच की दूरी जून 1945 से लेकर आज तक की दूरी से अतुल रूप से ज़्यादा थी। बाद में जब वह अपने बच्चों को समझा नहीं पाया कि लड़ाई कैसी थी तब उसने समय के इस विरूपण पर उसका दोष मँढ़ा। उसका परिवार उसकी स्मृति से छूट गया था, एक ऐसे विस्मृत क्षेत्र में लौट गया था जिसकी उसके पास केवल छोटी और बेतरतीब झलकें ही थीं—जैसे जब वह स्कूल में खिड़की से बाहर देखता था, या ट्राम के पिछले डिब्बे में खड़े रहने की जगह से—ठंड और भूख और गोलियाँ, खून, लपटों, चिल्लाहटों, जेल की कोठरियों का एक अँधियारा इलाका जो उसके भीतर कहीं गहरे अवात मुहरबंद कर दिया गया था। ऐसे क्षणों में ऐसा होता था जैसे उसे कोई सपना याद आ रहा हो, लेकिन उतना यह नहीं कि वह सपना काहे के बारे में था, जितना बस यह तथ्य कि वह एक दुःस्वप्न था। फिर भी उस निर्वात अँधेरे के अंतस्तल में कभी-कभार चौंधियाने वाले उजाले का एक अकेला स्रोत कौंध उठता था : उसके चेहरे को सहलाती हुई उस युवती की उँगलियाँ। क्या उसका कोई ताल्लुक उस हमले से था, और उसका क्या हुआ, वह नहीं जानता था। जानने की उसे कोई इच्छा न थी।

उसने हाइ स्कूल एक संतोषजनक से लेकर मँझोले स्तर के विद्यार्थी के रूप में ख़त्म किया और मेडिकल कॉलेज में दाख़िल हुआ। तब तक जर्मन कब्जे के बारे में बहुत कुछ छप चुका था लेकिन उसने उसमें से कुछ भी पढ़ने की परवाह नहीं की, और न उन दिनों को लेकर लिखे गए उपन्यास-कहानियों में से किसी को पढ़ा। न वह राज्य युद्ध सूचना संस्थान गया, जहाँ वह फ़ाके प्लूख़ की मौत के बारे में जो कुछ पता लगा था उसके बारे में जान सकता था, या यह कि पेतर की मृत्यु ठीक-ठीक कैसे हुई थी। जिस परिवार का वह सदस्य था वह हमेशा के लिए नेस्तनाबूद कर दिया गया था; इसी से अवगत होना काफ़ी था। वह यही जानता था कि उस हमले को लेकर कोई मुक़दमा नहीं चला वर्ना उससे पूछताछ की गई होती।

और लंबा कोट पहना हुआ वह घाव के निशान वाला जर्मन आदमी भी कभी खोजा नहीं गया। (लेकिन शायद गेस्टापो ने पहले ही उसे हटा दिया हो। कोई बात नहीं; इस नाटक में वह सबसे महत्त्वहीन पात्र है।) उसने कमोबेश अपनी पहल पर ही कार्रवाई की होगी। जहाँ नात्सियों पर गोलियाँ चली हों वहाँ घर जला देना कोई अनोखी बात नहीं थी, लेकिन निवासियों को भी जान से मार देना—इस तरह के आतंक का अभ्यास सिर्फ़ रूस और पोलैंड में किया गया था। हालाँकि उन देशों में अंतॅन भी मार डाला गया होता, भले ही उस वक्त वह पालने में ही क्यों न होता।

2

लेकिन चीज़ें इतनी आसानी से ग़ायब नहीं होतीं। सितंबर 1952 में, जब वह मेडिकल के सेकंड इयर में था, एक सहपाठी ने उसे हार्लेम में एक जन्मदिन पार्टी में बुलाया। सात बरस पहले जब वह जर्मन गारद के साथ गया था तब से वह वहाँ वापस नहीं आया था। पहले उसके जाने का कोई मंशा न था फिर भी सारे दिन वह उसके बारे में सोचता रहा। अचानक दिन के खाने के बाद उसने हार्लेम के एक युवा लेखक का एक उपन्यास उठाया जो जन्मदिन के तोहफ़े के लायक था, हालाँकि दरअसल वह ख़ुद उसे पढ़ना चाहता था, और स्टेशन की ट्राम पकड़ी। उसे ऐसे आदमी की तरह लगा जो पहली बार चकले में जा रहा हो।

रेतीले पुश्ते के परे, गाड़ी एक ऐसे विशाल इस्पात के पाइप के नीचे से गुज़री जो सड़क की दूसरे तरफ़ की पुरानी पाँस की खुदाइयों में गाढ़ा, इस्पाती-भूरा कीचड़ उलट रहा था। जला हुआ ट्रक हटा दिया गया था। हथेली पर अपनी ठोड़ी रखे हुए वह सड़क के यातायात को देखता रहा। ट्राम भी फिर से चलने लगी थी। जब वह हल्फ़वेख से गुजरा, उसने हार्लेम का छाया-आकार देखा—अभी भी वैसा ही जैसी राउसदाल ने उसकी तस्वीर बनाई थी—हालाँकि उन दिनों वहाँ जंगल और खेत थे जहाँ अब धुले हुए कपड़ों को उजलाया जा रहा था, जहाँ बाद में अंतॅन का घर खड़ा हुआ था। लेकिन आकाश वैसा ही था : बादलों के आल्प्स जैसे ढेर जिन पर रोशनी की शहतीरें टिकी हुई थीं। जो वह देख रहा था वह दुनिया के बहुत सारे दूसरे शहरों की तरह सिर्फ़ एक और शहर नहीं था। वह उतना ही अलग था जितना वह खुद दूसरे लोगों से अलग था।

कोई भी जो उसे तीसरे दर्ज़े की उस ज़र्द लकड़ी की सीट पर बैठे हुए, जर्मन रेलवे से जब्त की गई गाड़ी के डिब्बे की खिड़की से बाहर तकते हुए देखता, एक ऐसा बीस वर्षीय युवक देखता जिसके कोमल काले बाल माथे पर गिर रहे थे, जिन्हें वह सिर की एक हल्की सी हरकत से पीछे झटक लेता। किसी वजह से यह हरकत आकर्षक थी, शायद इसलिए कि वह इतनी बार दुहराई जाती थी कि उसमें धैर्य की एक विशेष मात्रा निहित थी। उसकी भौंहें काली और रंग अखरोट जैसा, सुथरा

था, आँखों के चारों ओर कुछ गहरा था। वह भूरा पतलून, भारी नीली स्वेटर, क्लब की टाइ और एक ऐसी कमीज़ पहने था जिसके कॉलर की नोकें ऊपर मुड़ी हुई थीं। अपने सिकोड़े हुए होठों से जो धुआँ वह खिड़की के काँच पर उड़ाता था वह एक पल के लिए हल्के से कुहरे जैसा उस पर चिपका रहता था।

उसने दोस्त के घर जाने वाली ट्राम पकड़ी। दोस्त भी दक्षिण हार्लम में रहता था लेकिन चूँकि उसका परिवार युद्ध के बाद वहाँ रहने आया था इसलिए वे अंतॅन से अतीत के बारे में कुछ नहीं पूछेंगे। जब ट्राम हिलती हुई हाउत में मुड़ी तो उसने एक मिनट के लिए पुराने इलाकाई कमान दफ़्तर की झलक देखी। खंदक और कँटीले तार ग़ायब हो गए थे, एक ख़स्ताहाल होटल के सिवा वहाँ कुछ न था, जिसे ख़ाली कर दिया गया था और जिसकी खिड़कियों को कीलों से जड़ कर बंद कर दिया गया था। गैरेज (जो लड़ाई के पहले एक रेस्तराँ था) अब खंडहर हो चुका था। शायद उसके दोस्त को कोई अनुमान न था कि एक ज़माने में यहाँ किस तरह का अमला था।

"तो तुम आख़िर आ ही गए," दरवाज़ा खोलते हुए उसने कहा।

"माफ़ करना मुझे देर हो गई।"

"कोई बात नहीं। ढूँढने में कोई दिक़्क़त तो नहीं हुई?"

"वाक़ई नहीं।"

घर के पीछे बग़ीचे में ऊँचे पेड़ों के नीचे एक लंबी मेज़ लगी हुई थी। उस पर आलू का सलाद और दूसरी स्वादिष्ट चीज़ें, बोतलें, रकाबियों के ढेर, चाँदी की चम्मचें, काँटे रखे हुए थे। दूसरी मेज़ पर तोहफ़े थे जिनमें अंतॅन ने अपनी किताब शामिल कर दी। मेहमान लॉन में बैठे और खड़े थे। जब उसका परिचय हर एक से करवा दिया गया तो वह एक ऐसे टोल में शामिल हो गया जो थोड़ी मस्ती में आ चुका था और जिसे वह अम्स्तर्दम से जानता था। अपने सीनों के सामने अपने बिअर-ग्लासों को थामे हुए वे पानी के पास एक गोल बनाकर खड़े हुए थे। अंतॅन की तरह वे भी ऐसे ब्लेज़र पहने हुए थे जो उनके लड़कों-जैसे बदन पर झूल रहे थे। इस दल का सरग़ना उसके दोस्त का बड़ा भाई था जो ऊत्रेख़्त में दंत-चिकित्सा सीख रहा था और जो अपने दाहिने पैर में एक बड़ा, बेडौल काला जूता पहने हुए था।

वह ऐलानिया ढंग से बोल रहा था, "सच तो ये है कि तुम सब जनानिये हो, जो कि एक कुदरती चीज़ है। खलास होने के अलावा तुम्हारे दिमाग़ में बिला शक़ एक ही चीज़ है, फ़ौज की भर्ती से कैसे बचा जाए।"

"तुम्हारे लिए यह कहना आसान है, ख़ैरित यन। ज़ाहिर है कि तुम्हारे इस खुर को देखते हुए वे तुम्हें लेना नहीं चाहते।"

"ख़ैर, मैं तुम्हें एक और चीज़ बताता हूँ, चूतिए। अगर तुममें एक ग्राम भी

हिम्मत हो तो तुम न सिर्फ़ फ़ौज में जाओगे, बल्कि खुद को कोरिया भेजे जाने को कहोगे। तुम्हें कुछ पता नहीं है कि वहाँ हो क्या रहा है। बर्बर लोग ईसाई सभ्यता के दरवाज़ों पर हमला कर रहे हैं।'' उसने अपनी तर्जनी उनकी ओर हिलाते हुए कहा। ''उनके मुकाबले फ़ासिस्ट लौंडे थे। ज़रा कोएस्टलर पढ़ के देखो।''

''तुम खुद क्यों नहीं जाते? अपने इस बेढंगे जूते से उनके भेजों में लात मारो, क्वासिमोदो।''

''शानदार!'' ख़ैरित यन हँसने लगा।

''कोरिया अम्स्तर्दम विश्वविद्यालय जैसा ही होने जा रहा है,'' एक दूसरे ने टिप्पणी की, ''नाक़ाबिलों का बसेरा।''

''सज्जनो,'' अपना प्याला उठाते हुए ख़ैरित यन ने कहा, ''चलिए, घर में और बाहर लाल फ़ासिज़्म के पतन के लिए पीते हैं।''

''मैं जरूर सोचता रहता हूँ कि मुझे भर्ती हो जाना चाहिए था,'' एक लड़के ने कहा जो बातचीत का सूत्र पकड़ नहीं पाया था। ''लेकिन ऐसा लगता है कि फ़ौज में कई पुराने जर्मन एस.एस. के आदमी हैं। मैंने सुना है कि अगर वे भर्ती होते हैं तो उन्हें बेदाग़ छोड़ दिया जाता है।''

''तो क्या हुआ? एस.एस. वालों के लिए फ़ौज में इससे भी ज़्यादा है। कोरिया में वाक़ई वे और आगे बढ़ सकते हैं।''

आगे बढ़ो, अंतॅन ने सोचा। सचमुच आगे बढ़ो। दो लड़कों के बीच से उसने पोखर के दूसरे किनारे की तरफ़ झाँका, शांतिपूर्ण गलियों की ओर जहाँ लोग साइकिल चला रहे थे और कोई अपने कुत्ते को घुमाने ले जा रहा था। बँगले उधर भी थे। उनके कुछ परे, हालाँकि यहाँ से अदृश्य, वह नर्सरी स्कूल था जहाँ वह मुख्य रसोई के सामने कतार में खड़ा होता था। थोड़ा और आगे और बायीं ओर, ज़मीन के खाली टुकड़ों के पीछे, वह जगह थी जहाँ वह सब हुआ था। उसे नहीं आना चाहिए था; उसे कभी हार्लम नहीं लौटना चाहिए था। उसे वह सब कुछ दफ़ना देना चाहिए था, जैसे लोग मृतकों को दफ़ना देते हैं।

''एक कोई सपना देखने वाला दूर देख रहा है,'' ख़ैरित यन ने कहा, और जब अंतॅन ने उसकी ओर देखा, ''हाँ, तुम, स्तेनवेइक। क्यों, तुम्हारी क्या राय है?''

''क्या मतलब?''

''क्या हम कम्युनिस्टों का सामना करने वाले हैं, या हम उनके आसपास दुबक कर चलने वाले हैं?''

''मुझे मेरा हिस्सा मिल चुका है,'' अंतॅन ने कहा।

उसी वक्त बरामदे में किसी ने रिकॉर्ड चलाया, ''थैंक्स फ़ॉर दि मेमोरी...'' ''याद के लिए शुक्रिया...'' वह इस संयोग पर मुस्कराया, लेकिन जब उसने देखा कि दूसरों ने ग़ौर नहीं किया तो उसने धीरे से कंधे झटक दिए और उनसे हटकर

चल दिया। संगीत पेड़ों के नीचे की चितकबरी छाया से मेल खा रहा था और जाने कैसे उसकी स्मृतियों को जगा रहा था। वह हार्लम में था। वह पतझड़ का एक गर्म दिन था, शायद वर्ष का आख़िरी, और वह एक बार फिर हार्लम में था। यह बिल्कुल ग़लत था, और उसने संकल्प लिया कि वह यहाँ फिर कभी नहीं लौटेगा भले ही उसे यहाँ एक लाख गुल्डेन साल का कोई काम क्यों न मिले। लेकिन चूँकि वह यहाँ आ ही गया था, वह अलविदा कहना चाहता था, अभी, तुरंत।

''और तुम, नौजवान?''

चौंककर उसने अपने मेज़बान के चेहरे को ताका। बाजू में काढ़े गए सफ़ेद बालों वाला एक नाटा आदमी, ग़लत नाप का सूट पहने हुए जिसका पैंट उसके लिए बहुत छोटा था, जैसा कि डच उच्च वर्ग के एक ख़ास तबके में फ़ैशन था। उसके बाजू में उसकी पत्नी खड़ी थी। टेढ़ी पीठ वाली एक सुसंस्कृत महिला, इतनी कमज़ोर, सफ़ेद पोशाक में, कि दिखती थी मानो किसी भी पल धूल का एक ग़ुबार बनकर उड़ जाएगी।

''जी, फ़न लेन्नप साहब,'' उसने मुस्कराकर कहा, हालाँकि उसे बिल्कुल पता न था कि सवाल क्या था।

''मज़ा आ रहा है?''

''अपनी पूरी कोशिश कर रहा हूँ।''

''तुम्हें फ़ायदा होगा। हालाँकि तुम बहुत ख़ुश नज़र नहीं आते, मेरे दोस्त।''

''जी,'' उसने कहा। ''मैं सोचता हूँ कि मुहल्ले का एक चक्कर लगाता हूँ। मेहरबानी करके मेरा बुरा मत मानिएगा।''

''अरे, हम किसी चीज़ का बुरा नहीं मानते। आज़ाद और बेपरवाह। आगे बढ़ो और अपने पैरों को लंबाओ, इससे दिमाग़ साफ़ होता है।''

बग़ीचे की सफ़ेद कुर्सियों में बैठे चाय पीते हुए परिवार के सदस्यों के बीच से उसने घर में से रास्ता खोजा और सड़क पर आया। वह एक बाजू वाली सड़क पर मुड़ा और पोखर के किनारे-किनारे चलता गया। जब वह उस पार पहुँच गया तो उसने पलटकर लॉन पर चल रही पार्टी को देखा। वह संगीत जो पानी पर से तिरता हुआ आ रहा था यहाँ और तेज़ लग रहा था। उसी क्षण ख़ैरित यन ने उसे देख लिया।

''ए, स्तेनवेइक गँडछेदी, वहाँ क्या कर रहा है! भर्ती का दफ़्तर दूसरी तरफ़ है।''

हाथ हिलाकर अंतॅन ने उसे बता दिया कि वह मज़ाक़ समझ गया। उसके बाद दुबारा उसने पीछे नहीं देखा।

उसने खाली ज़मीनों के बीच का रास्ता नहीं लिया बल्कि उस सड़क पर चलता गया जो मोड़ पर पहुँचकर घाट में बदल जाती थी। यह सब ग़लत था, वह जो कर

रहा था; यह एक भूल थी। "मुजरिम अपने गुनाह के मौक़े पर लौटता है।" अचानक रोमांचित होकर उसने ईंटों की पटरी की आड़ी बनावट को पहचाना। पुराने दिनों में उसने उस पर ध्यान नहीं दिया था लेकिन अब उसने उसे देखा और उसे भान हुआ कि वह हमेशा से वैसी ही थी। जब वह पानी के पास आया तो उसने अपनी आँखें दूसरी ओर लगाए रखीं। खेतिहर मज़दूरों की झोपड़ियाँ, छोटे-छोटे खेत, मिल, चरागाह; कुछ भी नहीं बदला था। बादल ग़ायब हो चुके थे, शाम की धूप में गायें शांतिपूर्वक चर रही थीं। क्षितिज के परे, अम्स्तर्दम, जिसे अब वह हार्लम से बेहतर जानता था, लेकिन उसी तरह जैसे कोई किसी दूसरे के चेहरे को अपने से बेहतर जाने।

पार करके वह उस फ़ुटपाथ पर पहुँचा जो उस वक्त के बाद पुश्ते के बराबर उठा दिया गया था, कुछ दूर चला, और तभी उसने झटके से अपना चेहरा पानी से परे, दूसरी दिशा में किया।

3

तीनों घर। पहले और दूसरे के बीच एक खुली जगह, एक गिरे हुए दाँत की तरह। सिर्फ़ बाड़ अभी भी मौजूद थी। वह बिच्छूबूटियों और झाड़ियों की एक घनी पैदावार को घेरे हुए थी जिसमें कुछ पतले पेड़ भी थे, जैसे सोलहवीं सदी के कुछ चित्रों में होते हैं जिनमें एक पहाड़ी की चोटी पर एक फ़रिश्ता बना होता है और एक नाराज़ कौआ एक दैत्याकार चंद्रमा की ओर घूरता रहता है। पीछे के ख़ाली ज़मीन के टुकड़ों के मुकाबले यहाँ कहीं ज़्यादा खरपतवार उग रही थी, शायद इसलिए कि राख ने उसे ख़ास तौर पर उपजाऊ बना दिया था। उसके मामा के अनुसार, उत्तरी फ्रांस में खेतों के बीच इस तरह की जगहें थीं, ऐसी जगहें जिन्हें किसानों ने अनजुती छोड़ दिया था क्योंकि वहाँ पहले विश्व-युद्ध की सामूहिक कब्रें थीं।

छाँह में, बिच्छूबूटियों के नीचे, शायद अभी भी कुछ ईंटें थीं, दीवारों के टुकड़े, नींवें; और धरती के तले, तलघर (उसका पुराना स्कूटर बेशक चुरा लिया गया होगा), हर चीज़ कूड़े से भरी हुई। हालाँकि उसने उनके बारे में भले ही सोचा न था, ये खंडहर इन सारे बरसों में यहीं थे, बग़ैर किसी ख़लल के।

धीरे-धीरे, अपना सिर थोड़ा-सा उस तरफ़ झुकाए हुए, बीच-बीच में अपने बाल पीछे झटकते हुए, वह उस जगह गया जहाँ वह गाड़ी में बैठा था, और एक बार फिर ख़ाली अंतराल में देखता रहा। जब उन छोटे वृक्षों में गौरैयें शोर मचा रही थीं, उसने घर को अपने आगे उभरते हुए देखा, पारदर्शी ईंटों का बना हुआ, खिड़कियों के पल्ले और फूस की छत वैसी ही जैसे उसे याद थी, खाँचा-खिड़की और उसके ऊपर सोने के कमरे का छोटा-सा बारजा, नुकीली छत, और बायीं ओर, उसके कमरे की छत की खिड़की। बारजे के नीचे पटिये पर लिखा था–

चिंतामुक्त

कोर्तेवेख़ के घर का नाम नयी पुताई के नीचे ग़ायब हो चुका था, लेकिन 'कल्पनातीत' और 'शांतिदुर्ग' अब भी मौजूद थे। उसने उस जगह की तरफ़ देखा जहाँ प्लूख़ युगों पहले पड़ा हुआ था। उसने उसे उन आड़ी जमाई हुई ईंटों पर मुँह

के बल पड़ा हुआ देखा, जैसे पुलिस ने उसका आकार चमकदार खड़िया से बना दिया हो। उसे उस जगह को छूने की इच्छा हुई, अपने हाथ उस पर रखने की, और इससे वह चिंतित हुआ। फिर भी, उसने धीरे-धीरे सड़क ज़रूर पार की—लेकिन इसके पहले कि वह दूसरी तरफ़ पहुँचता उसने किसी चीज़ को 'सुदर्शन' की खिड़की में हिलते देखा। ध्यान से देखने पर वह श्रीमती बेउमर को पहचान गया। उन्होंने उसे पहले ही देख लिया था और हाथ हिला रही थीं।

वह परेशान हो गया। उसे एक बार भी यह ख़याल नहीं आया था कि वह या दूसरों में से कोई और अभी भी वहीं रह रहा होगा। यह तो कल्पनातीत था। उसे उस जगह के लिए परवाह थी, वहाँ के लोगों के लिए नहीं। जब भी उसने उसके बारे में सोचा था उसके दिमाग़ में बेउमर, कोर्तेवेख़ और आर्त्स परिवार मौजूद नहीं होते थे। यह कि लोग भी वही रहे थे...वह भाग जाना चाहता था लेकिन वह दरवाज़े पर आकर खड़ी हो चुकी थीं।

"तोनी!"

वह अब भी बच निकल सकता था। शायद उसके अच्छे संस्कारों ने उसे एक मुस्कान के साथ बग़ीचे के दरवाज़े से होते हुए उनकी ओर जाने पर बाध्य किया।

"हलो, श्रीमती बेउमर!"

"तोनी, मेरे बच्चे," उन्होंने उससे हाथ मिलाया और अपना दूसरा हाथ उसकी कमर पर रखा, थोड़े-थोड़े क्षणों के लिए उसे अपने से हल्के से भींचते हुए, अटपटे ढंग से, जैसे उन्होंने लंबे अरसे से किसी को गले न लगाया हो। वह अब और ज़्यादा बूढ़ी और छोटी हो गई थीं, उनके बाल अब पूरी तरह सफ़ेद थे और बनावटी घुँघरालेपन में मजबूती से कसे हुए थे। उन्होंने उसका हाथ नहीं छोड़ा। "अंदर आओ," उन्होंने उसे चौखट के इस पार खींचते हुए कहा। उनकी आँखों में आँसू थे।

"मुझे डर है कि मुझे वाक़ई..."

"देखो कौन आया है," उन्होंने सामने की बैठक के दरवाज़े से पुकारा।

उन्नीसवीं सदी की एक आरामकुर्सी में, जो उस वक्त दुबारा आधुनिक नहीं बनी थी बल्कि पुराने ढंग की ही थी (जैसी कि इस वक्त भी है, दूसरी बार), मिस्टर बेउमर बैठे थे, इतने बूढ़े और दुबले कि अब उनके सिर का सिरा ऊँची पीठ वाली उस कुर्सी की नक़्क़ाशी तक नहीं पहुँच पाता था। उनके पैर एक भूरे पट्टूदार कंबल से ढँके हुए थे। उसके ऊपर उनके हाथ रखे थे, लगातार काँपते हुए। उनका सिर निरंतर हिल रहा था। जब अंतॅन ने अपना हाथ बढ़ाया तो मिस्टर बेउमर का हाथ उसकी तरफ़ ऐसे आया मानो कोई फड़फड़ाता हुआ घायल पक्षी हो। अंतॅन ने उसे पकड़ा लेकिन उसे एक हाथ की ठंडी, दुर्बल समानता जैसी ही महसूस हुई।

"कैसा चल रहा है, हंस?" उन्होंने धीमी, टूटती हुई आवाज़ में पूछा।

अंतॅन ने श्रीमती बेउमर की तरफ़ देखा। उन्होंने जैसे यह कहने का इशारा

किया कि मामला ऐसा ही है।

"बढ़िया, मिस्टर बेउमर," उसने कहा। "धन्यवाद। और आप कैसे हैं?"

लेकिन ऐसा लगा कि अपना सवाल पूछने से मिस्टर बेउमर निढाल हो चुके थे। उन्होंने सिर हिलाया और कुछ नहीं कहा, अंतॅन को छोटी-छोटी पनीली नीली आँखों से तकते रहे। उनके मुँह के कोने गीले और चमकीले थे। उनके चेहरे की चमड़ी मोमिया काग़ज़ जैसी झीनी हो चुकी थी। उनके जितने भी बाल बचे थे वे पुआल के/रंग के थे, जैसे अंतॅन को याद थे। शायद बहुत पहले वे ललछौंहे रहे हों। गहरे भूरे रंग के बेकलाइट से बना बीच से कटे खड़े अंडे के आकार का एक रेडियो बच्चों का कोई कार्यक्रम प्रसारित कर रहा था। श्रीमती बेउमर ने मेज़ साफ़ करना शुरू कर दिया था; लगता था उन लोगों ने शाम का खाना ख़त्म ही किया था।

"मैं आपकी मदद करता हूँ।"

"नहीं, बस आराम से बैठो और मैं तुम्हें एक कप कॉफ़ी बनाकर देती हूँ।"

अँगीठी के पास रखे हुए विचित्र स्टूल पर वह टाँगें फैलाकर बैठ गया जो ऊँट की काठी की तरह था और सारी ज़िंदगी भर उसका जाना-पहचाना था। मिस्टर बेउमर ने उस पर से अपनी आँखें नहीं हटाईं। अंतॅन मुस्कराया और आसपास देखने लगा। कुछ भी बदला न था। खाने के कमरे की मेज़ पर काली लाख वाली चार कुर्सियाँ खड़ी हुई थीं, जिनकी नुकीली पीठ पर बारीक नक़्क़ाशी की हुई थी, जो कुछ-कुछ गोथ शैली की और बदन में झुरझुरी दौड़ाने वाली थीं, जो उसे हमेशा उस वक्त डराती थीं जब वह यहाँ चाय-केक के लिए आता था। दरवाज़े के ऊपर अब भी अपने मुड़े हुए ज़र्द शरीर के साथ सलीब लटका हुआ था। कमरे में एक खट्टी बू थी; सभी खिड़कियाँ कस कर बंद की हुई थीं। इसी तरह शीशे के पल्लों वाले कमरों के बीच के दरवाज़े। "छुप जाओ तुम भले कहीं", भेस बदली हुई औरत की आवाज़ रेडियो पर गिनगिनाई, "देख लिया पर पकड़ूँ नहीं।" अचानक मिस्टर बेउमर ने डकार ली और चौंककर अपने आसपास देखा, जैसे उन्होंने कोई अप्रत्याशित चीज़ सुनी हो।

"तुम इससे पहले क्यों नहीं आए, तोनी?" श्रीमती बेउमर ने रसोई से पुकारा।

वह उठा और उनके पास गया। हॉल से उसने देखा कि उनके पलंग पिछले कमरे में लगे हुए थे, शायद इसलिए कि मिस्टर बेउमर अब सीढ़ियाँ नहीं चढ़ पाते थे। श्रीमती बेउमर ने कॉफ़ी पर पानी की एक बारीक धारा उँडेली।

"मैं आज पहली बार हार्लेम लौटा हूँ।"

"इधर इनकी तबीयत बिल्कुल ठीक नहीं रही है," मिसेज़ बेउमर ने धीमी आवाज़ में कहा, "ऐसा जतलाओ जैसे तुम्हें पता नहीं चला।"

बेशक़। और क्या? क्या मैं हँस पड़ूँ और कहूँ, "बेवकूफ़ी की बातें मत करो!"

लेकिन उसे अहसास हुआ कि दरअसल वह शायद बेहतर रहता।

"राफ़ है," उसने कहा।

"क्या तुम्हें पता है कि तुम बिल्कुल नहीं बदले हो? तुम अपने पिता से भी लंबे हो, लेकिन मैं तुम्हें फ़ौरन पहचान गई थी। क्या तुम अब भी अम्स्तर्दम में रह रहे हो?"

"जी, श्रीमती बेउमर।"

"मुझे वह पता था क्योंकि तुम्हारे मामा आज़ादी के बाद सीधे यहाँ आए थे। मेरे पति ने तुम्हें उस जर्मन कार में ले जाए जाते देखा था लेकिन हमें बिल्कुल ख़बर नहीं थी कि तुम ज़िंदा हो। उन भयानक दिनों में कोई भी कुछ नहीं जानता था। तुम सोच नहीं सकते कि हम कितनी बार तुम्हारी बात करते थे। आओ।"

वे बैठक में लौटे। जब मिस्टर बेउमर ने अंतॅन को देखा तो उन्होंने अपना हाथ फिर बढ़ाया और अंतॅन ने चुपचाप फिर उनसे हाथ मिलाया। श्रीमती बेउमर ने मेज़ पर फिर वही ईरानी कपड़ा बिछाया जिसकी बनावट उसे याद थी। उन्होंने कॉफ़ी उँडेली।

"तुम क्या शक्कर और दूध लेते हो?"

"सिर्फ़ दूध, मेहरबानी।"

उन्होंने एक छोटे अल्यूमीनियम के बर्तन से चौड़े, नाटे प्याले में कुछ गर्म दूध डाला।

"ये बात कि तुम कभी इस जगह को फिर देखना ही नहीं चाहते होगे..." उन्होंने उसे प्याला पकड़ाते हुए कहा। "लेकिन दरअसल मैं समझ सकती हूँ। वह सब बहुत ही ज़्यादा भयानक था। कोई और भी यहाँ कई बार आया है और सड़क के उस पार से हमें देखता रहा है।"

"कौन है वह?"

"कुछ पता नहीं। एक आदमी।" उन्होंने उसे बिस्कुट का डिब्बा दिया। "एक लो?"

"जी हाँ!"

"तुम पक्का वहाँ आराम से बैठे हो? मेज़ के पास क्यों नहीं आ जाते?"

"लेकिन यह तो मेरी पुरानी जगह है।" वह हँसा। "आपको याद नहीं? जब आपके पति मुझे 'तीन बंदूकबाज़' पढ़कर सुनाया करते थे?"

श्रीमती बेउमर ने रेडियो बंद कर दिया और मेज़ के पास तिरछे बैठ गईं। वे उसके साथ हँसीं, लेकिन एक मिनट बाद उनकी हँसी चली गई और उनका चेहरा लाल हो गया। अंतॅन दूसरी तरफ़ देखने लगा। अँगूठे और उँगली से उसने दूध की मलाई हटाई और उसे धीरे-धीरे उठाया। वह एक छाते की तरह मुड़ गई और उसने उसे तश्तरी के किनारे लपेट दिया। उसने हल्के काढ़े की एक चुस्की ली। अब उससे किसी चीज़ की आशा की जा रही थी, बहुत पहले के बारे में एक सवाल की। पहली

चाल उसकी होनी चाहिए, कोई संदेह नहीं, लेकिन शुरू करने की उसे कोई इच्छा नहीं थी। वे शायद सोचते थे कि वह अतीत से बेहद परेशान था, हर रात उसके बारे में सपने देखता था, लेकिन सच यह था कि उसने लगभग कभी उसके बारे में सोचा न था। जब वह इस कमरे में इन दो बूढ़े व्यक्तियों के सामने बैठा हुआ था तो उनमें से कम से कम एक ने ज़रूर सोचा होगा कि वह जैसा हुआ करता था अब उससे बिल्कुल अलग था। उसने श्रीमती बेउमर की ओर देखा। उनकी आँखों में फिर आँसू थे।

"क्या मिस्टर कोर्तेवेख़ अभी भी यहीं रहते हैं?" उसने पूछा।

"वे आज़ादी के कुछ हफ़्ते बाद यहाँ से चले गए, कोई नहीं जानता कहाँ। वे कभी विदा लेने नहीं आए, और न कारिन आई। यह बड़ा अजीब था। है न, बेर्त?"

ऐसा लगा मानो वह फिर उन्हें बातचीत में लगाना चाहती थीं, और मिस्टर बेउमर का हिलता हुआ सिर हामी का संकेत लगा, एक ऐसी दृढ़ सहमति जो उनकी मृत्यु तक समाप्त नहीं होगी—कितना विचित्र था। उन्हें कॉफ़ी नहीं दी गई थी, निस्संदेह इस कारण कि उनके मुँह तक पहुँचने से पहले ही प्याला ख़ाली हो जाएगा। जब कोई दूसरा मौजूद न रहता होगा तो वे उन्हें अपने हाथ से खिलाती होंगी।

"नौ साल हम लोग पड़ोसी रहे," श्रीमती बेउमर ने कहा। "पूरी लड़ाई साथ-साथ गुज़ारी और अचानक बिना कुछ कहे-सुने वे ग़ायब हो जाते हैं। कई दिनों तक मछलीघरों का एक ढेर सीढ़ियों पर पड़ा रहा, जिसे कूड़ा इकट्ठा करने वालों ने हटाया।"

"वे सरटों-गिरगिटों के घर थे," अंतॅन ने कहा।

"वही काँच के बने हुए। आह, वह बहुत दुखी आदमी था। पत्नी की मौत के ठीक बाद कुछ दफ़ा यहाँ आया था। क्या तुम्हें श्रीमती कोर्तेवेख़ की याद है?"

"धुँधली सी...दरअसल नहीं।"

"ये करीब बयालीस या तिरतालीस की बात है। तब तुम कितने बड़े थे?"

"दस।"

"अब वहाँ एक भला नौजवान जोड़ा और उनके दो बच्चे रह रहे हैं।"

वे रेंगनेवाले प्राणियों के घर। उसे कोर्तेवेख़ की ऐसे आदमी के रूप में याद है जो भारी-भरकम और चिड़चिड़ा था और जो उससे ठीक से 'हलो' तक नहीं करता था। जैसे ही वह घर लौटता, अपना कोट उतारता और एक अजीब ढंग से अपनी कमीज़ की बाँहें चढ़ा लेता—अंदर की तरफ़ जिससे कि वे उसके बाल वाले हाथों पर फूली हुई लगतीं। बाद में वह अक्सर कुछ रहस्यमय चीज़ करने ऊपर चला जाता जिससे अंतॅन की उत्सुकता जागती।

कारिन अक्सर एक जहाज़वाली-जैसी कुर्सी में धूप सेंकती बैठी रहती, उसके

गहरे सुनहरे बाल सिर के ऊपर जमे रहते और उसका स्कर्ट घुटनों से कुछ ज़्यादा ही ऊपर उठा हुआ होता, जिससे कभी-कभी उसे उसके जाँघिए की एकाध झलक दिख जाती थी। उसकी आँखें हल्की नीली, कुछ-कुछ उभरी हुई थीं और पिंडलियाँ सुडौल थीं, जो उसे 'उड्डयन जगत' पत्रिका में दर्शाये गए एक हवाई जहाज़ के डैनों के नमूनों की याद दिलाती थीं। रात में जब वह बिस्तर में उसके बारे में सोचता लेटा रहता तो अक्सर उसे लिंगोत्तेजन हो जाता। उसे कोई कल्पना नहीं थी कि उसका क्या करे, बहरहाल, और नींद आ जाने से ही उसका ख़ात्मा होता। जब भी वह झाड़ी के उस छेद से कोर्तेवेख़ के बाग़ में घुसता, कारिन अपना धूप सेंकना छोड़कर उसके साथ बत्तख वाला पटिये का खेल खेलने को राज़ी हो जाती। वह बहुत थोड़ी-सी भेंगी थी जो बहुत आकर्षक था।

एक दिन, उसे अपने तक ही रखने की क़सम दिलाकर, उसने उसे अपने पिता का शौक़ दिखलाया। ऊपर के पिछले कमरे में छोटी टेबिलों पर दस या पंद्रह जंतु-घर रखे हुए थे जिनमें गिरगिट पले हुए थे। विचित्र ढंग से चुपचाप, उनके शरीर अंग्रेज़ी के 'एस' के आकार के, छोटे-छोटे हाथ पेड़ों की छाल पकड़े हुए, वे प्राणी उसे एक ऐसे अतीत से तक रहे थे जो उन्हीं की तरह गंभीर और अचल था। हालाँकि उनमें से कुछ पूरा मुँह खोलकर मुस्कराते-से लगते थे लेकिन उनकी आँखें दूसरी ही भाषा बोलती थीं, एक ऐसी अविचलित और स्थिर संजीदगी की जो लगभग असहनीय थी।

अंतॅन ने कॉफ़ी के प्याले को घड़ी के पास अँगीठी के कानस पर रख दिया। जिस ढंग से कोर्तेवेख़ के बारे में श्रीमती बेउमर बातें कर रही थीं उससे वह इस नतीज़े पर पहुँचा कि उन्हें बिल्कुल पता नहीं था कि प्लूख़ की लाश के साथ क्या हुआ था। कोर्तेवेख़ परिवार के अलावा शायद सिर्फ़ वही एक अकेला था जो जानता था। उसने अपने मामा-मामी को भी नहीं बताया था क्योंकि जितने कम लोग जानेंगे कि सारा मामला कितना बेतुका था, हक़ीक़त में वह उतना ही कम बेतुका होगा।

"और बग़ल में?" उसने कहा।

"मिस्टर और मिसेज़ आर्त्स। वे अभी भी वहीं रहते हैं लेकिन उन्होंने कभी हमसे 'हलो' तक नहीं कहा। तुम भी कभी उनके यहाँ नहीं जाते थे—याद है? वे अपने में ही रहते हैं। अभी उस दिन भी। मिस्टर ख़्रूनेफ़ेल्द चाहते थे कि बगल की उस खरपतवार का कुछ किया जाए—"

"ख़्रूनेफ़ेल्द ?"

"वो लोग जो अब कोर्तेवेख़ वाले घर में रह रहे हैं। तुमने वो सब देखा ही होगा जो वहाँ उग रहा है जहाँ तुम्हारा घर हुआ करता था।"

"हाँ," अंतॅन ने कहा।

"वे सारे बीज उनके घर पर और हमारे बग़ीचे में उड़कर आ जाते हैं; उस

घास-पात को हटाते रहना मुमकिन नहीं है। ख़्रूनेफ़ेल्द ने सोचा कि सारे पड़ोस को उसके बारे में कुछ करना चाहिए। उन्होंने एक पत्र लिखा और हमने उस पर दस्तख़त किए लेकिन मिस्टर आर्त्स ने बहाना बना दिया कि वे घर पर ही नहीं हैं। तुम सोच भी सकते हो? उससे तो कोई परेशानी नहीं होती।" उन्होंने उसकी ओर नाराज़गी से देखा।

अंतॅन ने सहमति में सिर हिलाया। "वाक़ई बहुत अचंभे की बात है, इतनी सारी खरपतवार।"

उसके स्वर से श्रीमती बेउमर को ऐसा लगा कि उन्होंने सोच-समझकर बात नहीं की थी। अचानक असुरक्षित महसूस करते हुए वे बोलीं, "मेरा मतलब..."

"मैं समझता हूँ मिसेज़ बेउमर। ज़िंदगी चलती रहती है।"

"तुम कितने समझदार लड़के हो, तोनी," उन्होंने ख़ुश होकर कहा। वे खड़ी हुईं, "एक कॉफ़ी और?"

"नहीं शुक्रिया।"

उन्होंने अपने लिए कुछ उँडेली। "तुम मुझे उस बेचारे पेतर की याद दिलाते हो," उन्होंने कहा। "तुम बिल्कुल उसके जैसे नहीं दिखते, लेकिन वह भी इतना ही सोच-समझ वाला था। हमेशा स्नेही, हमेशा मददगार..." चाँदी की चमीटी से जो शक्कर का डला उन्होंने पकड़ रखा था उसे उन्होंने वापस शकरदान में गिर जाने दिया। "तुम जानते हो...मुझे जाने कैसे लगता है कि उसकी क़िस्मत सबसे ख़राब थी। प्यारा लड़का था वह। बेशक़ तुम्हारे माता-पिता भी, लेकिन पेतर...अभी तुम जितने बड़े हो उस वक्त वह इससे छोटा था। जब मैंने सुना तो मैंने सोचा कि कितना भयानक हुआ। मैंने उसे उस आदमी—मेरा मतलब है प्लूख़—की मदद करने की कोशिश करते हुए देखा था। आखिर यह पक्का तो नहीं था कि वह मर गया है। बेशक़ वह बदमाश था। मैं ख़ूब जानती हूँ लेकिन था तो वह इंसान ही। पेतर सरीखा लड़का, उसका दिल सोने जैसा था...उसे अपनी जान से कीमत चुकानी पड़ी।"

अंतॅन ने अपना झुका हुआ सिर हिलाकर हामी भरी। अपने हाथों से वह ऊँट की काठी से बने स्टूल के भूरे चमड़े को सहला रहा था। यदि पेतर का बस चला होता तो यह भी लपटों के हवाले हो गया होता। अगर हर चीज़ पेतर की योजना के मुताबिक़ हुई होती तो इस घर की हर चीज़ राख हो जाती। मिस्टर बेउमर की आरामकुर्सी, मिसेज़ बेउमर की रसोई, सलीब, खाने की मेज़ के इर्द-गिर्द लगीं वे डरावनी कुर्सियाँ। उस सूरत में वह परेशान करने वाली खरपतवार इस जगह उग रही होती, जबकि उसके माता-पिता अब भी पड़ोस के 'चिंतामुक्त' में रह रहे होते। मिस्टर और मिसेज़ बेउमर गोली से उड़ाए जाने के लिए बहुत बूढ़े होते, लेकिन पेतर का क्या हुआ होता? उसे अपनी सैनिक सेवा करनी पड़ती। सैंतालीस में इंडोनेशिया में पुलिस कार्रवाई के दौरान वह सात दिसंबर डिवीज़न का हिस्सा होता। शायद वह

गाँवों को आग लगाता, शायद वह वहाँ मरा होता। कल्पना से परे है यह सब। पेतर कभी सत्रह बरस से ज़्यादा उम्र का नहीं हुआ, इस वक्त के अंतॅन से तीन बरस छोटा, और इसकी कल्पना करना भी कठिन था। वह, अंतॅन, हमेशा छोटा भाई था, भले ही अस्सी तक जिए। यह सब सोच के परे था।

श्रीमती बेउमर ने सलीब का निशान बनाया। उन्होंने हौले से कहा, "ईश्वर सबसे अच्छे जनों को ही पहले अपने पास बुलाता है।"

तब तो फ़ाके प्लूख़ ही हममें से सबसे अच्छा था, अंतॅन ने सोचा।

"हाँ," उसने कहा।

"भगवान के तरीक़ों की थाह कोई नहीं पा सकता। उसे तुम्हारे घर के सामने ही क्यों मारा जाना था? वह यहाँ भी हो सकता था, या मिस्टर कोर्तेवेख़ के सामने। हमने अक्सर उसके बारे में सोचा है, मैंने और मेरे पति ने। वे हमेशा कहा करते थे भगवान ने हमें बख़्श दिया, लेकिन उसे हम किस तरह लें? क्योंकि उसका मतलब होगा कि उसने तुम्हें नहीं बख़्शा, तो तुम्हें क्यों नहीं बख़्शा?"

"और शायद आपके पति ने जवाब दिया होगा," अंतॅन ने यह महसूस करते हुए कहा कि वह कुछ ज़्यादा ही कह रहा था, "कि इस वजह से कि हम लोग अधर्मी थे।"

श्रीमती बेउमर चुपचाप शक्कर की चमीटी से मेज़पोश खींचती रहीं। उनकी आँखों में तीसरी बार आँसू भर आए।

"वह प्यारा पेतर...और तुम्हारे भले माता-पिता। मैं अभी भी उन्हें, तुम्हारे पिता को, काला कोट और गोल हैट पहने, बंद छाता लिए यहाँ से गुज़रते देखती हूँ। वे हमेशा नीचे ज़मीन को देखते थे। जब वे तुम्हारी माँ के साथ निकलते थे, तो हमेशा एक कदम आगे चलते थे, जैसे इंडोनेशियाई चलते हैं। उन्होंने कभी किसी का कुछ नहीं बिगाड़ा..."

"अचार बिल्कुल मगरों की तरह होते हैं," अचानक मिस्टर बेउमर ने कहा।

उनकी पत्नी और अंतॅन ने उनकी तरफ़ देखा, लेकिन वे निर्दोष भाव से वापस उन्हें तकते रहे।

मिसेज़ बेउमर ने फिर अपनी आँखें अपने हाथों पर झुका लीं।

"उन्हें कैसा लगा होगा! बेशक़ तुम्हें तुम्हारे मामा ने बताया होगा। जब तुम्हारी माँ उस आदमी पर झपटीं...यूँ ही मार डाले गए, जानवरों की तरह।"

अंतॅन को ऐसा लगा जैसे उसकी गर्दन से रीढ़ की हड्डी के छोर तक बिजली का धक्का दौड़ा हो।

"मिसेज बेउमर," वह हकलाते हुए बोला, "क्या आप मेहरबानी करके..."

"बेशक, मेरे बच्चे, मैं समझती हूँ। वह सब इतना भयानक था।"

उसे फ़ौरन जाना चाहिए। उसने अपनी घड़ी की तरफ़ ताका, बग़ैर देखते हुए

कि बजा कितना था।

"अरे, मुझे तो जाना है। आप बुरा नहीं मानेंगी न। मैं तो बस एक सेकंड के लिए चला आया था..."

"बेशक़, मेरे बच्चे।" वह खड़ी हो गईं और दोनों हाथों से अपनी पोशाक को सामने से सहेजने लगीं।

"क्या सचमुच तुम पहली बार हार्लम लौटे हो, तोनी?"

"सचमुच।"

"फिर तो तुम्हें चलकर स्मारक देखना चाहिए।"

"स्मारक?" उसने आश्चर्य से कहा।

"वहाँ," श्रीमती बेउमर ने कहा और कमरे के एक कोने की तरफ़ इशारा किया जहाँ एक छोटी मेज़ पर मोर के पंखों जैसी सफ़ेद-सी कलंगियों वाला एक मर्तबान रखा हुआ था, या शायद वे मोर के पंख ही थे। "उस जगह जहाँ वह सब हुआ था।"

"मैंने कभी उसके बारे में नहीं सुना।"

"यह कैसे हो सकता है?" श्रीमती बेउमर बोलीं। "उसका उद्घाटन कोई तीन साल पहले मेयर ने किया था। बहुत से लोगों को बुलाया गया था। हमें इतनी उम्मीद थी कि तुम उस वक्त आओगे; मेरे पति तब बिल्कुल ठीक-ठाक थे। लेकिन मैंने तुम्हारे मामा को भी नहीं देखा। क्या मैं तुम्हारे साथ चलूँ?"

"अगर आप बुरा न मानें तो मैं..."

"बेशक़," उन्होंने कहा और उसका हाथ अपने दोनों हाथों में ले लिया। "तुम्हें उसके पास अकेले रहने की ज़रूरत होगी। विदा, तोनी। तुम्हें फिर देखकर इतना अच्छा लगा, और मुझे पूरा विश्वास है कि मेरे पति को भी, हालाँकि वे अभी उसको जतला नहीं सकते।"

हाथों में हाथ लिए वे श्री बेउमर की ओर देखने लगे। उन्होंने थककर आँखें बंद कर ली थीं। श्रीमती बेउमर ने कहा कि उसके हाथ उसके पिता के जितने ही बड़े थे; फिर उन्होंने एक दूसरे से विदा ली। उसने वादा किया कि वह जल्द वापस आएगा, लेकिन वह जानता था कि वह इन लोगों को अब कभी नहीं देखेगा। वह कभी हार्लम नहीं लौटेगा।

जैसे ही वह सामने वाले दरवाज़े से बाहर आया, उसे अपनी बायीं ओर चटक रोशनी में नहाई हुई खुली जगह से अचरज हुआ। उजाड़ के उस पार उसने पुराने 'कल्पनातीत' के बग़ीचे में नये मालिकों को देखा, एक दुबला सुनहरे बालों वाला आदमी नाटी इंडोनेशियाई पत्नी के साथ, दोनों करीब पैंतीस के। आदमी एक छोटे लड़के के साथ फ़ुटबॉल खेल रहा था और वह एक बच्चे को गोद में लिए हुए उन्हें देख रही थी।

वह बैंगनी वेला थी। सूरज अभी डूबा ही था, घाट और चरागाह एक ऐसे उजाले में नहाए हुए थे जो न दिन का था और न रात का। वह एक ऐसी दुनिया से आ रहा था जिसमें कभी कुछ न चलता था और न बदलता था, और वह सब कुछ को मामूली से ऊपर उठा रहा था। घाट के दूसरे छोर पर, जहाँ सड़क पानी से अलग होती थी, उसने फ़ुटपाथ को घेरती हुई एक आदमकद बाड़ देखी जो सात साल पहले नहीं थी। आवाजाही बिल्कुल नहीं थी, और उसने स्मारक की ओर सड़क को आड़े पार किया।

बाड़ एक मीटर चौड़ी थी और बुरुंश की थी, जिनकी पत्तियाँ जादुई उजाले में दमक रही थीं। वह एक निचली सीमेंट की दीवार को घेरे हुए थी। वर्गाकार बीच के चबूतरे पर एक घूरती हुई औरत की भूरी-सी मूर्ति थी जिसके बाल खुले हुए थे और हाथ फैले हुए। वह एक शोकपूर्ण, सुचिंतित ढंग से गतिहीन, लगभग प्राचीन मिस्र की शैली में तराशी गई थी। नीचे इन शब्दों के साथ तारीख़ थी :

उन्होंने साम्राज्ञी और पितृभूमि के लिए प्राण तजे

बाएँ और दाएँ बग़ल में लगी हुई काँसे की दो पट्टियों पर चार पंक्तियों में मृतकों के नाम खुदे हुए थे। आखिरी पंक्ति इस तरह थी :

जी.जे. सोर्ख़्द्राख़र	**ज.**	**03.06.1919**
डब्ल्यू.एल. स्तेनवेइक	**ज.**	**17.09.1896**
डी. स्तेनवेइक–फ़न लीम्प्त	**ज.**	**10.05.1904**
जे. ताकस	**ज.**	**21.11.1923**
के.एच.एस. फ़ेरमन	**ज.**	**08.02.1921**
ए. फ़न देर ज़्रॅन	**ज.**	**05.05.1920**

अंतॅन की आँखें नामों पर गड़ी रहीं। ये रहे वे, काँसे की इबारत में अंकित और सुरक्षित, जिनके अक्षर काँसे में नहीं बल्कि काँसे की उल्टी तेज़ाबी छाप में उकेरे गए थे : वे लोग जो हथकड़ियों के साथ ट्रक से कूदे थे, अकेली औरत उसकी माँ, उसके पिता जो अकेले पिछली सदी में पैदा हुए थे। यह था उनका जो अब बच रहा था। उसके मामा-मामी द्वारा अब भी सँभाल कर रखे गए कुछ फ़ोटो के अलावा, इन नामों और खुद उसके सिवा कुछ नहीं बचा था। उनकी कब्रें कभी नहीं मिलीं।

शायद प्रांतीय युद्ध स्मारक समिति ने इस बात पर बहस की थी कि उनके नाम यहाँ के हक़दार थे या नहीं। शायद कुछ अफ़सरों ने इसकी ओर ध्यान दिलाया था कि जो भी हो, स्तेनवेइक दंपति बंधकों में नहीं थे और उन्हें किसी गोलीमार दस्ते नहीं मारा था बल्कि वे जानवरों की तरह ख़त्म कर दिए गए थे। जिस पर केंद्रीय समिति के अधिकारियों ने भी प्रश्न उठाया होगा कि वे स्मारक पर होने के

पात्र थे या नहीं। जिस पर, शायद एक रियायत के बतौर, प्रांतीय समिति के अफ़सरों ने पेतर का नाम निकलवाने में सफलता पाई हो। कम से कम एक विस्तृत अर्थ में वह उनमें से था जो सशस्त्र विरोधियों में आते थे, जिनके लिए दूसरे स्मारक थे। भगवान के लिए बंधकों, खुफ़िया आंदोलन के सदस्यों, यहूदियों, ख़ानाबदोशों, समलैंगिकों को आपस में यूँ ही गड्डमड्ड नहीं कर देना चाहिए; इसका आख़िरी नतीज़ा तो समूचा घपला ही होगा।

नाव खींचने वाली पगडंडी अब भी थी; पानी इस वक्त जमा हुआ न था। जब उसने देखा कि श्रीमती बेउमर उसे खिड़की से अब भी देखती खड़ी थीं तो वह उस रास्ते से वापस नहीं लौटा जिससे आया था।

4

न वह फ़न लेन्नप की पार्टी को लौटा; उसने अम्स्तर्दम जाने वाली पहली गाड़ी पकड़ ली। जब वह घर पहुँचा तो उसकी मामी और मामा अब भी मेज़ पर थे, अभी-अभी खाना ख़त्म हुआ था। लैम्प जल रहा था। कुछ बुझे हुए स्वर में मामा ने पूछा कि उसने फ़ोन क्यों नहीं किया कि देर से आएगा।

"मैं हार्लम गया था," अंतॅन ने कहा।

मामा और मामी ने एक-दूसरे की तरफ़ देखा। उसके लिए टेबिल लगी हुई थी और वह अपनी जगह पर बैठ गया। उसने सलाद का एक टुकड़ा उँगलियों से उठाया और अपना सिर पीछे झुकाकर उसे अपने मुँह में डाल दिया।

"तुम्हें एक अंडा तल दूँ?" उसकी मामी ने पूछा।

उसने सिर हिलाकर मना कर दिया, सलाद का पत्ता निगल लिया, और मामा से पूछा, "आपने मुझे कभी बताया क्यों नहीं कि अपने घाट पर एक स्मारक खड़ा हुआ है?"

फ़न लीम्प्त ने अपना कॉफ़ी का प्याला रख दिया, मुँह पोंछा, और उसे सीधे आँखों में देखते हुए कहा।

"मैंने तुम्हें बताया था, अंतॅन।"

"कब बताया था?"

"तीन साल पहले। उसका उद्घाटन उनचास में हुआ था। एक निमंत्रण आया था और मैंने तुमसे पूछा था कि क्या तुम जाना चाहोगे लेकिन तुमने मना कर दिया था।"

"मुझे ठीक याद है आपने क्या कहा था।" मामी ने सलाद से एक रकाबी भरी और उसके सामने रखी। "आपने कहा था कि जहाँ तक आपका सवाल है, वे अपने स्मारक समेत जहन्नुम में जा सकते हैं।"

"तुम्हें याद नहीं है?" मामा ने पूछा। अंतॅन ने अपना सिर हिला दिया और चुप रहा। वह सफ़ेद मेज़पोश को देखता रहा और फिर उस पर धीरे-धीरे अपने काँटे से चार रेखाएँ खींचीं। पहली बार उसे एक तरह का डर लगा, कोई चीज़ उसे निगल

रही थी, एक गहरा विवर जिसमें चीज़ें बिना तल तक पहुँचे गिरती रहती हैं, जैसे जब कोई किसी कुएँ में पत्थर फेंकता है और कभी उसे सतह पर गिरता सुन नहीं पाता।

ऐसे वक्त पर जब वह ऐसी चीज़ों के बारे में फिर भी सोचा करता था, वह जानना चाहता था कि यदि वह ठीक धरती के केंद्र तक एक बरमे से सुरंग खोद दे और अग्नि-रोधक पोशाक पहनकर उसमें कूद पड़े तो क्या होगा। एक ख़ास वक्त के बाद, जिसे गणित से निश्चित किया जा सकता है, वह पैरों के बल दूसरे ध्रुव पर पहुँच जाएगा, हालाँकि पूरी तरह सतह पर नहीं पहुँचेगा। वह क्षण भर के लिए स्थिर हो जाएगा। फिर वह एक बार और सिर के बल गहराइयों में ओझल हो जाएगा। कई वर्षों बाद, जिन्हें भी गणित से निश्चित किया जा सकेगा, वह अंत में रुक जाएगा और भारहीन तिरता रहेगा, पृथ्वी के केंद्र में, जहाँ वह अनंतता में पदार्थों की दशा पर चिंतन कर सकेगा।

तीसरा प्रसंग
1956

1

अंतॅन मेडिकल कॉलेज में सामान्य से लेकर मँझोले स्तर तक के विद्यार्थी के रूप में पढ़ता रहा। उसके जीवन का एक नया चरण 1953 में शुरू हुआ जब अपने पहले इम्तहानों में सफल होकर उसने अपोल्लोलान का घर छोड़ दिया और शहर के बीच एक .फ़्लैट किराए से ले लिया। इस एक मछली की दुकान के ऊपर की छोटी, अँधियारी जगह में, जो प्रिंसेनख़्राख़्त और काइज़र्सख़्राख़्त के बीच एक गली में थी जहाँ उसके और उसके पड़ोसियों के बीच सड़क पार पाँच-छः मीटरों की दूरी ही थी, 1945 का हार्लम और भी पृष्ठभूमि में डूब गया। हार्लम को भूल जाने की प्रक्रिया उन परिवर्तनों जैसी थी जिनमें से वह आदमी गुजरता है जो तलाक़ ले चुका होता है। वह अपनी पत्नी को भूलने के लिए एक प्रेमिका अख़्तियार करता है लेकिन वैसा करने से ही पत्नी के साथ उसका संबंध लंबा होता जाता है। संभवतः चीज़ें दूसरी प्रेमिका से ही ठीक-ठाक होंगी—हालाँकि सबसे अच्छी संभावना तीसरी से ही है। सीमाओं को बार-बार बंद करना पड़ता है, लेकिन वह व्यर्थ का काम है, क्योंकि इस दुनिया में हर एक चीज़ दूसरी को छूती है। एक शुरूआत कभी ग़ायब नहीं होती, ख़ात्मे के साथ भी नहीं।

हर कुछेक महीने बाद उसे दिन भर आधासीसी का दर्द होता जो उसे अँधेरे में लेट जाने को मजबूर कर देता, हालाँकि उसे उल्टी शायद ही कभी हुई हो। वह बहुत पढ़ता, लेकिन युद्ध के बारे में कभी नहीं और एक बार उसने विद्यार्थियों की एक पत्रिका में प्रकृति के बारे में लिखीं अपनी कुछ कविताएँ 'अंतॅन पेतर' के नाम से छपवाईं। वह पिआनो बजाता था (शूमन को वह ज़्यादा पसंद करता था) और उसे संगीत के कार्यक्रमों में जाना अच्छा लगता था। उसने नाटक देखने जाना उस वक्त से बंद कर दिया था जब अबूझ कारणों से उसकी तबीयत चारौफ़ द्वारा निर्देशित चेख़ौफ़ के 'चेरी का बग़ीचा' के एक उम्दा प्रदर्शन में ख़राब हो गई थी। एक दृश्य के दौरान, जिसमें एक आदमी तब टेबिल पर सिर झुकाए बैठा था जब बाहर छत पर एक औरत किसी पर चिल्लाई थी, अंतॅन कुछ भयावह की भावना से भर गया, कुछ ऐसी चीज़ जो समझ में नहीं आ रही थी लेकिन इतनी प्रबल थी कि उसे तत्काल उठकर जाना पड़ा। बाहर सड़क पर, भीड़, ट्रामों और कारों के साथ उसके वे लक्षण फ़ौरन और पूरी तरह

चले गए; कुछ मिनटों बाद वह पशोपेश में पड़ गया कि उनमें कुछ था भी या नहीं।

हर हफ़्ते वह मैले कपड़ों का एक थैला लेकर अपोल्लोलान जाता। अक्सर वह वहाँ रात के भोजन के लिए ठहरता और जैसे-जैसे वक्त गुज़रता गया उसने इस संपन्न मध्यवर्गीय जीवन की अत्यधिक व्यवस्था पर ग़ौर करना शुरू किया, किस तरह से हर चीज़ अपनी जगह पर रहती, कभी कुछ न टूटता, न किसी चीज़ का रंग उतरता, न कोई कामचलाऊपन होता और न कुछ दोयम दर्ज़े का। भोजन तश्तरियों में परोसा जाता, वाइन सुराहियों में; न कोट कभी उतारे जाते और न टाइयाँ ढीली की जातीं। जब भी उसके मामा या मामी उसके फ़्लैट में आते, वह उनके चेहरे के भाव से बता सकता था कि उनपर उसका असर उल्टा पड़ता था। तब उसके मामा कहते कि वे भी कभी विद्यार्थी थे।

1956 में उसने अपना आख़िरी इम्तहान पास किया और कई अस्पतालों में अपनी प्रशिक्षण नौकरी करने लगा। उसने पहले ही तय कर लिया था कि वह संवेदन-शून्यता के विज्ञान का विशेष अध्ययन करेगा। वह जानता था कि यदि वह निजी व्यवसाय खोलकर हृदय विशेषज्ञ या नौकरीपेशा डॉक्टर बन जाए तो एनेस्थेटिस्ट से दुगना-तिगुना पैसा कमाएगा। लेकिन फिर उसके पास अपने लिए कम वक्त होगा और उसे अल्सर या दिल की बीमारी हो जाएगी, जबकि बेहोश करनेवाला डॉक्टर ऑपरेशन खत्म होने के बाद अस्पताल के दरवाज़ों से बाहर आ सकता था। बेशक़, सर्जन भी वैसा कर सकते थे लेकिन ज़र्राही सिर्फ़ कसाइयों के लिए थी।

और ऐनेस्थीज़िआ चुनने के उसके कारण केवल नकारात्मक नहीं थे। वह उस नाजुक संतुलन से आकर्षित होता था जो हर उस वक्त हमेशा बनाए रहना चाहिए होता था जब कसाई किसी के शरीर में अपने चाक़ू गड़ाते थे—ज़िंदगी और मौत के बीच के कगार पर यह संतुलन, और उस लाचार मानव के प्रति उसकी ज़िम्मेदारी, जो बेहोशी में असहाय था। इसके अलावा उसकी यह कमोबेश रहस्यवादी सनक भी थी कि संवेदना मंद करनेवाले तत्त्व मरीज़ को अपने दर्द को लेकर इतना संवेदन-शून्य नहीं बनाते थे जितना कि उसे उस तकलीफ़ को बताने के नाक़ाबिल कर देते थे, और यह कि हालाँकि दवाएँ उस दर्द की याद मिटा देती थीं, फिर भी मरीज़ उस तकलीफ़ के बाद बदल जाता था। जब मरीज़ होश में आते थे तो ये हमेशा साफ़ लगता था कि उन्हें पीड़ा हुई थी। लेकिन जब उसने एक बार अपने इस सिद्धांत को अपने साथियों को बताया, जो नावों की दौड़ के बारे में बात कर रहे थे, तो जिस तरह से उन्होंने उसकी तरफ़ देखा उससे ऐसा इशारा मिला कि यदि वह क्लब में बना रहना चाहता है तो अपने ख़याल अपने तक ही रखे।

और उसके बाद बारी आती राजनीति की। चर्चा हमेशा होती रहती लेकिन उसने कभी उसकी ख़बर रखने की फ़िक्र नहीं की, विशेषतः राष्ट्रीय स्तर पर। हालाँकि वह अख़बार की सुर्खियाँ पढ़ता था लेकिन उन्हें तुरंत भूल जाता था। जब एक अंग्रेज़

सहकर्मी ने उससे डच शासन प्रणाली के बारे में पूछा तो अंतॅन उसके बारे में बहुत कम जानता था, जर्मन या फ्रेंच प्रणाली से ज़्यादा नहीं। वह मुख्यतः वर्ग-पहेलियों के लिए अख़बार खरीदता था; वह उनका संवरण नहीं कर सकता था और विशेषज्ञ बन गया था। जब भी वह किसी वेटिंगरूम में किसी अख़बार में कोई अनसुलझी पहेली देखता तो यह उसकी महत्त्वाकांक्षा बन जाती कि उस संकेत को सुलझा ले जिसने पिछले पाठक को ज़िच में डाल दिया था। जब वह सारे ख़ाली स्थान भर लेता तो वह पूरा कर लिए गए वर्ग का मुआयना संतोष से करता। यह तथ्य कि अधिकांश अक्षरों का आड़े और खड़े दोनों शब्दों में दुहरा उपयोग होता था, और यह कि ये शब्द एक रहस्यमय ढंग से जुड़े हुए थे, उसे बेहद खुश करता। इसका कुछ संबंध कविता से था। लेकिन उसी वर्ष, 1956 में, उसका चुनावों में वोट देने का वक्त आया। अपोल्लोलान में अपने साप्ताहिक रात्रि-भोज में उसने अपने मामा से पूछा कि वह किस पार्टी का समर्थन करे, हालाँकि उसने कहा कि शायद वह उदारपंथियों का साथ देगा। जब उसके मामा ने पूछा कि क्यों तो अंतॅन के पास इससे बेहतर कारण नहीं था कि उसके दोस्त भी ऐसा कर रहे थे। फ़ान लीम्प्त के अनुसार इससे खराब कारण संभव नहीं था और उन्होंने कुछ ही मिनटों में अंतॅन का दिमाग़ बदल दिया। वर्तमान उदारपंथ, उन्होंने कहा, सामाजिक एकता को लेकर एक मौलिक निराशावाद को इस धारणा के साथ जोड़ता है कि व्यक्ति को जितना संभव हो उतना मुक्त रहना चाहिए। लेकिन एक आदमी या तो निराशावादी होता है जो जबर्दस्ती लागू की गई व्यवस्था का पक्ष लेता है, या आशावादी होता है जो मुक्ति का पक्ष लेता है। एक साथ दोनों होना असंभव है। समाजवाद के निराशावाद को अराजकता के आशावाद से नहीं जोड़ा जा सकता, फिर भी उदारपंथ यही करता है। इसलिए यह बहुत आसान है, उन्होंने कहा; तुम्हें सिर्फ़ यह तय करना है कि तुम आशावादी हो या निराशावादी। इसमें से कौन से? अंतॅन ने एक पल के लिए सिर उठाकर उनकी तरफ़ देखा, आँखें फिर नीची कर लीं, और कहा, "निराशावादी।"

इसलिए उसने अपने मामा के जैसे समाजवादी लोकतंत्रवादियों को वोट दिया, जो ख़ुद उन महत्त्वपूर्ण नेताओं में से थे जिनमें से महापौर और मंत्री चुने जाते हैं। बाद में ही अंतॅन को अहसास हुआ कि लगभग कोई भी व्यक्ति अपने विवेक से वोट नहीं डालता, बल्कि शुद्ध निजी स्वार्थ से, या वह एक ख़ास पार्टी के सदस्यों से अपनापा महसूस करता है, या इसलिए कि मुख्य उम्मीदवार भरोसा उपजाता था। एक तरह से यह शरीरजैविक था। बाद के एक चुनाव में उसने कुछ ज़्यादा रूढ़िवादी ढंग से वोट दिया, एक नयी पार्टी को जिसका दावा था कि दक्षिणपंथ और वामपंथ के बीच फ़र्क़ पुराना पड़ चुका है। फिर भी, राष्ट्रीय राजनीति का उसके लिए बहुत कम अर्थ था : करीब करीब उतना जितना कि एक वायुयान-दुर्घटना में बच गए आदमी के लिए काग़ज़ी हवाई जहाज़ का होता होगा।

2

उस वर्ष के बाद में वह साम्यवाद से और परिचित हो गया, और उसी वक्त अंतर्राष्ट्रीय राजनीति से भी। 1956 के उत्तरार्ध ने अखबार पढ़नेवालों को जैसे एक असली अय्याशी मुहैया कर दी : पोलैंड में अशांति, शाही परिवार में अपयश, मिस्र पर फ्रांस और इंग्लैंड का हमला, हंगरी में क्रांति और सोवियत संघ का हस्तक्षेप, कूबा में फ़िदेल कास्त्रो का उतरना। कारीबियाई क्षेत्र में इस शानदार प्रदर्शन के पहले बुदापैश्त में दाख़िल होते हुए रूसी टैंकों की गड़गड़ाहट अभी हॉलैंड में गूँज ही रही थी, और सबसे ज़्यादा अंतॅन के .फ़्लैट के नुक्कड़ के पास सुनाई दे रही थी। वहाँ फ़ेलिक्स मेरितीस नामक एक उन्नीसवीं सदी की इमारत में कम्युनिस्ट पार्टी का मुख्यालय था। उपद्रवी गिरोह शहर में घूमते रहे, हर ऐसी चीज़ को बर्बाद करते हुए जिसका कुछ भी लेना-देना कम्युनिस्टों से था, उनकी किताबों की दुकान से लेकर उनके घरों की खिड़कियों तक। इन गिरोहों का साथ अख़बारों ने दिया, जिन्होंने तटस्थ पत्रकारिता के ढोंग के तहत पते छापे। कोई अख़बार छापता कि इस या उस पार्टी नेता का घर, जो अमुक सड़क पर है, आंशिक रूप से ही क्षतिग्रस्त हुआ है—और अगले दिन क्षति और ज़्यादा हो जाती। यह सारा काम कर चुकने के बाद हज़ारों की भीड़ काइज़र्सख़्राख़्त पर फ़ेलिक्स मेरितीस इमारत के सामने जमा हो गई और उस पर अड़तालीस घंटे तक घेरा डाले रही।

तब तक वह इमारत एक क़िला बन चुकी थी। नीचे खिड़कियों को तख़्ते लगाकर बंद कर दिया गया। दूसरी मंज़िल की कोई भी जगह नुक़सान से नहीं बच पाई थी और छत पर हैल्मैट पहने हुए आदमी दिख रहे थे। कभी-कभी औरतें भी दिखती थीं और भीड़ उन पर दुर्भावना से फब्तियाँ कसती। जो लोग इमारत के अंदर या बाहर जाना चाहते थे वे पहले पुलिस-सुरक्षा की पक्की व्यवस्था कर लेते थे। रबर के सिरों वाले डंडों और निकली हुई पिस्तौलों से लैस पुलिसवाले भीड़ को नहर की दूसरी तरफ रोकने की कोशिश कर रहे थे लेकिन खुद उन्हें फिंकते हुए पत्थरों से ख़तरा था। जो आदमी छत पर थे वे इमारत पर गिरनेवाले पत्थरों को वापस फेंक रहे थे। कभी-कभी वे बहुत नज़दीक़ आ जाने वाली टोलियों पर आग बुझाने

वाले पाइप से पानी छोड़ते। पानी में गिरे हुए लोगों को बचाने के लिए पुलिस की एक भूरी नाव नहर में गश्त लगा रही थी।

अंतॅन की इस सबमें कोई दिलचस्पी नहीं थी। उसने इसमें कभी कोई हिस्सा न लिया होता, वह इसके बारे में बातचीत से भी कतराता था। वह किसी वजह से यह सोचे बिना नहीं रहता था कि हालाँकि जो हो रहा था वह काफ़ी भयानक था, फिर भी दरअसल वह बच्चों का खेल था। इसके अलावा उसे ऐसा लगा जैसे कई लोग बुदापैश्त में जो हुआ उससे ख़ुश थे क्योंकि उससे साम्यवाद के बारे में उनके ख़यालों की पुष्टि होती थी।

उसके लिए सबसे विकट समस्या थी लगातार होने वाला शोर। क्योंकि उसकी सँकरी गली प्रिंसेनख़्राख़्त पर फ़ेलिक्स मेरितीस इमारत के पीछे को पहुँचती थी, इसलिए प्रदशर्नकारी वहाँ भी इकट्ठा हो गए थे और, जैसाकि मछली की दुकानवाले ने उसे बताया, उन्होंने मोलोतौफ़ हथगोले तक फेंके थे। परेशान होकर वह एक शाम को सिनेमा चला गया और बेर्गमान की 'सातवीं मुहर' देखी और जब घर लौटा तो मालर की दूसरी सिम्फ़नी वाला रिकॉर्ड बहुत तेज़ लगा दिया। लेकिन शोर रात भर बंद न हुआ और उसने अगली रात अपोल्लोलान में बिताने का फ़ैसला किया जहाँ हर चीज़ शांतिपूर्ण थी। लेकिन जब जाने का वक्त आया तो उसे यक़ीन नहीं हुआ कि यह गुलगपाड़ा एक रात और चलेगा इसलिए काम के बाद वह हमेशा की तरह अपने ही घर लौटा।

झुटपुटा हो रहा था और कई खिड़कियों में मोमबत्तियाँ जल रही थीं। अनगिनत घरों में आधे झुके हुए झंडे झूल रहे थे। उसने अपना स्कूटर कुछ घरों की कतारों के पहले पार्क किया ताकि भीड़ उसे नुकसान न पहुँचा पाए और अपनी छोटी सड़क तक पैदल गया।

कम होने के बजाय शोरगुल बढ़ ही गया था। भीड़ के कारण उसे अपने घर तक पहुँचने में कठिनाई हुई और वह दरवाज़े तक पहुँचा ही था कि क़यामत-सी आ गई। अचानक काइज़र्सख़्राख़्त की तरफ़ से पुलिस की गाड़ियाँ आईं, सायरन ज़ोर से बजते हुए और बत्तियाँ धधकती हुईं, और भीड़ में घुस गईं, तेज चलती हुईं, फिर ब्रेक लगते हुए, और फिर चालू होती हुईं। नंगी तलवारें लिए हुए घुड़सवार पुलिसवालों ने अब सड़क पर हमला कर दिया, और बगलगाड़ी वाली मोटर साइकिलों ने पटरियों पर आवाजाही शुरू कर दी जिनमें बैठे हैल्मैट पहने हुए पुलिसवाले अपने लंबे काले डंडों के मुठियों से लोगों को मारने लगे। दहशत फैल गई लेकिन अंतॅन को यह देखकर अचंभा हुआ कि, उसके विपरीत, वह खुद और शांत हो गया। पहले उसने परेशानी महसूस की थी, फिर भी अब, हर जगह चीख़-चिल्लाहट, कुचले जाते लोगों, खून से लथपथ और सुरक्षित स्थान पर पहुँचने की कोशिश करने वालों के बीच उस पर एक विचित्र उदासीनता छा गई थी। उसका प्रवेश का रास्ता, जो मछली की

दुकान के दरवाज़े को भी जाता था, करीब दो वर्ग मीटर का था। अब उसमें लगभग एक दर्जन लोग उसे उसके सामने वाले दरवाज़े पर रोके हुए खड़े थे। चाबी उसने पहले ही हाथ में ले ली थी लेकिन वह समझ गया कि भले ही वह मुड़ पाए, उसे अपना दरवाज़ा खोलना नहीं चाहिए। अगर उसने खोला तो उसकी सीढ़ियों और उसके कमरे पर मिनटों में हमला हो जाएगा और जब लोग जाएँगे तो उसकी सारी चीज़ें ग़ायब हो चुकी होंगी।

उसके सामने एक भारी-भरकम व्यक्ति खड़ा हुआ था जिसकी मजबूत पीठ अपनी पूरी ताकत से अंतॅन को दरवाज़े से चाँप रही थी लेकिन सच तो यह था कि वैसा सिर्फ़ लग रहा था क्योंकि खुद उस आदमी को दबाया जा रहा था। उसका हाथ एक बड़े भूरे पत्थर को दाबे हुए था जिसे उसे भीड़ के कारण ऊपर उठाए रखना पड़ रहा था। अपनी नाक की रक्षा और दम घुटने से बचने के लिए अंतॅन ने अपना सिर बग़ल की तरफ़ मोड़ लिया लेकिन अपनी आँखों की कोर से उसने उस आदमी के गंदे नाखूनों और उसकी उँगलियों पर पड़े घट्टों को देखा।

अचानक हर आदमी दरवाज़े के सामने से भाग गया। उसके सामने वाला व्यक्ति पल-भर के लिए पीछे मुड़ा—शायद यह देखने के लिए कि इस पूरे वक्त जिसे वह अपने पीछे महसूस कर रहा था वह कौन था—फिर कदम बढ़ाकर सड़क तक पहुँचा, फिर पलटा और अचल खड़ा हो गया।

''हलो, तोन,'' उसने कहा।

अंतॅन ने उस चौड़े, अनगढ़ चेहरे को देखा। अचानक वह पहचान गया।

''हलो, फ़ाके।''

3

कुछ क्षणों के लिए वे एक-दूसरे को तकते रहे। फ़ाके अपने हाथ में पत्थर लिए और अंतॅन चाबी। सड़क पर अब भी हरकत थी लेकिन हिंसा का केंद्र हटकर प्रिंसेनख़्राख़्त चला गया था।

"ऊपर आओ।"

फ़ाके हिचकिचाया। उसने दाएँ-बाएँ देखा, जैसे आसपास की सनसनी को छोड़ना न चाहता हो, फिर समझ गया कि उससे बचना बहुत आसान नहीं था।

"तो बस एक मिनट के लिए।"

जब अंतॅन ने सीढ़ियों पर अपने पीछे-पीछे आते उसके भारी कदम सुने तो उसे मुश्किल से विश्वास हो पा रहा था कि यह हो भी रहा है। उसने फ़ाके प्लूख़ के बारे में फिर कभी सोचा भी न था, फिर भी फ़ाके भी रहता चला आया था और अब भी इस दुनिया में मौजूद था। उन्होंने हाथ नहीं मिलाए। किसके बारे में बात करने की उम्मीद थी उनसे? क्यों जहन्नुम के वास्ते उसने उसे निमंत्रण दिया था? उसने बत्ती जलाई और पर्दे खींच दिए।

"कुछ पिओगे?"

वह यह देखकर हक्का-बक्का रह गया कि फ़ाके ने अपने हाथ का पत्थर उस बड़े पिआनो पर रख दिया जो अंतॅन को जन्मदिन पर उपहार के रूप में मिला था। उसने उसे पटका नहीं था लेकिन अंतॅन सुन सका था कि उससे उसके रोग़न पर खरोंच आ गई थी।

"बियर, अगर हो तो।"

अपने लिए अंतॅन ने रात की बची हुई बोतल से एक प्याला वाइन ढाली। अटपटा महसूस करते हुए फ़ाके ने उस कैनवास की कुर्सी पर आराम हासिल करने की कोशिश की जो एक बहुत बड़ी तितली की तरह दिखती थी। अंतॅन घिसे हुए स्प्रिंग वाले काले कोच पर बैठा।

"चिअर्स," उसने कहा, और सोचने लगा कि आगे क्या कहे।

फ़ाके ने अपना प्याला थोड़ा-सा ऊपर उठाया, फिर उसे आधा ख़ाली कर दिया।

हथेली की पीठ से अपना मुँह पोंछते हुए उसने किताबों की अलमारी और नौचालन-यंत्र वाले ताक को देखा।

"विद्यार्थी हो, लगता है?"

अंतॅन ने हामी में सिर हिलाया। फ़ाके ने भी वैसा ही किया। वह थोड़ा हिला, सीधा हुआ और कुछ और आराम से बैठने की कोशिश की।

"ठीक नहीं है?"

"क्या बकवास कुर्सी है," फ़ाके ने कहा।

"ये बिल्कुल नया फ़ैशन है, जानते हो। इधर आओ, यहाँ बैठो।" दोनों ने जगह अदल-बदल ली। फ़ाके ने उसकी तरफ़ यों घूरा जैसे अब उसे बेहतर देख पा रहा हो।

"तुम्हें पता है तुम बिल्कुल नहीं बदले हो?"

"मुझे ऐसा बताया जाता है।"

"मैंने तुम्हें फ़ौरन पहचान लिया था।"

"मुझे थोड़ी-सी देर लगी," अंतॅन ने कहा, "मैंने तुम्हारे पिता को इतना ज़्यादा देखा नहीं था।"

फ़ाके ने अपनी अंदर की जेब से तम्बाक़ू का एक बुकचा निकाला और एक सिगरेट बनाने लगा। जब अंतॅन ने उसे 'यलो ड्राइ' का पैकेट देना चाहा तो उसने इन्कार कर दिया। शायद अंतॅन को वैसा कहना नहीं चाहिए था लेकिन वह सच था। फ़ाके अपने पिता की शक्ल जैसा था, सिर्फ़ कमउम्र, दुबला और कुछ ज़्यादा हाँफने वाला। साथ ही वह यह भी नहीं सोचता था कि उसे फ़ाके की भावनाओं को लेकर सावधान रहना चाहिए। उसे ऐसी इच्छा हुई कि टेलीफ़ोन की घंटी बजे और वह कोई भी क्यों न हो वह कह दे कि मैं फ़ौरन अस्पताल पहुँच रहा हूँ। कमरे में सर्दी और सीलन थी।

"मैं अँगीठी जलाता हूँ।"

वह उठा और मिट्टी के तेल का वाल्व खोला। फ़ाके ने अपनी सिगरेट बनाई, दोनों छोरों से निकली ज़्यादा तम्बाक़ू खींची और उसे बुकचे में वापस दाव दिया, जिसे वह नज़ाकत से अपनी अँगूठी वाली और छिंगली उँगलियों से पकड़े रहा।

"तुम क्या पढ़ रहे हो?"

"डॉक्टरी।"

"मैं घरेलू चीज़ों की दुकान में काम करता हूँ," इससे पहले कि अंतॅन को पूछने का मौक़ा मिले, फ़ाके ने कहा। "मिस्त्री का काम, जानते ही हो।"

अँगीठी में जब तक काफ़ी तेल टपक नहीं गया अंतॅन कुछ नहीं बोला।

"हार्लेम में?"

फ़ाके ने उसकी तरफ़ ऐसे देखा जैसे वह पागल हो। "तुम क्या सचमुच सोचते

हो कि हम हार्लम में ही रह रहे होंगे?''

''मुझे कैसे मालूम?''

''क्या तुम समझ नहीं सकते कि लड़ाई के बाद हमें फ़ौरन वहाँ से निकलना पड़ा था?''

''हाँ, मैं समझ गया,'' अंतॅन ने कहा। उसने अँगीठी का ढक्कन उठाया और माचिस की जलती हुई तीली उसमें डाल दी। ''अब तुम कहाँ रह रहे हो?''

''दैन हैल्दर में।''

तीली बुझ गई और उसने दूसरी जलाई। उसने उसे फिर डाल दिया और अपने मेहमान से मुख़ातिब हुआ।

''तुम क्या सिर्फ़ पत्थर फेंकने अम्स्तर्दम आए थे?''

''हाँ,'' फ़ाके ने कहा और उसकी तरफ़ देखा। ''अजीब है न?''

अंतॅन ने वापस अँगीठी पर ढक्कन रख दिया और बैठ गया। अगर उसने यह सुझाव भर दिया कि इस मुलाक़ात को ख़त्म कर दिया जाए तो फ़ाके शायद उठ पड़ेगा और तुरंत चला जाएगा। लेकिन अचानक उसने एक ज़िद महसूस की, मानो वह फ़ाके को यह समझने देना न चाहता हो कि वह इतनी आसानी से उससे पीछा छुड़ा लेगा।

''तुम्हारी माँ जीवित हैं?''

फ़ाके ने हामी में सिर हिलाया। थोड़ी चुप्पी के बाद उसने ''हाँ'' कहा। उसने वह एक इक़बाल की तरह के स्वर में कहा था जैसे कि अंतॅन ने पूछा हो, तुम्हारी माँ तो अभी तक जीवित हैं न? उसका मतलब वैसा नहीं था—लेकिन जैसे ही उसने वह कहा उसे यह अहसास हुआ कि आख़िरकार शायद उसका मतलब वही था।

''तुम यह एक घरेलू सामान की दुकान में कैसे काम कर रहे हो?'' उसने पूछा। ''तुम तो हाइस्कूल में दाखिल हुए थे।''

''सिर्फ़ आधे साल।''

''तुमने पढ़ाई जारी क्यों नहीं रखी?''

''क्या सचमुच तुम्हें चिंता है?'' फ़ाके ने माचिस की तीली से अपनी सिगरेट में तम्बाकू का एक हिस्सा फिर दबाते हुए पूछा।

''न होती तो मैं पूछता क्यों?''

''लड़ाई के बाद उन्होंने मेरी माँ को गिरफ्तार कर लिया और कैदियों के खेमे में रख दिया। मुझे एक कैथलिक बोर्डिंग स्कूल में डाल दिया गया, जो धार्मिक औद्योगिक-शाला से जुड़ा हुआ था। तो मुझे उसमें जाना ही पड़ा, हालाँकि मैं कैथलिक नहीं हूँ।''

''तुम्हारी माँ पर क्या इल्ज़ाम था?''

''विशेष अदालत के महानुभावों से पूछो। उन्हें शायद शक था कि वह मेरे

पिता से ब्याही थीं।" उसके स्वर से अंतॅन बता सकता था कि फ़ाके ने यह जुमला पहले भी इस्तेमाल किया था और ऐसा भी नहीं लग रहा था कि वह उसका खुद का सोचा हुआ हो।

"और फिर?"

"नौ महीने बाद उन्होंने उसे छोड़ दिया, लेकिन तब तक दूसरे लोग हमारे घर में रहने लगे थे। हमें दैन हैल्दर में जगह दी गई जहाँ हमें कोई जानता न था। तो मैं वहाँ व्यावसायिक स्कूल में भर्ती हो गया।"

"और तुम वापस हाइस्कूल क्यों नहीं गए?"

"तुम शायद कोई चीज़ नहीं समझते, है न?" फ़ाके ने अपना चेहरा ऐसे बिगाड़ा जैसे उसे किसी सड़ी चीज़ की बू आ रही हो। "तुम क्या सोचते हो? मेरी माँ को मुझे और मेरी बहनों को पालने के लिए महरी का काम करना पड़ा। तुम्हें तो मालूम ही है–उन औरतों जैसे जो अपने सिर पर एक चिथड़ा बाँधती हैं और सौदे की थैली रखती हैं, जैसी तुम सुबह साढ़े छः बजे सड़कों पर देखते हो। वह थैली अपने ब्रुश, झाड़न और साबुन रखने के लिए होती है। वे उसे खुद ख़रीदना पड़ते थे। जब वह रात को घर आती थी तो और धीरे, और धीरे चलती आती थी। और अब वह अस्पताल में है, अगर तुम वाक़ई जानना चाहते हो, उसके दाहिने पैर से पानी निकलता रहता है। वह कत्थई चकत्तों से भरा पीला पड़ चुका है। बाएँ पैर को दो हफ़्ते पहले काटना पड़ा था। अब क्या आपको तसल्ली हुई, डॉक्टर साहब?" उसने अपना प्याला ख़ाली किया, उसे मेज़ पर पटक कर रख दिया, और पीछे झुक गया। "तो यह फ़र्क़ है, ठीक है? हम एक ही दर्जे में हैं, तुम्हारे माता-पिता को गोली मारी गई लेकिन फिर भी तुम डॉक्टरी कर रहे हो, जबकि मेरे बाप को गोली मारी गई और मैं बिजली का सामान सुधार रहा हूँ।"

"लेकिन तुम्हारी माँ ज़िंदा है," अंतॅन ने तुरंत कहा, "और तुम्हारी बहनें भी।" अब वह अपने शब्दों को सावधानी से तौल रहा था। वे ख़तरनाक़ ज़मीन पर थे। "इसके अलावा, क्या तुम्हारे पिता की और मेरे माता-पिता की मौत में कोई फ़र्क़ नहीं है?"

"कैसा फ़र्क़?" फ़र्जी ने आक्रामकता से पूछा।

"मेरे माता-पिता बेकुसूर थे।"

"मेरे पिता भी," उसने बग़ैर एक पल की हिचकिचाहट के कहा, आँखें अंतॅन पर गड़ी हुईं। हैरान अंतॅन चुप रहा। शायद फ़ाके का वाक़ई यही मतलब था। शायद सचमुच उसे इसका यक़ीन था।

"ठीक है," अंतॅन ने आख़िर में एक समझौते-जैसी मुद्रा से कहा, "ठीक है, मैं वही जानता हूँ जो मैंने सुना है, लेकिन..."

"बिल्कुल ठीक।"

''लेकिन...यदि तुम्हारा यह ख़याल है कि सामाजिक अन्याय ने हम दोनों के बीच यह फ़र्क़ पैदा किया, तो मैं इस पत्थर का मतलब नहीं समझता।'' अपने सिर से उसने उस कुरूप पत्थर की ओर इशारा किया जो अभी भी एक अपमान की तरह उसके बड़े पिआनो पर पड़ा हुआ था। ''तब तो तुम्हें इसकी जगह कम्युनिस्ट होना चाहिए था।'' जवाब देने से पहले फ़ाके ने अपना प्याला उठाया और उसकी आखिरी बूँदों को अपने गले में उतार लिया। ''कम्युनिज़्म'', उसने शांत लहजे में कहा, ''सबसे ख़राब है। ज़रा बुदापैश्त को देखो जहाँ आज़ादी के लिए एक समूची जनता की ललक को लहू में डुबोया जा रहा है।''

''फ़ाके,'' अंतॅन ने झल्लाकर कहा, ''मैं भी कोई कम्युनिस्ट नहीं हूँ, लेकिन इसका मतलब यह नहीं है कि मैं अख़बारों की उन सुर्ख़ियों को रट रखना ज़रूरी समझूँ।''

''नक्की बात है, बेशक डॉक्टर स्तेनवेइक इतने होशियार हैं कि उसे अपने शब्दों में बेहतर कह सकें। माफ़ करना अगर मैं उतना चतुर न होऊँ तो। लोग वहाँ एक-दूसरे को मार रहे हैं। क्या वह किसी भी तरह से बेहतर है? तुम्हें क्या लगता है, राजनीतिक कोमिस्सार वहाँ क्या कर रहे हैं? वहाँ पर सामूहिक हत्याएँ चल रही हैं, क्या तुम्हें पता नहीं था? क्या तुम 'हेत पारोल' नहीं पढ़ते? मंगोल फ़ौजी जो अत्याचार वहाँ कर रहे हैं उसके बारे में?''

''मंगोल फ़ौजी!'' अंतॅन ने कहा, ''तुम्हारा मतलब क्या है, फ़ाके? क्या अब मंगोलों को गैस की कोठरियों में भेजने का वक़्त आ गया है?''

''नहीं, हरामज़ादे!'' फ़र्जी ने धमकी-भरे चेहरे से कहा। ''मुझे मालूम नहीं कि तुम्हारा क्या खेल है, लेकिन मैं तुम्हें एक चीज़ बता सकता हूँ : मेरे पिता कम से कम कम्युनिस्टों के बारे में बिल्कुल सही थे। वे उस सबकी भविष्यवाणी करते थे जो इस वक्त हो रहा है। यह कोई इत्तिफ़ाक़ नहीं है कि इन्हीं दोज़ख़ी कम्युनिस्टों ने उन्हें मार डाला था। यही गिरोह जिसे तुम उनके जूँ-भरे सिरों पर हैल्मैट पहने छतों पर दौड़ते देख रहे हो। तुम आखिर क्यों उनका बचाव कर रहे हो? याद रखो, वे खूब जानते थे कि बदले लिए जाएँगे, फिर भी उन्होंने मेरे पिता को तुम्हारे घर के सामने मार डाला था। उन्हें रत्ती भर परवाह नहीं थी वर्ना उन्होंने मेरे पिता की लाश को छिपाने की तकलीफ़ की होती। इसके अलावा, इस सबसे लड़ाई एक सेकंड भी पहले ख़त्म नहीं हुई।''

वह खड़ा हुआ और अपना प्याला उस मेज़ तक ले गया जहाँ अंतॅन ने खुली बियर की बोतल छोड़ दी थी। अंतॅन ने देखा कि अँगीठी अब भी जली न थी। वह भी उठा, एक अख़बार से चिंधी फाड़ी, उसे जलाया और उसे तेल की काली, चमकीली परत पर डाल दिया।

''मेरे परिवार को,'' अंतॅन ने अपनी गर्दन अपने खाली हाथ से सहलाते हुए

कहा, "कम्युनिस्टों ने नहीं बल्कि तुम्हारे पिता के दोस्तों ने गोली मारी थी।"

"लेकिन वे कम्युनिस्ट जानते थे कि क्या होगा।"

"इसलिए वे दोषी हैं?"

"सही है। वर्ना कौन?"

"फ़ाके," अंतॅन बोला। "मैं समझ सकता हूँ कि तुम अपने पिता का बचाव करना चाहोगे। आख़िरकार वे तुम्हारे पिता थे। लेकिन यदि तुम्हारे पिता मेरे पिता होते, यदि हर चीज़ उलट जाती, तो क्या तुम फ़ाके प्लूख़ का बचाव करते होते? हम एक-दूसरे को बेवकूफ़ न बनाएँ तो अच्छा। तुम्हारे पिता मसलहतन कम्युनिस्टों के हाथों मारे गए थे क्योंकि उन्होंने यह फ़ैसला लिया था कि वह लाज़िमी था, लेकिन मेरे परिवार को फ़ासिस्टों ने अपनी जाहिली में मार डाला, जिनमें से एक तुम्हारे पिता थे। क्या यह सही नहीं है?"

फ़ाके ने अपनी पीठ अंतॅन की तरफ़ कर ली और निश्चल खड़ा रहा, कुछ आगे झुका हुआ, और उसने पूछा, "क्या तुम्हारा मतलब यह है कि यह मेरे पिता का कुसूर है कि तुम्हारे परिवारवाले मार डाले गए?"

अब, अंतॅन को अहसास हुआ, हर शब्द का महत्त्व था। अँगीठी की पट्टी के ऊपर एक ऊँचा आईना लटका हुआ था जिसके चौखटे पर बारीक नक़्क़ाशी की हुई थी, जो उसके कमरे को और बड़ा दिखाने के लिए कबाड़ी बाज़ार से बहुत सस्ता ख़रीदा गया था। उसके छीजे हुए शीशे में उसने देखा कि फ़ाके ने अपनी आँखें बंद कर ली थीं।

"तुम अपने पिता को दूध का धुला बताने की कोशिश किए बिना क्यों चाह नहीं सकते?" अंतॅन ने पूछा, "आखिर एक संत पुरुष को चाहने में तो कोई मेहनत नहीं करनी पड़ती। वह जानवरों से प्यार करने की तरह है। तुम सीधे-सीधे ये क्यों नहीं कहते कि बेशक़ मेरे पिता दुश्मनों से मिले हुए थे लेकिन वे मेरे पिता थे और मैं उन्हें चाहता हूँ।"

"लेकिन, लानत है, वे ग़द्दार नहीं थे, कम से कम उस तरह नहीं जैसे तुम इशारा कर रहे हो।"

"लेकिन मान लो तुम पक्का जानते," अंतॅन ने उसकी पीठ से कहा, "कि उन्होंने भयानक चीज़ें की थीं...भगवान जानता है...किसी भी चीज़ का नाम लो...तो भी क्या तुम उन्हें नहीं चाहोगे?"

फ़ाके मुड़ा, उसकी ओर कुछ देर देखता रहा, और कमरे में चहलकदमी करने लगा। "ग़द्दार...गद्दारी करना..." उसने कुछ देर बाद कहा। "यही कहते हैं लोग उसे, फिर भी अब वे कम्युनिस्टों के बारे में वही सोचते हैं जो वे सोचते थे। वहाँ जो हो रहा है सुनो उसे। उसमें और पूर्वी मोर्चे में क्या फ़र्क़ है? और यहूदियों के बारे में वे सारी चीज़ें; उनके बारे में वे रत्ती भर नहीं जानते थे। उस सबको लेकर वे

अनजान थे। तुम उसके लिए उन्हें कुसूरवार नहीं ठहरा सकते जो जर्मनों ने यहूदियों के साथ किया। वे पुलिस में थे और सिर्फ़ अपना फ़र्ज़ निभा रहे थे, जो उन्हें बताया जा रहा था—लड़ाई के पहले भी उन्हें लोगों को गिरफ्तार करना पड़ता था, और उन्हें तब भी पता नहीं होता था कि उनका क्या होगा। बेशक़ वे फ़ासिस्ट थे, लेकिन अच्छों में से थे, अपने विश्वास के कारण थे। हॉलैंड में चीज़ों को बदलना होगा, उसे कभी उस मंत्री कोलिन के तौर-तरीक़ों पर नहीं लौटना होगा, जब मेरे पिता को मज़दूरों पर गोली चलानी पड़ी थी। कम से कम वे भीड़ के पीछे नहीं चले, जैसे ज़्यादातर हॉलैंडी चले। अगर हिटलर लड़ाई में जीत गया होता तो आज कितने लोग तब भी उसके ख़िलाफ़ होते, तुम्हें क्या लगता है? मुझे हँसी मत दिलाओ, यार। जब उन्होंने देख लिया कि हिटलर हार रहा है तभी अचानक वे खुफ़िया विद्रोही दस्ते में शामिल हो गए, वे हरामज़ादे गिरगिट।''

अँगीठी, जिसमें अंतॅन ने बहुत ज़्यादा तेल भर दिया था, अब मंद, लय-भरी भभक में पटपटाने लगी। फ़ाके ने उस पर पेशेवर निगाह डाली और कहा, ''वह कभी काम नहीं करेगी।'' लेकिन उसका ध्यान बँटा नहीं। अपना गिलास दोनों हाथों में लिए वह खिड़की वाली कुर्सी पर बैठ गया और उसने पूछा, ''तुम जानते हो मेरे पिता राष्ट्रीय समाजवादी पार्टी के सदस्य कब बने? सितंबर 1944 में, पागल मंगलवार के बाद, जब सारी चीज़ करीब-करीब ख़त्म हो गई थी और सारे जाली फ़ासिस्ट जर्मनी भाग गए थे, या उन्होंने अचानक खुफ़िया बाग़ियों में शामिल हो जाने का फ़ैसला किया था। उस वक्त उन्होंने फ़ैसला किया था कि उन्हें एक रुख अख़्तियार करना चाहिए। मेरी माँ हमें अक्सर यह बताया करती थीं। और उनके इसी विश्वास की वजह से—और किसी वजह से नहीं—उन लोगों ने उन्हें मार डाला और इसीलिए तुम्हारे परिवार को अपनी जान से कीमत चुकानी पड़ी। अगर कम्युनिस्टों ने वह न किया होता तो तुम्हारे माता-पिता अब भी यहीं होते। शायद मेरे पिता एक-दो साल के लिए जेल गए होते और अब तक वे बस फिर से पुलिस की नौकरी कर रहे होते।''

वह सीधा खड़ा हुआ और पिआनो तक गया, जिस पर उसने मध्यम में कुछ सुर बजाए। अँगीठी के पटपटाने के साथ मिली हुई इस आवाज़ से अंतॅन को स्त्राविंस्की की याद आई। फ़ाके के हर शब्द से उसका सिर और बुरा दुखने लगा था। कोई अपने को झूठ के ऐसे जाल में कैसे फँसा सकता है? प्रेम ही इसका कारण था—प्रेम, भले में या बुरे में।

''तुम्हारे इस बताने को सुनते हुए,'' उसने कहा, ''लगा कि तुम्हारे पिता का नाम भी उस स्मारक पर होना चाहिए।''

''कौन-सा स्मारक?''

''वह जो हमारे घाट पर है।''

"वहाँ कोई स्मारक भी है?"

"मुझे खुद बहुत देर बाद मालूम पड़ा। उस पर मेरे माता-पिता और उन उनतीस बंधकों के नाम हैं। क्या फ़ाके प्लूख़ भी उस पर होना चाहिए?"

फ़ाके ने उसे देखा और कुछ कहना चाहा, फिर अचानक सुबकने लगा। सिसकियाँ उससे ऐसे निकल रही थीं जैसे कोई और उसके शरीर में रह रहा हो।

"गू..." उसने कहा, लेकिन यह साफ़ नहीं था कि वह अंतॅन के सवाल का जवाब दे रहा था या रोने की वजह से खुद से नाराज़ था। "जब तुम्हारा घर जल रहा था तब हमें ख़बर मिली कि हमारे पिता मर चुके थे। तुमने कभी उसके बारे में सोचा? तुम पर जो गुज़री उसके बारे में मैंने सोचा है, क्या तुमने कभी मेरे लिए ऐसा किया है?"

वह उसकी तरफ़ मुड़ा, फिर परे, दुख से भरकर अपना हाथ अपनी आँखों पर फिराया, फिर अचानक वह पत्थर उठा लिया। उसने आसपास देखा, अंतॅन की तरफ़ देखा, जिसने बचाव में अपने हाथ अपने सिर पर उठा लिए और चीख़ा, "फ़ाके!"

फ़ाके ने निशाना साधा और पत्थर को सीधे आईने पर चलाया। अंतॅन दुबक गया। मुड़े हुए चेहरे से उसने आईने को बड़े-बड़े टुकड़ों में टूटते देखा जो अँगीठी के लोहे के ढक्कन पर चकनाचूर होकर बैठ गए थे और अब वह कमज़ोर ढंग से पटपटा रही थी। पत्थर टकराकर अँगीठी की पट्टी पर गिर पड़ा था और वहीं पड़ा रहा। धड़कते हुए दिल से नुकसान का जायज़ा लेते हुए, उसने फ़ाके के क़दमों को सीढ़ियों पर से भागते सुना।

चौखटे से एक आखिरी टुकड़ा फिसला और चकनाचूर हो गया। उसके फ़ौरन बाद अँगीठी का ढक्कन एक मंद धमाके से हवा में पाँच सेंटीमीटर उछला और कालिख का एक बादल छा गया। अंतॅन ने अपनी गर्दन के पीछे अपने हाथ एक के ऊपर एक रख लिए, उँगलियों को चटकाया और एक गहरी साँस ली। उसे लगा कि वह हँसी की एक मिरगी के कगार पर हैं। चकनाचूर आईना, फटी हुई अँगीठी, सड़क की चीख-चिल्लाहट–अपने आधासीसी के साथ वह यह सब बर्दाश्त न कर सका। कितना निरर्थक है यह सब! धुआँ पूरे कमरे में फैल गया और वह समझ गया कि उसे साफ़ करने में कई घंटे लगेंगे।

उसने फ़ाके को सीढ़ियों पर वापस आते सुना और तभी उसे भान हुआ कि सड़क वाला दरवाज़ा बंद ही नहीं किया गया था।

"मैं तुम्हें यह बताना चाहता था," फ़ाके ने कहा, "कि मैं क्लास का वह वक्त कभी भूल नहीं पाऊँगा।"

"क्लास का कौन-सा वक्त?"

"जिस वक्त तुम अंदर आए थे और मैं अपनी बंदर पोशाक पहने बैठा हुआ था।"

"हे भगवान, हाँ", अंतॅन ने कहा, "वह भी हुआ था।"

फ़ाके हिचकिचाया। शायद वह हाथ मिलाना चाहता था, लेकिन उसने अपना एक हाथ पल भर के लिए ऊपर उठाया और फिर नीचे चला गया। एक मिनट बाद दरवाज़े का खटका आवाज़ के साथ अपने ताले में लग गया।

अंतॅन ने इर्द-गिर्द देखा। उसकी सारी चीज़ें तेल की चिकनाई के एक आवरण से ढँक गई थीं। किताबें और नौचालन-यंत्र सबसे बुरी दशा में थे। खुशकिस्मती से पिआनो बंद कर दिया गया था। उसने पर्दे खींच दिए और खिड़कियाँ भरपूर खोल दीं। जब शोर ने कमरे पर हमला किया तो उसने टुकड़ों को देखा। पिछली तरफ़ वे एक फीके काले रंग के थे। कुछ नुकीली किरचें अब भी चौखटे से चिपकी हुई थीं जो अब सिर्फ़ गहरी कत्थई लकड़ी को घेरे हुए था जिस पर कभी अख़बार चिपकाए गए थे जो अधिकांश फट चुके थे। दो सुनहरे शिशु, अपनी मेवेदानियों और मुड़ी हुई पत्तियों से बने पिच्छों के साथ उसकी ओर अपरिवर्तित देवदूत-भाव से देख रहे थे।

पहले उसे उस पत्थर से पीछा छुड़ाना होगा। वह उसे आसानी से खिड़की के बाहर भी फेंक सकता था। सावधानी से, कि कहीं वह सरकंडे के कालीन पर बिखरे काँच पर न फिसल जाए, वह अँगीठी की पट्टी तक गया। पत्थर हाथ में पकड़े हुए उसने आईने की लकड़ी की पीठ पर अभी भी चिपके हुए अख़बार के टुकड़े का एक हिस्सा पढ़ा जो इतालवी भाषा में था ''दो जुलाई 1854 को। सदा सहाय पावन मारीआ के गिरजाघर में पवित्र अनुष्ठान से अभिषिक्त।''

यह एक और चीज़ थी जो उसे कभी मालूम न होती अगर फ़ाके न आया होता।

चौथा प्रसंग
1966

1

प्रेम में भी उसने चीज़ें बस अपने पर हो जाने दीं। हर कुछ हफ़्तों बाद एक दूसरी लड़की आती और उसके घिसे हुए सोफ़े पर बैठती, अक्सर अपने पैरों को एक-दूसरे पर रखे हुए, और एक दफ़ा और वह नौचालन-यंत्र की बनावट और कार्य-पद्धति को समझाता। वह इससे कभी ऊबता नहीं था; वह छोटे-छोटे आईनों, अंकित पैमानों और नन्ही दूरबीनों वाले चमकदार पीतल के इन यंत्रों से, जिनमें रात्रि-आकाश और नक्षत्र बने रहते थे, मुग्ध हो जाता था। अक्सर लड़कियाँ इस उपकरण को समझ नहीं पाती थीं, लेकिन वे उस तन्मयता को समझ जाती थीं जिससे वह समझाता था, जिस वजह से उनमें उसकी दिलचस्पी कम ही केंद्रित रहती थी। कभी-कभी उसका सोफ़ा एक या दो हफ़्ते तक सूना रहता, जिससे उसे कोई ख़ास चिंता नहीं होती थी। शराबघर में जाकर किसी को साथ ले आना उसकी पद्धति नहीं थी।

1959 में उसने अपने फ़ाइनल इम्तहान में कामयाबी पाई और सहायक ऐनेस्थीज़िओलॉजिस्ट बन जाने के कारण उसने लेइद्सप्लेइन के पास एक बड़ा फ़्लैट ले लिया जिसमें बहुत उजाला आता था। हर सुबह वह घरों की कुछ कतारें पार करता हुआ विल्हेल्मीना अस्पताल पहुँच जाता, जिसे लड़ाई के दौरान पश्चिमी अस्पताल कहा जाता था। इमारतों के समूह के आसपास की सड़कों पर हमेशा आती-जाती एम्बुलैंसों, मुलाक़ातियों और ओवरकोट के नीचे धारीदार पाजामे पहने एक पहली सैर पर निकले मरीज़ों की हलचल रहती। अपने सफ़ेद कोटों की बटनें बेतकल्लुफ़ी से खुली रखे हुए डॉक्टर इस इमारत से उस इमारत जा रहे होते। अपना सिर एक तरफ़ झुकाए हुए, बीच-बीच में अपने बाल पीछे झटकते हुए अंतॅन अपने बग़ल से साइकिलों पर गुजरती हुई उन नर्सों में मातृभावना जगाता जो अंत में उसके कोच पर ही दम लेतीं। कभी-कभी वह उस सायबान के पास से जाता होता जिस पर लाज़ारेत लिखा हुआ था, लेकिन इससे उसे शुल्त्स की याद और और कम आती गई, जो यहाँ मरता हुआ, या शायद पहले ही मरा हुआ लाया गया था।

उसकी मुलाक़ात अपनी पहली पत्नी से 1960 में लंदन में हुई जब वह क्रिस्मस की छुट्टियों पर वहाँ गया हुआ था। दिन में वह शहर में घूमता रहा, रीजेंट स्ट्रीट पर

कपड़े खरीदे, और ब्रिटिश म्यूज़ियम के पीछे पुराने नौचालन-यंत्रों के विक्रेताओं के यहाँ पहुँच गया। रात में वह अक्सर संगीत कार्यक्रमों में जाता। अधिकांश पुरुष अब भी बोलर टोपी पहनते थे और लिपटे हुए छाते रखते थे। जब वह किसी पब में दोपहर का खाना खाता तो इन प्यारे यंत्रों को लटकाने के डंडे ठसाठस भरे होते। एक बारिश वाले तीसरे पहर, व्हाइटहॉल से उसके विराट सत्ता-स्मारकों के बीच से चहलकदमी करते हुए, जहाँ घुड़सवार पहरुए इतराते हुए मुर्ग़ों की तरह अपने अबूझ नृत्यों का प्रदर्शन करते थे, उसने पहली बार वैस्टमिंस्टर ऐबी में दाख़िल होने का निर्णय लिया।

वह विदेशी सैलानियों और देहात से दिनभर की यात्रा पर आए हुए लोगों से भरा हुआ था। उसने सारे इंग्लैंड में प्रचलित बैंगनी-जैसी लाल जिल्द वाली एक गाइड खरीद ली थी। उसमें गायन-स्थल के प्रवेश के पास गिरजे के केंद्रीय भाग में स्थित राष्ट्र की सर्वश्रेष्ठ संतान की एक सौ सत्तर कब्रों की सूची दी गई थी जो पिछली छः सदियों में वहाँ दफ़नाई गई थीं। उसने किताब बंद कर दी। हर जगह, पटरी पर, दीवारों में, और खंभों पर प्रतिमाएँ और आलेख थे। पूजास्थलियों में, मूर्तियाँ और कब्रों के पत्थर यूँ खड़े थे मानो वे पुराने साज़-सामान की नीलामी के लिए प्रदर्शित हों। गायन-स्थल के बराबर के सँकरे गलियारे में मृतकगण एक-दूसरे के सिरहाने-पैताने दफ़नाए गए थे, जैसे कभी-कभी ऑपरेशन के कमरों के बाहर स्ट्रेचरों पर मरीज़ रखे जाते हैं, सिर्फ़ यहाँ यह था कि अपने ताबूतों के ऊपर संगमर्मर में तराशे हुए वे स्थायी रूप से संज्ञा-शून्य लेटे हुए थे। उसने कल्पना करने की कोशिश की कि क़यामत के दिन क्या होगा जब वे सब अपनी कब्रों से उठेंगे और एक-दूसरे से परिचित करवाए जाएँगे, ये सैकड़ों नायक, भद्रलोक, और कलाकार जो ब्रिटेन के संयुक्त साम्राज्य की सबसे ऊँची मंडली के सदस्य थे।

मुख्य वेदी के पीछे वाले पूजा-स्थल में राजवंश दफ़नाया हुआ था। राजाओं और रानियों की भीड़ के बग़ल से वे लोग गुज़र रहे थे जो वहाँ कभी नहीं दफ़नाए जाएँगे। वे राज्याभिषेक-आसन के पास आकर ठिठक कर रह जाते थे। वह खुद उस सिंहासन को देखकर सम्मोहित था जिस पर चौदहवीं सदी से हर शासक को मुकुट पहनाया गया था। शाहबलूत की पुरानी लकड़ी, उस पर सादा नक़्क़ाशी, पीठ एक सदी के बाद दूसरी सदी के शासकों के नाम के पहले अक्षरों से खुदी पड़ी हुई। ऐतिहासिक प्रामाणिकता की सच्ची भावना के अंतर्गत उसे कभी साफ़ नहीं किया गया था। लकड़ी की चौकी के नीचे एक बड़ा पत्थर था : रोटी का पत्थर। अंतॅन ने अपनी गाइड फिर खोली। कभी यह पत्थर बाइबिल के चरित्र याकूब का तकिया था। ईसा मसीह से आठ शताब्दियों पहले (मिस्र और स्पेन के रास्ते से) वह आयरलैंड पहुँचा, फिर चौदह सौ साल बाद स्कॉटलैंड और अंत में इंग्लैंड, जहाँ वह ठीक इसी पल और इसी ठिकाने देखा जा सकता था। ठीक जैसे उसके आसपास के सारे राजाओं का वास्तविक सत्य सिर्फ़ शेक्सपिअर के नाटकों में पाया जा सकता था, उसी तरह

इस पत्थर की दंतकथा भी एक मौलिक सत्य को उद्घाटित करती लगती थी। सिर्फ़ यदि सिंहासन के किसी आयरी दावेदार का शाही रक्त हुआ तभी राज्याभिषेक के समय वह पत्थर कराहेगा; वर्ना नहीं। अंतॅन हँसने लगा और ज़ोर से बोला, ''कितना सच है!'' जिस पर उसके पास खड़ी एक युवती ने पूछा, ''क्या सच है?''

उसने उसकी तरफ़ देखा और उस पल सब कुछ तय हो गया।

वह उसकी चितवन थी, उसकी आँखों का भाव, और उसके घने, लोचदार, ललछौंहे बाल। उसका नाम सास्किया द ख़्राफ़ था और वह राजसी डच वायुसेवा केएलएम में परिचारिका थी। ऐबी में 'कवियों का कोना' भी देख लेने के बाद वे साथ-साथ लौटे। उसे अपने पिता को सेंट जेम्स के एक क्लब से लेना था। हर वर्ष क्रिस्मस में वे लंदन आते थे और लड़ाई के ज़माने के अपने दोस्तों से मिलते थे। जब वे क्लब की इमारत पहुँचे और अम्स्तर्दम में मिलने की योजनाएँ बनाने लगे तब उन्होंने एक जनरल को सीढ़ियों से उतरते और एक इंतज़ार करती सैनिक चालक वाली कार में बैठते हुए देखा।

एक हफ़्ते बाद, देज़ेंद होटल की लॉबी में, द ख़्राफ़ ने दुनियादार तरीक़े से उससे उसके ख़ानदान के बारे में पूछा। अंतॅन ने बताया कि उसके पिता हार्लम की अदालतों में बाबू थे लेकिन माता-पिता दोनों की बहुत पहले मृत्यु हो चुकी थी। छः महीने बाद ही, अथेंस की एक गर्म शाम को, जब द ख़्राफ़ वहाँ राजदूत थे, उसने अपने भावी ससुर को सारी कहानी सुनाई। उसे पूरी सुनकर द ख़्राफ़ चुप रहे और अँधियारे हो गए कमरे से चमकदार, सुगंधित बगीचे में देखते रहे, जो झींगुरों की झंकार से गूँज रहा था, जहाँ हवा में उभरकर फूटता एक छोटा-सा फव्वारा कलकल कर रहा था। छत पर सफ़ेद कोट पहने एक नौकर ने बर्फ़ के कुछ टुकड़ों को झनझनाया। सास्किया और उसकी माँ वहाँ बाहर बैठी थीं। सरो और चीड़ के वृक्षों के बीच से अक्रोपोलिस दिखाई पड़ता था। कुछ देर बाद द ख़्राफ़ ने सिर्फ़ इतना कहा : इस दुनिया में भले का भी एक अशुभ पहलू होता है। लेकिन फिर भी दूसरा पहलू तो रहता ही है।

वे खुद एक ऐसे संगठन में रहे थे जो सभी खुफ़िया बाग़ी टोलियों के बीच तालमेल रखता था और इस तरह लंदन में स्थित निर्वासित डच सरकार से सीधे संपर्क में थे। वे भी उन दिनों के बारे में कम ही बात करते थे। उनके बारे में अंतॅन उतना ही जानता था जितना सास्किया ने उसे बताया था, लेकिन उसकी इच्छा और ज़्यादा सुनने की नहीं थी। वह शायद संसदीय जाँच समिति की रपटों में उस विषय पर पढ़ सकता था, लेकिन उसने वैसा नहीं किया।

उनकी पहली मुलाक़ात के एक वर्ष बाद उनकी शादी हुई। उसके मामा मौजूद नहीं थे; एक बेतुकी मोटर-दुर्घटना ने उनकी जीवन-लीला समाप्त कर दी थी। अपनी शादी के कुछ ही दिनों बाद अंतॅन को एक स्थायी काम मिल गया और द ख़्राफ़ की आर्थिक सहायता से उन्होंने कोंसेर्तख़ेबाउ के पीछे वाले इलाके में एक दो-परिवारी घर का आधा हिस्सा खरीद लिया।

2

जून 1966 की शुरूआत की ग्रीष्म-लहर के दौरान, सास्किया को अपने पिता के एक मित्र की अंत्येष्टि में जाना पड़ा, जो श्यूर्त नामक एक महत्त्वपूर्ण पत्रकार और कवि थे और जिन्हें वह भी युद्ध के बाद से जानती थी। उसने अतॅन से भी आने को कहा, और वह उस दिन की छुट्टी ले पाया। वह अपनी चार बरस की बेटी संद्रा को भी साथ ले जाना चाहता था।

"ले चलना चाहिए क्या, अतॅन ?" सास्किया ने पूछा। "मौत कोई बच्चों के लायक चीज़ नहीं।"

"मैंने ऐसी लचर बात पहले कभी नहीं सुनी," उसने कहा। उसे लगा कि वह कुछ ज़्यादा ही तीखा कह गया। उसने उससे माफ़ी माँगी और उसे चूमा।

अंत्येष्टि के बाद उन्होंने समुद्र तट पर जाने का तय किया।

उसके ससुर, जो सदी की उम्र के ही थे, अभी-अभी सेवानिवृत्त हुए थे और ख़ैल्दरलंत में एक देहाती घर में रह रहे थे। वे कार से आने वाले थे। सास्किया ने उन्हें फ़ोन किया और सुझाया कि वे उन्हें लेते चलें–फिर वे पहले साथ में कॉफ़ी पी सकेंगे। एक ठेठ देहात निवासी की तरह उन्होंने जवाब दिया कि वे अम्स्तर्दम में मरना भी नहीं चाहेंगे–तुम लोग सोचते हो कि मैं चाहता हूँ मुझ पर उन हिप्पी लफंगों के गिरोह का हमला हो जाए ? ऐसा कहते हुए वे हँसे, लेकिन आए नहीं, हालाँकि भगवान जानता है उन्होंने ज़िंदगी में कहीं बड़े ख़तरों का सामना किया था।

अंत्येष्टि अम्स्तर्दम के उत्तर में एक गाँव में थी। स्तेनवेइक परिवार ने अपनी कार बाहरी इलाके में खड़ी की और छोटे-से गिरजाघर तक पैदल गए, दोनों बड़े अपनी काली पोशाकों में पसीना बहाते हुए, जबकि सफ़ेद कपड़े पहनी संद्रा को धूप से कोई एतराज़ नहीं हुआ। गाँव के चौक में आदमियों और औरतों की भीड़ थी, अधिकांश ज़्यादा उम्र के थे, जो सब एक-दूसरे को जानते लगते थे। वे परस्पर गंभीरता या शोक से नहीं, बल्कि हँसी और उत्साहपूर्ण आलिंगनों से स्वागत कर रहे थे। फ़ोटोग्राफ़रों की बहुतायत थी। एक काबीना मंत्री–जो अम्स्तर्दम में हुए दंगों की वजह से हाल में काफ़ी सुर्ख़ियों में था–एक बड़ी काली कादियाक कार से उतरा।

उसका स्वागत भी गालों पर चुम्बनों और पीठ पर धौल-धप्पों से किया गया।

''ये सब लोग जर्मनों से लड़े थे,'' अंतॅन ने अपनी बेटी को बताया।

''युद्ध में,'' उसने इस तरह कहा जैसे उसके बारे में सब जानती हो, और अपनी गुड़िया का सिर निर्णायक हाव-भाव के साथ मरोड़ा।

अंतॅन ने एक लगातार उत्तेजना के साथ आसपास के दृश्य का मुआयना किया। वह किसी को नहीं जानता था। सास्किया ने कुछ लोगों का अभिवादन किया, हालाँकि वह उनके नाम भूल चुकी थी। सादा प्रोटेस्टैंट गिरजाघर के भीतर, जहाँ ऑर्गन वाद्य बजना शुरू हो चुका था, वे आख़िरी कतार में बैठे। जब ताबूत अंदर लाया गया तो हर व्यक्ति खड़ा हो गया। अंतॅन ने अपने हाथ से संद्रा को लपेट लिया, जिसने फुसफुसाकर पूछा कि क्या वे सज्जन अब उसके अंदर हैं। द ख़्राफ़ की बाँह थामे हुए विधवा दाख़िल हुई—वह दुखी थी लेकिन सिर ऊँचा किए हुए लोगों के सामने थी, बीच-बीच में एक मंद मुस्कान से अभिवादन में सिर हिलाती हुई।

अचानक संद्रा पुकार उठी, ''नानाजी !''

वे एक पल के लिए उसकी तरफ़ मुड़े और आँख दबाई। विधवा के साथ वे सामने, मंत्री के पास बैठ गए।

अंतॅन ने अम्स्तर्दम के मेयर को पहचान लिया। अंत्येष्टि-भाषण एक ऐसे प्रसिद्ध पादरी ने दिया जिसने एक यातना शिविर में कई वर्ष गुज़ारे थे। उसकी वक्तृता इतनी नाटकीय थी कि लगता था कि उसने अपने किसी उच्चारण-दोष पर विजय पाकर भाषण की वह शैली हासिल की थी, जैसा डेमोस्थेनेस ने अपने मुँह में कंकड़ रखकर किया था। उसके तरीके ने संद्रा को ऊपर देखने और मज़ा लेकर अपने पिता को आँख से इशारा करने को प्रेरित किया। अंतॅन, जो आधा ही सुन रहा था, गलियारे से तिरछी ओर कुछ कतार आगे बैठी एक औरत की बाजू से दिखनेवाली शक्ल से प्रभावित हुआ। किसी वजह से उससे उसे एक ऐसी तलवार का ख़याल आया जिसका सिरा सीधे ज़मीन में गड़ा हुआ हो। वह करीब पैंतालीस की रही होगी, उसके घने काले बाल कहीं-कहीं सफ़ेद हो चले थे।

चर्च के पीछे कब्रिस्तान जाने वाले जुलूस में वे आख़िरी छोर से शामिल हुए। सड़क पर कुछ दूर चलने और फिर कंकरीली पगडंडियों से होते हुए हर व्यक्ति गहरी बातचीत में डूब गया। कई आ-जा रहे थे, कुछ आगे चल रहे थे, कुछ पीछे होते जा रहे थे। वह अंत्येष्टि कम और पुनर्सम्मेलन अधिक था।

''वे फिर घर सरीखा महसूस कर रहे हैं,'' सास्किया बोली।

''मैं तो मना रहा हूँ कि किसी को पता न चले कि वे सब यहाँ इकट्ठा हैं।''

''किसी को से तुम्हारा क्या मतलब है ?''

''जर्मनों को, और कौन।''

''बेवकूफ़ मत बनो।'' फ़ोटोग्राफर फिर प्रसिद्ध लोगों को तलाश रहे थे, गाँव

के निवासी सड़क के उस पार से खड़े देख रहे थे। इन तमाम सालों में शायद उन्हें इसका अहसास नहीं था कि उनके बीच कितना महत्त्वपूर्ण व्यक्तित्त्व रह रहा है... मोटरसाइकिलों पर बैठे लड़के जुलूस को मज़ाक़ उड़ानेवाले चेहरों से देख रहे थे लेकिन उनके एंजिन चल नहीं रहे थे। साफ़ था कि इन आदमियों और औरतों में, जिनमें से कुछ अपंग थे, कुछ ऐसा था जिससे वे लड़के इतने प्रभावित तो हुए ही थे कि अपना व्यवहार ठीक रखें।

"पापा ?"

"हाँ ?"

"आखिर युद्ध क्या होता है ?"

"एक बहुत बड़ा झगड़ा। लोगों के दो झुंड जो एक-दूसरे के सिर काट डालना चाहते हैं।"

"तुम्हें इतना ज़्यादा करने की ज़रूरत नहीं है," सास्किया ने कहा।

"तुम्हें ऐसा लगता है ?" अंतॅन हँस दिया। कब्रिस्तान में कब्र के आसपास एक ठसाठस घेरा बन चुका था और स्तेनवेइक परिवार कुछ ज़्यादा न देख पाया। संद्रा ऊब गई, लिहाज़ा सास्किया ने उसका हाथ पकड़ा और उसे थोड़ी दूर घुमाने ले गई। अपने पीछे वह उसे कब्रों पर खुदे हुए वाक्य पढ़ते और उन्हें समझाते हुए सुनता रहा। बीच-बीच में, इस तथ्य को नज़रअंदाज़ करते हुए कि उसके कपड़े उसके शरीर से चिपके हुए थे, वह चमकते सूरज की तरफ़ अपना चेहरा उठा लेता। भीड़ की पिछली कतारों की हल्की बुदबुदाहट तभी थमी जब स्वयं विधवा ने उन्हें संबोधित करना शुरू किया लेकिन उस धूप-भरे दिन के विस्तीर्ण-खुले अंतराल में उसके शब्द उसके लिए खो गए। ऊपर उड़ते हुए पक्षियों ने लोगों को समुद्र से निकली ज़मीन के खुले भू-दृश्य पर यहाँ धरती में उस एक छोटे, अँधियारे विवर के चारों ओर इकट्ठा जरूर देखा होगा, जो आकाश की ओर देखती हुई खुली आँख की तरह था।

स्तेनवेइक परिवार को अंततः गिरजाघर के क्षेत्रीय कार्यालय में लगी अतिथियों की कतार के आख़िर में खड़े होकर विधवा को अपनी सहानुभूति प्रकट करने का मौक़ा मिल गया। फिर, रवाना होती मोटरगाड़ियों के बीच से वे सड़क पार करते हुए दूसरी ओर के कहवाघर में दाख़िल हुए। बाहर की मेज़ें पहले ही गाँववालों ने छेंक ली थीं और अंदर भी भरा हुआ था। बार के पास एक भीड़ इकट्ठा हो रही थी, मेज़ें सरकाकर मिलाई जा रही थीं, टाइयाँ ढीली हो रही थीं, कोट उतारे जा रहे थे और बियर, कॉफ़ी तथा सैंडविचों के लिए पुकारें लग रही थीं। रिकॉर्ड बजाने वाले ज्यूक-बॉक्स पर 'स्ट्रेंजर्स इन द नाइट' चल रहा था। काबीना मंत्री वहाँ मौजूद था, मेयर से बातें करता हुआ और सिगरेट के डिब्बे के पीछे कुछ लिखता हुआ। प्रसिद्ध लेखक उपस्थित थे, और एक बदनाम आंदोलनकारी भी। जब सास्किया सुझाव दे रही थी कि उन्हें कहीं और चलना चाहिए, उसके पिता दाख़िल हुए। वे पीछे की

तरफ़ रखी, संभवतः आरक्षित मेज़ पर करीब सात और लोगों के साथ बैठ गए, जिनमें से कुछ के चेहरों से अंतॅन परिचित था। लगता था कि विधवा और उसके परिवार के साथ उनकी पत्नी घर लौट गई थी। जब उन्होंने अपनी बेटी और अंतॅन को देखा तो उन्हें अपने तरफ़ आने का इशारा किया।

मेज़ पर वे अपने रंग में थे। देखते-देखते तीन वार्तालाप चल रहे थे। जिस एक में वे शामिल हो गए, वे अपनी परिहास-वृत्ति खोए बिना बचाव की मुद्रा में थे, उन्हें स्पष्टतः इसका पूरा भान था कि बातचीत पर उन्हीं का नियंत्रण था। सुनहरी लट और उससे भी सुनहरी भौंहों वाले एक आदमी ने उनकी तरफ़ झुककर कहा कि वे वाक़ई एक उबाऊ बुढ़ऊ होते जा रहे हैं। आखिर वे कैसे वियतनाम मुक्ति मोर्चे की तुलना नात्सियों से कर सकते हैं ? गड़बड़ यह थी कि वे अब भी सोच रहे थे कि अमेरिकी अभी भी वही दूसरी लड़ाई वाले अमेरिकी हैं। लेकिन दरअसल अब अमेरिकी बदल चुके हैं और उनकी तुलना नात्सियों से की जानी चाहिए।

एक ठहाके के साथ खुले हाथों से मेज़ की किनार पकड़े हुए द ख़्राफ़ पीछे झुक गए जिस वजह से उनके दाएँ और बाएँ बैठे लोगों को भी पीछे झुकना पड़ा। अपने कम होते सफ़ेद बालों और प्रभावशाली चेहरे-मोहरे के कारण वे अफसरों के एक जमावड़े के प्रमुख या किसी प्रबंधन-समिति की बैठक के अध्यक्ष की तरह दिख रहे थे। "याप, मेरे प्यारे दोस्त," उन्होंने मेहरबानी दिखाते हुए शुरू किया लेकिन उस सुनहरे बालों वाले आदमी ने फ़ौरन उनकी बात काटी।

"अरे मैं जानता हूँ, आप आगे कहेंगे कि मैं भूल गया हूँ कि अमेरिकियों ने ही हमारा उद्धार किया था।"

"ये वह बिल्कुल नहीं है जो मैं कहने जा रहा था।"

"मुझे इतना भरोसा नहीं है। जो भी हो, मैं एक भी चीज़ नहीं भूला हूँ जबकि आप ज़रूर कुछ भूले हुए हैं।"

"और वह क्या है, मैं पूछ सकता हूँ ?"

"रूसी भी हमारा उद्धार करने आए थे; हालाँकि हमने उन्हें अपनी सड़कों पर नहीं देखा। वे थे जिन्होंने जर्मन फ़ौज को हराया था और अभी भी वे रूसी ही हैं जो वियतनाम में सही पक्ष में हैं।"

जो काली मूँछों वाला आदमी द ख़्राफ़ के बाएँ हाथ के पीछे बैठा था बर्फ़ीले स्वर में बोला, "इस तरह की बातें दूसरों के लिए छोड़ दो तो कैसा रहेगा ?"

"लेकिन यह सच है," याप ने कहा, "रूसियों को स्तालिन से मुक्त कर दिया गया है लेकिन अमेरिकी सामूहिक हत्यारे बन चुके हैं।" बायीं तरफ़ वाले आदमी ने कंधे झटके और शिष्टाचारवश अपनी मूँछों के तले मुस्कराया, ऐसा आभास देते कि याप ने एक निरर्थक विवाद शुरू कर दिया था, भले ही वह उससे सहमत था।

"कमीने कम्युनिस्ट, सब-के-सब," द ख़्राफ़ ने अंतॅन की दिशा में देखते हुए

ज़िंदादिल अंदाज़ में कहा। ''बढ़िया लोग।''

अंतॅन जवाब में मुस्कराया। साफ़ था कि यह बातचीत एक तरह का खेल था जिसे वे दोनों पहले कई बार खेल चुके थे।

''बेशक, बेशक, बढ़िया लोग,'' याप ने कहा। ''लेकिन उन्नीस सौ चवालीस के बाद से, ख़ैरित, तुम और तुम्हारी फ़ौजी सरकार जितनी जर्मनों के खिलाफ़ नहीं थी उतनी इन बढ़िया आदमियों के ख़िलाफ़ थी।'' अंतॅन के ससुर का नाम ख़ैरित नहीं बल्कि ख़ोद्फ्रीद लेओपोल्द ज़ेरोम था; लेकिन लगता था कि इस संगत में वे एक-दूसरे को अभी भी अपने खुफ़िया नामों से पुकारते थे। ज़ाहिर है कि याप का नाम भी याप नहीं था।

''तो तुम्हें क्या लगता है ? करमकल्लों को हरा दिया गया था।'' भोलेपन से द ख़्राफ़ ने याप की तरफ़ देखा। ''क्या हमें एक तानाशाही के बदले दूसरी तानाशाही मंज़ूर कर लेनी चाहिए थी ?'' धीरे-धीरे उनकी मुस्कान मिट गई।

''जहन्नुम में जाओ।''

''तुम्हें हमारा अहसानमंद होना चाहिए। अगर 1945 में तुम्हारी चली होती तो तुम पार्टी से निकाले नहीं गए होते, जैसे कि अभी हो; तुम्हें फ़ौजी दस्ते ने गोलियों से मौत की सज़ा दी होती। तुम्हारी दोमुँही हालत में तुम्हें स्तालिनवादियों से कोई मौक़ा न मिलता। उतना भी नहीं जितना स्लांस्की को चेकोस्लोवाकिया में मिला। उसकी फाँसी के वक्त मैं प्राग में तैनात था। तुम अपनी ज़िंदगी के लिए सैनिक शासन के अहसानमंद हो।'' और चूँकि याप ने जवाब नहीं दिया : ''मरे हुए होने से हमेशा बेहतर है इतिहास के घूरे पर फुटबॉल क्लब का प्रमुख होना। ठीक ?''

द ख़्राफ़ की दूसरी ओर बैठे भारी-भरकम आदमी ने, जो तिरछी आँखों में एक शैतानी भाव लिए हुए एक कवि था, अपने हाथ बाँध लिए और हँसने लगा।

''मुझे ऐसा लग रहा है कि यह एक दिलचस्प बातचीत होने जा रही है।''

''तुम श्यूर्त की इन पंक्तियों को जानते हो ?'' द ख़्राफ़ ने पूछा, और अपनी उँगली उठाकर पढ़ने लगे :

तानाशाहों की मर्ज़ी पर झुकता है जब देश का सर,
जीवन-धन से कहीं ज़्यादा
उसका प्रकाश रह जाता है बुझकर

''कविता का इस्तेमाल भी अद्भुत चीज़ है—गाँवों पर नापाम बरसाने को सही ठहराने के लिए,'' मूँछों वाले आदमी ने कहा। ''लेकिन बेशक यह सिर्फ़ एशिया में ही हो रहा है। इसके अलावा, इंडोनेशिया के संकट के वक्त तुम अजीब किरदार निभा रहे थे। 'इंडोनेशिया गँवाओगे, भारी नुकसान उठाओगे', और ऐसी ही बेवकूफ़ी-भरी बातें। बहुत बढ़िया तुकबंदी तो नहीं थी, अगर मुझसे पूछो तो, लेकिन उसके बारे में हमारे इन विशेषज्ञ से पूछो।''

"फालतू पंक्ति है," कवि ने कहा।

"लीजिए। उन्हीं सारी इंडोनेशियाई पुलिस कार्रवाइयों ने हमारे दिवंगत मित्र श्यूर्त के कुछ वर्षों की बलि ले ली। और फिर भी जबसे हमने अपने इंडोनेशियाई उपनिवेशों से पिंड छुड़ाया है, हॉलैंड की हालत लगातार बेहतर होती गई है।

"मार्शल प्लान की मेहरबानी से, प्यारे हैंक," द ख़्राफ़ ने मिठास-भरे लहजे में कहा, "अमेरिकियों की पूँजी के बल पर, याद रखो।"

"वे हमारे अहसानमंद थे, हमें उसके लिए उनका शुक्रिया अदा नहीं करना है। अमेरिकी क्रांति में अम्स्तर्दम के बैंकों ने पूँजी लगाई थी। प्यारे ख़ैरित, वह जो था एक अंग्रेज़ उपनिवेश की बग़ावत थी। हम तो मार्शल प्लान को आख़िरी दमड़ी तक चुका रहे हैं जबकि मुझे बिल्कुल भरोसा नहीं है कि हमें अठारहवीं सदी के उस पैसे का एक सेंट भी वापस मिल पाया है।"

"इसे तो देखना पड़ेगा," द ख़्राफ़ ने कहा।

"और हाँ, मैं कोई कम्युनिस्ट नहीं हूँ। मैं फ़ासिस्ट-विरोधी हूँ, और क्योंकि कम्युनिज़्म फ़ासिज़्म का सबसे बड़ा दुश्मन है, इसलिए मैं कम्युनिस्ट-विरोधी-विरोधी हूँ, यह पक्का है।"

"तुम जानते हो कि द ख़्राफ़ क्यों विद्रोहियों के साथ था ?" अचानक याप ने पूछा। "तुम जानते हो किनके लिए उसने वैसा किया था ? नन्हीं राजकुमारियों के लिए..." उसका स्वर ऐसा था मानो वह उल्टी करना चाहता हो।

"बिल्कुल", द ख़्राफ़ ने फिर एक बार एक संतुष्ट मुस्कान के साथ कहा।

"ओरांज़ राजघराने के मामूली फ़ासिस्ट, ये हो तुम, और कुछ नहीं।"

"मैं यहाँ से जा रही हूँ," सास्किया ने कहा, और खड़ी हो गई, "मुझे इसकी ज़रूरत नहीं। बाद में मिलती हूँ !"

जब द ख़्राफ़ बोल रहे थे, "यह तो एक सम्मानजनक उपाधि है, सम्मानजनक उपाधि !" तब अंतॅन उठ खड़ा हुआ। उसे रास्ता देने के लिए जब भीड़ बँटी तो उसे उस महिला की थोड़ी सी झलक मिली जिसे वह गिरजाघर में तक रहा था। उस बीच उसके ससुर ज़ोर से हँस रहे थे, साफ़ था कि वे अपनी मस्ती में थे।

"राजवंश के गुप्त आकर्षणों को आप क्या जानते हैं ?" उन्होंने नक़ली शेख़ी से पूछा। "रात को देखे गए सूस्तदेइक महल से अधिक सुंदर और आत्मा का उन्नयन करने वाली वस्तु क्या कोई हो सकती है ? सारी खिड़कियाँ रोशन, काली लंबी मोटरगाड़ियाँ अंदर-बाहर जाती हुईं, हरे मैदान पर आदेश गूँजते हुए, भद्रजन चमकदार तलवारों के साथ शानदार वर्दियाँ पहने हुए, दमकते रत्नों के साथ सांध्य-परिधान पहने सामने के छज्जे की सीढ़ियों पर चलती महिलाएँ, जिनका स्वागत करते हुए नौसेना के युवा सुंदर अधिकारी। अंदर, फ़ानूसों की दमक, बड़े चाँदी के थालों में शैम्पेन के प्याले ले जा रहे भृत्य, और शायद राजपरिवार के किसी सदस्य की भी

एक झाँकी; और यदि ईश्वर ने चाहा, तो शायद स्वयं महामहिम साम्राज्ञी। और दूर, बरसते पानी में, सेना पुलिस द्वारा सुरक्षित द्वारों के पीछे, बेचेहरा रैयत...।"

"मुझे वाक़ई लगता है कि तुम गंभीरता से यह कह रहे हो, भगवान कसम," उस कवि ने कहा जिसने भविष्यवाणी की थी कि बातचीत दिलचस्प होगी। "ईसा मसीह! अगर मैं तुम जैसा हरामज़ादा होता तो मैं एक शब्द भी फिर कभी न छपाता।" उसके मुँह से कुछ थूक उड़ा और द ख़्राफ़ के कोट के गहरे नीले पल्ले पर वहाँ जाकर बैठा जहाँ से उनके काज में लगा सम्मान-चिह्न दूर नहीं था।

"जो कि, हमारे कुछ अधिक प्रतिष्ठित विद्वानों के अनुसार, हमारे राष्ट्र के लिए एक वरदान की तरह होगा," द ख़्राफ़ ने कहा।

"देखना इससे चिढ़ मत जाना !" हैंक ने नाराज़ कवि से कहा।

द ख़्राफ़ ने अपना रूमाल निकाला और थूक के सफ़ेद बुलबुले को पोंछ डाला। उनकी भूरी टाइ की गाँठ पूरे करीने से बीचोंबीच थी और एक खूबसूरत मोड़ के साथ उनकी बंडी में ओझल हो जाती थी। याप भी हँसने लगा। कवि की दूसरी तरफ़ बैठा व्यक्ति, जो एक प्रमुख प्रकाशक था, अपने हाथ रगड़ते हुए बोला :

"एक ज़र्बदस्त दोपहर !"

"बेचेहरा रैयत तुम्हारे प्यारे राजपरिवार पर अम्स्तर्दम में पिछले दिनों बदबू के गोले फेंकती रही है," हैंक ने कहा।

"बदबूदार बम..." द ख़्राफ़ ने मज़ाकिया हिक़ारत से कहा।

"और तुम्हें उसकी क़ीमत अपने सिर से चुकानी पड़ेगी," हैंक अंतॅन के पीछे खड़े किसी आदमी से कहता रहा।

अंतॅन मुड़ा। उसे भान हुआ कि इस पूरे वक्त अपनी गर्दन पर वह जो गर्मी महसूस कर रहा था वह एक पादरी के मजबूत काल्विनवादी चूतड़ों से आ रही थी, जो इस सारी बातचीत को सुनता लगता था।

"मुमकिन है," उसने कहा।

"और फिर ?"

"फिर मैं थोड़ी और पिऊँगा।" उसने डच जिन का अपना प्याला ऊपर उठाया, द ख़्राफ़ के साथ मिली-भगत वाले कटाक्ष का आदान-प्रदान किया, और मुड़ गया।

अचानक मेज़ पर चुप्पी छा गई। सिर्फ़ अंतॅन के बाएँ बैठे हुए दो आदमी धीमी आवाज़ में अब भी वह बातचीत जारी रखे हुए थे जो वे सारे वक्त करते रहे थे।

अंतॅन यह वाक्य सुन पाया : "पहले मैंने उसे पीठ में गोली मारी, फिर कंधे में, और फिर जब मैं अपनी साइकिल से उससे आगे गया तो उसके पेट में।"

3

बहुत दूर, अतीत की सुरंग के गहरे अंदर, अंतॅन ने गोलियों की छह आवाज़ें सुनीं : पहले एक, उसके बाद दो, फिर दो और, अंत में आख़िरी गोली। उसकी माँ उसके पिता की ओर देखती हैं, उसके पिता सरकने वाले दरवाज़ों को, पेतर कोयले के लैम्प का ढक्कन उठाता है...

अंतॅन उस आदमी की तरफ़ मुड़ा जिसके बाजू में वह इस सारे समय बैठा हुआ था। इसके पहले कि उसे भान होता कि वह क्या कर रहा था, वह पूछ चुका था, "क्या चौथी और पाँचवीं गोली नहीं चली थी ? और फिर एक और, छठवीं ?"

दूसरे ने उसे अधमुँदी आँखों से देखा, "तुम्हें कैसे मालूम ?"

"क्या तुम लोग प्लूख़ के बारे में बात कर रहे हो, हार्लम के फ़ाके प्लूख़ के बारे में ?"

कुछ क्षणों के बाद दूसरे आदमी ने धीरे-धीरे पूछा, "तुम कौन हो ? तुम्हारी उम्र क्या है ?"

"मैं वहाँ रहता था। वह हमारे घर के सामने हुआ था। कम से कम..."

"तुम्हारे घर के सामने..." उस आदमी की साँस रुक गई। वह फ़ौरन समझ गया था। सिर्फ़ ऑपरेशन की मेज़ पर अंतॅन ने किसी को इतने जल्दी ज़र्द पड़ते देखा था। उस आदमी का चेहरा इस तरह सूजा हुआ, चकत्तेदार लाल था जैसा किसी बहुत ज़्यादा शराब पीनेवाले का होता है। अब वह पीला और मोमिया हो गया था, जैसे उजाले का रंग बदल गया हो। अंतॅन काँपने लगा।

दो कुर्सियों पर बैठे आदमी ने कहा, "ओहो ! अब तुम मुसीबत में आ गए हो।"

मेज़ पर बैठे हर आदमी ने ग़ौर किया कि कुछ गड़बड़ थी। चुप्पी गहरा गई; फिर हड़बड़ी मच गई, हर आदमी एक साथ बोलने लगा, कुछ खड़े हो गए। द ख़ाफ़ उन लोगों के बीच में आना चाहते थे, यह कैफ़ियत देते हुए कि अंतॅन उनका दामाद था, लेकिन उस आदमी ने ज़ोर देकर कहा कि वह ख़ुद ही उसको निपटाना चाहता था। फिर, जैसे वह लड़कर फ़ैसला करना चाहता हो, उसने अंतॅन से कहा, "बाहर

आओ।''

उसने अपना कोट कुर्सी के पीछे से लिया, अंतॅन को हाथ से पकड़ा, और उसे भीड़ के बीच से इस तरह खींच कर ले गया जैसे वह एक बच्चा हो। और ऐसा ही अंतॅन को लगा, उससे बीस बरस बड़े आदमी का गरम हाथ, उसे अपने साथ खींचकर ले जाता हुआ—यह एक ऐसी चीज़ थी जो उसने कभी अपने मामा के साथ महसूस नहीं की थी, कभी-कभी सिर्फ़ अपने पिता के साथ। कहवाघर के दूसरे हिस्सों में किसी को अहसास नहीं था कि क्या चल रहा था। हँसते हुए, उन्होंने उन दोनों को गुज़र जाने दिया। ''इट'स बीन ए हार्ड डेज़ नाइट''—ज्यूक-बॉक्स पर बीटिल्स गा रहे थे।

बाहर, उसे सन्नाटे से अचरज हुआ। गाँव का चौक धूप में झिलमिलाता फैला हुआ था। यहाँ-वहाँ लोगों के झुंड अभी-भी खड़े हुए थे, लेकिन सास्किया और संद्रा कहीं दिख नहीं रही थीं। ''आओ'', सारे दृश्य का मुआयना करने के बाद उस आदमी ने कहा। वे कब्रिस्तान की तरफ़ गए और पिटवाँ लोहे के दरवाज़े से अंदर दाख़िल हुए। खुली कब्र के आसपास फ़ीतों पर लिखे संदेशों और फूलों के साथ लगे कार्डों को पढ़ने के लिए गाँव के लोग इकट्ठा हो गए थे। पड़ोस के खेत से मुर्ग़ियों के चूज़े पगडंडियों और दूसरी कब्रों पर चल रहे थे। बलूत के एक पेड़ की छाया के नीचे एक पत्थर की बेंच के पास वह आदमी अचल खड़ा हुआ और अपना हाथ बढ़ाया।

''कोर ताकस,'' उसने अपना नाम बताया। ''और तुम स्तेनवेइक हो।''

''अंतॅन स्तेनवेइक।''

''वे लोग मुझे ख़ेइस कहते हैं,'' उसने अपना सिर कहवाघर की तरफ़ झटकते हुए कहा, और बैठ गया।

अंतॅन उसके पास बैठ गया। उसे इस सबकी कोई ज़रूरत नहीं थी। उसने जो कहा था अपने बावजूद कहा था, एक प्रतिक्रिया की तरह, जिस तरह से एक नस किसी पेशी के आवेग पर करती है। ताकस ने सिगरेट का एक पैकेट निकाला, उसमें से एक को आधी बाहर खींचा और उसे देना चाहा। अंतॅन ने अपना सिर हिला दिया और उसके मुक़ाबिल हो गया। ''सुनो'', उसने कहा, ''यहाँ से उठकर बाहर चलते हैं और कभी इसके बारे में बात नहीं करेंगे। चर्चा करने के लिए कुछ है ही नहीं, सचमुच। जो हो चुका सो हो चुका। उसकी मुझे कोई चिंता नहीं, मेरा विश्वास करो। वह बीस साल से भी पहले हुआ था। मेरी पत्नी है, बच्ची है और एक अच्छी नौकरी है। हर चीज़ ठीक है। मुझे अपना मुँह बंद रखना चाहिए था।''

ताकस ने सिगरेट सुलगाई, गहरा कश लिया, और उसकी तरफ़ सख़्ती से देखा। ''लेकिन तुमने अपना मुँह बंद रखा नहीं।'' और कुछ रुक कर कहा, ''सो अब यह हो गया।'' सिर्फ़ दूसरे वाक्य के साथ उसके मुँह से धुआँ निकला।

अंतॅन ने हामी में सिर हिलाया। "सही," उसने कहा। वह अपने को घूरती मलिन गहरी-गहरी आँखों से बच नहीं पा रहा था। बायीं वाली दाहिनी से अलग थी, उसकी पलक कुछ ज़्यादा भारी थी, उसकी बींधती हुई निगाह उसे असहाय कर रही थी। ताकस करीब पचास का रहा होगा, लेकिन उसके लंबे, गहरे सुनहरे बाल सिर्फ़ कनपटियों पर ही थोड़े सफ़ेद हो रहे थे। उसकी बग़लें पसीने से गीली थीं। अंतॅन को परी-कथाओं की तरह लगा कि यही आदमी था जिसने प्लूख़ को मारा था।

"मैं ऐसी चीज़ कह रहा था जिसे तुम्हें सुनना नहीं चाहिए था," ताकस ने कहा, "लेकिन सुना तुमने उसे, और फिर तुमने कुछ ऐसा कहा जिसे तुम कहना नहीं चाहते थे। ये असल बातें हैं और इसीलिए हम यहाँ बैठे हुए हैं। मुझे पता था कि तुम अभी हो। उस वक्त तुम्हारी क्या उम्र थी ?"

"बारह।"

"क्या तुम उस सुअर को जानते थे ?"

"सिर्फ़ चेहरे से," अंतॅन ने कहा लेकिन प्लूख़ को लेकर सुअर शब्द का इस्तेमाल उसे कुछ पहचाना लगा।

"मुझे ऐसा ही लगा; वह अक्सर तुम्हारे घर के पास से गुज़रता था।"

"और उसका लड़का मेरी क्लास में ही था।" जब उसने यह कहा तो उसे पुराने दिनों का वह लड़का नहीं, बल्कि वह भारी-भरकम आदमी याद आया जिसने दस साल पहले उसके आईने पर पत्थर फेंका था।

"क्या उसका नाम भी फ़ाके नहीं था ?"

"हाँ।"

"और दो लड़कियाँ भी थीं। छोटी तब चार बरस की थी।"

"मेरी बेटी अभी उसी उम्र की है।"

"तुम देख रहे हो कि ये कोई कमज़ोर करनेवाले हालात नहीं होते।" अंतॅन को भान हुआ कि वह काँप रहा था। उसने खुद को एक ऐसी हिंसा की उपस्थिति में महसूस किया जिसे उसने पहले कभी किसी में नहीं जाना था, सिवा शायद उस आगज़नी की वारदात पर मौजूद उस आदमी के, वह नात्सी जिसके गाल पर घाव का निशान था। क्या उसे यह कह देना चाहिए ? उसने नहीं कहा। वह यह आभास नहीं देना चाहता था कि वह ताकस पर हमला कर रहा है। इसके अलावा, ताकस के लिए वह कोई नयी बात भी नहीं होगी; साफ़ था कि वह ऐसी परवाहों को बहुत पहले तज चुका था।

"क्या तुम चाहते हो कि मैं तुम्हें बताऊँ कि यह प्लूख़ किस तरह का आदमी था ?"

"मेरे वास्ते नहीं।"

"लेकिन मेरे वास्ते। उसके पास एक कोड़ा था जिसमें काँटेदार तार सिले हुए थे जिनसे तुम्हारे नंगे चूतड़ की चमड़ी नुँच जाती थी, फिर वह तुम्हें धधकती हुई अँगीठी पर ढकेल देता था। वह तुम्हारी गाँड़ में बगीचे का पाइप घुसेड़ देता था और उसे तब तक चालू रखता था जब तक तुम्हें तुम्हारे गू की उल्टी न हो जाए। उसने भगवान जाने कितने आदमी मारे, और और भी कितनों को जर्मनी और पोलैंड में अपनी मौत मरने के लिए भेजा। बहुत अच्छा। सो उसका ख़ात्मा करना ही था ...राज़ी हो ?" और अब अंतॅन चुप रहा, "हाँ, या हाँ ?"

"हाँ," अंतॅन ने कहा।

"ठीक है। लेकिन दूसरी तरफ़, हमें यह भी साफ़ था कि बदले ज़रूर लिए जाएँगे।"

"मिस्टर ताकस," अंतॅन ने टोका। "क्या मेरा यह मानना ठीक है कि..."

"मुझे ख़ेइस कहो।"

"आप यहाँ मेरे लिए बैठे हुए अपने-आप को सही बतला रहे हैं। आख़िर मैं तो आपको बुरा नहीं कह रहा हूँ।"

"मैं तुम्हारे सामने ख़ुद को सही नहीं ठहरा रहा हूँ।"

"फिर किसके वास्ते ?"

"मुझे नहीं मालूम," उसने अधीरता से उत्तर दिया, "बेशक़ मेरे वास्ते नहीं, और न भगवान के सामने, या इसी तरह की कोई और बेवकूफ़ी-भरी चीज़। ईश्वर है नहीं, और शायद मैं भी नहीं।" उसी तर्जनी से जिसने घोड़ा दबाया था, उसने अब सिगरेट का ठूँठ फेंक दिया और कब्रिस्तान के ऊपर से बाहर देखने लगा। "तुम जानते हो किसका अस्तित्त्व है ? मरे हुओं का। दोस्तों का, जो मर चुके हैं।"

मानो यह घोषणा करने के लिए कि फिर भी किसी का प्रभुत्व था अवश्य, एक छोटा-सा बादल सूरज पर सरक आया, जिससे नयी कब्र पर रखे गए फूलों का रंग कुछ उड़ गया-सा दिखने लगा, मानो वे पश्चात्ताप कर रहे हों, जबकि कब्रों के पत्थरों पर भूरा रंग प्रबल हो उठा। लेकिन अगले ही पल, सब कुछ फिर एक बार धूप में नहा उठा। अंतॅन सोचने लगा कि अपने पास बैठे आदमी से जो सहानुभूति वह महसूस कर रहा था उसका स्रोत कहीं संदिग्ध तो नहीं था। उसके ज़रिए, अंतॅन अब मात्र आखेट नहीं था; अब वह एक विकारग्रस्त आनंद से हमले की हिंसा में कहीं भाग ले रहा था। फिर भी उसी समय उसे ऐसा भी लग रहा था जैसे सब कुछ किसी और के साथ घटा था।

ताकस ने एक और सिगरेट सुलगाई।

"अच्छा। तो हम जानते थे कि बदले लिए जाएँगे, ठीक है ? कि उनमें से कोई घर जला दिया जाएगा, और कुछ बंधकों को गोली मार दी जाएगी। क्या वह वैसा न करने की वजह हो सकती थी ?"

जब वह चुप रहा तो अंतॅन ने ऊपर निगाह करके उसे देखा।

"क्या तुम मुझसे जवाब की उम्मीद करते हो ?"

"बेशक़।"

"मैं जवाब दे नहीं सकता। मैं उस बारे में नहीं जानता।"

"तो मैं तुम्हें बताता हूँ : जवाब है—नहीं। अगर तुम मुझसे यह कहोगे कि यदि हमने प्लूख़ का ख़ात्मा न किया होता तो तुम्हारा परिवार अब भी ज़िंदा होता, तो तुम सही होगे। वह सच है, लेकिन उससे ज़्यादा कुछ नहीं। अगर कोई तुमसे कहे कि अगर तुम्हारे पिता ने किसी दूसरी सड़क पर कोई और घर किराये पर ले लिया होता तो तुम्हारा परिवार अब भी ज़िंदा होता, यह भी सच होता...हालाँकि जो हुआ वह उस दूसरी सड़क पर भी हो सकता था, क्योंकि शायद प्लूख़ भी कहीं और रह रहा हो सकता था। ये उस तरह के सच हैं जिनसे हमारा कोई भला नहीं होता। अकेला काम का सच यह है कि हर व्यक्ति उसी के हाथों मारा जाता है जो उसे मारता है, और किसी दूसरे के हाथों नहीं। प्लूख़ हमारे हाथों, तुम्हारा परिवार जर्मनों के हाथों। अगर तुम्हारा यक़ीन है कि हमें वैसा नहीं करना चाहिए था, तो तुम यह भी यक़ीन करो, कि इतिहास की रोशनी में, आदमी की नस्ल को नहीं होना चाहिए। क्योंकि तब दुनिया का सारा प्रेम और ख़ुशी और अच्छाई एक बच्चे की ज़िंदगी से भारी नहीं हो सकते थे। मसलन, तुम्हारी ज़िंदगी से। क्या यह है वो जिसमें तुम यक़ीन करते हो ?"

उलझा हुआ अंतॅन ज़मीन की तरफ़ देखता रहा। वह इसे पूरी तरह समझ न सका; उसने दरअसल इन चीज़ों के बारे में कभी सोचा न था। लेकिन शायद ताकस और किसी चीज़ के बारे में कभी सोचता न था।

"इसलिए हमने वैसा किया। हम जानते थे..."

"तुम्हारा मतलब है कि वह होती है उससे भारी ?" अंतॅन ने अचानक पूछा।

ताकस ने सिगरेट अपने पैरों के पास फेंक दी और उसे अपने जूते से इस पूरी तरह रगड़ा कि कुछ ही रेशे बच रहे। उन्हें ताकस ने कंकड़ियों से ढँक दिया। बग़ैर जवाब दिए वह बोलता रहा।

"हम जानते थे कि मुमकिन है कम से कम उनमें से एक घर पर बीतेगी। वे फ़ासिस्ट सज्जन कम से कम उस मामले में उसूल के आदमी थे। लेकिन हमें पता नहीं था कि कौन-सा घर। हमने वह जगह इसलिए चुनी थी कि वह सबसे सूनी थी और भागने के लिए सबसे आसान। और हमें वहाँ से भागना ही था क्योंकि हमारी फ़ेहरिस्त में उस सरीखे कुछ और कमीने थे।"

अंतॅन ने धीमे स्वर में पूछा, "अगर तुम्हारे माता-पिता उनमें से किसी घर में रह रहे होते तो तुम क्या उसे वहाँ गोली मारते?"

ताकस उठा, अपने बेडौल पतलून में दो कदम चला, और उसकी तरफ़ मुड़ा।

"नहीं, लानत है," उसने कहा, "बेशक़ नहीं। तुम्हारा मतलब क्या है ? अगर वह कहीं और किया जा सकता तो नहीं। लेकिन, तुम्हें पता है, उसी रात मेरा सबसे छोटा भाई भी बंधकों में था। और तुम क्या जानना चाहोगे कि माँ ने उसके बारे में क्या सोचा ? उसने माना कि मैंने ठीक किया। वह अभी भी जिंदा है; तुम उससे पूछ सकते हो। पता चाहिए उसका ?"

अंतॅन ने उसकी बायीं आँख को देखने से बचने की कोशिश की। "तुम इस तरह मेरे पीछे पड़े हो जैसे कुसूर मेरा हो। भगवान के वास्ते, मैं बारह बरस का था और एक किताब पढ़ रहा था, जब वह हुआ।"

ताकस फिर बैठ गया और एक और सिगरेट सुलगाई। "यह एक मूर्खतापूर्ण संयोग था कि यह तुम्हारे घर के सामने हुआ।"

अंतॅन ने उसे कनखियों से देखा। "वह हमारे घर के सामने नहीं हुआ था," वह बोला।

ताकस धीरे-धीरे उसकी तरफ़ मुड़ा। उसने अंग्रेज़ी में कहा, "माफ़ करना ?"

"वह हमारे एक पड़ोसी के घर के सामने हुआ था। वे उसे हमारे घर के सामने रख गए।"

ताकस ने अपने पैर फैलाए, पंजों को एक-दूसरे के ऊपर रखा, और अपना एक हाथ जेब में डाला। सिर हिलाते हुए उसने कब्रिस्तान का मुआयना किया। "दूर का दोस्त होने से बेहतर है नज़दीकी पड़ोसी होना," कुछ देर के बाद उसने कहा। वह किसी वजह से हिल रहा था, शायद हँसी से। "किस तरह के लोग थे वे ?"

"एक विधुर और उसकी बेटी। एक नाविक।" ताकस ने एक बार फिर सिर हिलाया।

"ख़ैर, मुझे कहना पड़ेगा...मैंने उस संभावना के बारे में नहीं सोचा था : आदमी हमेशा क़िस्मत की थोड़ी-सी मदद कर सकता है।"

"और क्या वह नैतिक रूप से ठीक है ?" अंतॅन ने पूछा, और फ़ौरन समझ गया कि वह एक बचकाना सवाल था।

"नैतिक रूप से ठीक..." ताकस ने दुहराया। "इसके बारे में तो तुम्हें पादरी से पूछना पड़ेगा। मुझे यक़ीन है कि वह अब भी यहीं कहीं घूम रहा होगा। कुछ लोग आसानी से इंसाफ़ को अपने हाथों में ले लेते हैं। जाओ उन्हें बताओ कि ऐसा करके वे ग़लती करते हैं। तीन पल बाद वह तुम्हारे घर के सामने हो गया होता।"

"मैं सिर्फ़ इसलिए पूछ रहा हूँ," अंतॅन बोला, "क्योंकि तब मेरे भाई ने उसे एक घर आगे, या वह जहाँ था वहाँ घसीटने की कोशिश की थी...मुझे ठीक से पता नहीं है, क्योंकि उसके बाद पुलिस आ गई।"

"येशू, अब मैं समझ रहा हूँ !" ताकस चीख़ा। "इसीलिए वह बाहर था। लेकिन उसे वह पिस्तौल कैसे मिली ?"

अंतॅन ने अचंभे से उसकी तरफ़ देखा। "तुम्हें पिस्तौल के बारे में कैसे मालूम ?"

"क्योंकि लड़ाई के बाद मैंने उसे खोजा, इस वास्ते।"

"वह प्लूख़ की पिस्तौल थी।"

"कितनी ज्ञानवर्द्धक दोपहर रही यह," ताकस ने धीरे-धीरे कहा। वह अपनी सिगरेट फूँकता रहा और होठों के कोनों से धुआँ निकालता रहा। "और आगे पड़ोस में कौन रहता था ?"

"दो बूढ़े लोग।" काँपता हुआ हाथ उसकी ओर बढ़ता हुआ। अचार बिल्कुल मगरों की तरह होते हैं, मिस्टर बेउमर ने कहा था। अंतॅन ने एक बार यह संद्रा को सुनाया था, लेकिन वह हँसी नहीं थी; बस सहमत हुई थी।

"हाँ," ताकस ने कहा। "बेशक़ अगर वह लाश को वापस रख देता तो झगड़ा हुआ होता।" और फिर फ़ौरन बोला, "भगवान, भगवान, भगवान, कितना बेवकूफ़ाना! हाथ-कंगन की तरह कितना साफ़ था! घपला। तुम सब, गधा-मंडली, उस लाश के साथ भागमभाग करते हुए।"

"हमें और क्या करना चाहिए था ?"

"उसे अंदर ले जाना चाहिए था, और क्या !" ताकस ने झपट कर कहा। "तुम्हें उसे फ़ौरन घर के भीतर घसीट ले जाना था।"

अंतॅन ने उसकी ओर उलझन से देखा। बेशक़ ! इससे पहले कि वह एक शब्द भी कह पाता, ताकस कहता रहा, "ज़रा सोचो ! उन्होंने आसपास कहीं गोलियों की आवाज़ सुनी थी। अगर वे किसी को भी सड़क पर न देखते तो आख़िर क्या कर सकते थे ? उन्हें यह तो ख़याल आता नहीं कि किसी आदमी को ख़त्म कर दिया गया है, कि आता ? वे समझते कि फ़ौज में से किसी ने किसी पर गोली चलाई है, शायद। या तुम्हारे पड़ोसी उनसे मिले हुए थे कि तुम्हें पकड़वा देते ?"

"नहीं। लेकिन लाश का हम क्या करते ?"

"मुझे क्या मालूम ? छिपा देते। फ़र्श के पटियों के नीचे, या बगीचे में गाड़ देते। या और भी अच्छा होता कि उसे फ़ौरन खा जाते—पकाते और पड़ोसियों को भी दे आते। आखिरकार वह तो भुखमरी की ठंड थी। जहाँ तक नरभक्षण का सवाल है, उसे युद्ध का अपराध नहीं माना जाता।"

अब अंतॅन हँसी के मारे हिलने लगा। उसके क्लर्क पिता एक पुलिस इंस्पेक्टर को पकाते हुए और उसे रात को खाते हुए ! De gustibus non est disputandum. ज़ायक़े पर बहस नहीं करनी चाहिए !

"या तुम्हें ऐसा लगता था कि इस तरह की चीज़ें कभी हुई नहीं ? भूल जाओ; हर चीज़ हुई है। जो भयानक से भयानक चीज़ तुम सोच सकते हो वह हुई है, और उससे भी भयानक हुई हैं।"

कब्र के पास से आने-जाने वाले लोग गुज़रते हुए उन्हें देख रहे थे, एक पेड़

के नीचे पत्थर की बैंच पर दो आदमी (एक दूसरे से छोटा) अभी भी अपने बिछुड़े दोस्त का सोग़ मनाते हुए जबकि दूसरे शराबघर में बैठे हुए थे, यादों को बाँटते हुए : तुम्हें याद है जब वह...जब वे पास से निकलते तो विचारमग्न चुप निकलते।

''तुम्हारे लिए यह कहना आसान है,'' अंतॅन ने कहा, ''तुम ऐसी चीज़ों के अलावा कुछ नहीं सोचते थे, जबकि हम घर में बैठे हुए थे, पढ़ते हुए, खाने की मेज़ के चारों तरफ, कि हमने उन गोलियों की आवाज़ों को सुना।''

''मैंने तब भी फ़ौरन वैसा ही सोचा होता।''

''शायद, लेकिन तुम एक गिरोह के सदस्य थे। मेरे पिता एक बाबू थे जो कभी कोई कार्रवाई नहीं करते थे; वे सिर्फ़ दूसरों की कार्रवाई को लिखते थे। जो भी हो, हमें वक्त भी न मिला होता। हालाँकि...'' उसने कहा, अचानक ऊपर की पत्तियों में देखते हुए, ''हमारा झगड़ा-सा हुआ था...''

दिन के तेज उजाले के बावजूद, एक दृश्य उसके दिमाग़ में कौंध गया। एक हॉल में बिल्कुल अँधेरे में कुछ धुँधली गतिविधि चल रही थी; एक चीख़, जैसे पेतर किन्हीं डालियों में उलझकर गिर रहा हो, किसी चाबी के बारे में कुछ...वह सब इस तरह ग़ायब हो गया जैसे अगली सुबह बहुत थोड़ी देर के लिए याद आए किसी सपने का अंश।

उसे यथार्थ की दुनिया में ताकस वापस लाया, जिसने अपनी ऐड़ी से बजरी में चार रेखाएँ खींचीं, जिनसे नंगी ज़मीन पर यह आकार बना :

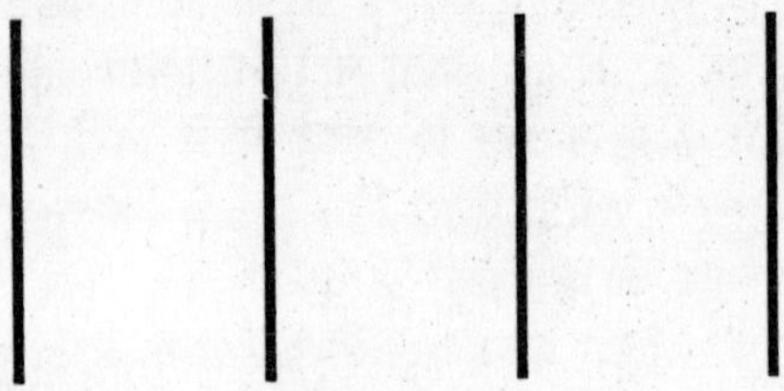

''सुनो,'' उसने कहा। ''वहाँ चार घर थे, है न ?''

''हाँ।''

''और तुम बाएँ से दूसरे घर में रहते थे ?''

''तुम्हारी याददाश्त अच्छी है।''

''मैं कभी-कभी वहाँ लौटता हूँ। नायक हमेशा अपनी बहादुरी के दृश्य को लौटते हैं, यह एक जाना-पहचाना तथ्य है। हालाँकि...बहुत मुमकिन है कि जहाँ तक तुम्हारे उस घाट का संबंध है, मैं अकेला ही हूँ। अब, जहाँ तक मैं जानता हूँ, वह यहाँ पड़ा हुआ था, तुम्हारे घर के सामने। तुम्हारे कौन-से पड़ोसी के सामने वह मारा गया था—इसके, या उसके?''

''इसके,'' अंतॅन ने कहा, और अपने जूते से दाएँ से दूसरे घर की ओर इशारा

किया। ताकस ने सिर हिलाया और उन पट्टियों को देखा।

"माफ़ करना, लेकिन उस सूरत में एक रहस्य है। नाविक ने उसे तुम्हारे दरवाज़े पर क्यों छोड़ा और यहाँ, अपने दूसरे पड़ोसी के सामने क्यों नहीं ?"

अंतॅन ने भी पट्टियों को देखा। "नहीं पता। मैंने कभी इसके बारे में नहीं सोचा।"

"कोई तो सबब होगा। क्या वह तुमसे चिढ़ता था ?"

"जहाँ तक मुझे मालूम है, नहीं। मैं वहाँ कभी-कभी जाता था। मुझे लगता है कि उन्हें दूसरी तरफ़ के लोगों से ज़्यादा चिढ़ना चाहिए था, क्योंकि वे सड़क पर हरेक की उपेक्षा करते थे।"

"और तुमने कभी भी जानने की कोशिश नहीं की ?" ताकस ने अचंभे से पूछा। "तुम क्या बिल्कुल परवाह नहीं करते ?"

"परवाह, परवाह...मैंने तुमसे कहा न, मुझे उस सबसे गुज़रने की कोई ज़रूरत नहीं लगती। जो हुआ हुआ, और उसमें यही सार है। उसे अब बदला नहीं जा सकता, भले ही मैं उसे समझ जाऊँ। वह लड़ाई का ज़माना था, इतनी बड़ी विपदा, मेरे परिवार की हत्या कर दी गई, और मैंने उस सबको अपनी ज़िंदगी से बाहर निकाल रखा है। मुझे मेरे मामा-मामी ने रख लिया, और मेरे साथ सब चीज़ें ठीक रहीं। तुमने उस हरामज़ादे को मारकर ठीक किया, सचमुच; मेरी उसके बारे में कोई शिकायतें नहीं हैं। तुम बस उसके लड़के को यक़ीन दिला दो ! मेरे साथ वह ज़रूरी नहीं है, लेकिन ईश्वर के वास्ते तुम उस सबको तर्कसंगत क्यों बनाना चाहते हो ? वह इतिहास है, प्राचीन इतिहास। तब से कितनी बार उसी तरह की चीज़ हो चुकी है ? हो सकता है इसी वक्त कहीं हो रही हो, जब हम यहाँ बैठे बात कर रहे हैं। क्या तुम अग्नि की साक्षी लेकर कह सकते हो कि इसी वक्त कहीं किसी के घर को कोई आग उगलने वाली मशीन नहीं जला रही ? मसलन वियतनाम में ? तुम काहे के बारे में बात कर रहे हो ? जब तुम अभी मुझे बाहर लाए तो मैं सोचता था कि शायद तुम्हें मेरी दिमाग़ी शांति को लेकर चिंता है, लेकिन मामला वैसा नहीं लगता—कम से कम, कुल मिलाकर नहीं। तुम मुझसे ज़्यादा घबराए लगते हो। ऐसा लगता है कि तुम युद्ध को तज नहीं सकते, लेकिन वक़्त गुज़रता जा रहा है। या तुमने जो किया तुम्हें उसका पछतावा है ?"

वह तेजी से बोला था, हालाँकि शांति से, फिर भी उसे यह हल्का-सा अहसास था कि उसे सावधान रहना चाहिए, कि उसे अपने पर नियंत्रण रखना चाहिए जिससे वह दूसरे को बदहवास न कर दे।

"मैं तो वैसा कल भी करूँगा, अगर ज़रूरी हो तो," ताकस ने बिना किसी हिचकिचाहट के कहा, "और शायद अगले दिन फिर करूँगा। मैंने उस गंदगी के उन चूहों का एक पूरा बिल ही ख़त्म कर डाला था और इस बात से मुझे बहुत

संतोष मिलता है। लेकिन तुम्हारे घाट पर हुआ वह वाक़या...उसके साथ कुछ और है। वहाँ कुछ हुआ था।'' उसने बैंच का किनारा पकड़ा और अपना आसन बदला। ''चलो इतना भर कहते हैं कि काश हम उस सबसे न गुज़रे होते।''

''क्योंकि मेरे माता-पिता भी मारे गए थे ?''

''नहीं,'' ताकस ने सख़्ती से कहा। ''मुझे यह कहते हुए अफ़सोस है कि कारण वह नहीं है। उसे पहले से देखा नहीं जा सकता था और न अंदाज़ लगाया जा सकता था। वह शायद इसलिए हुआ कि उन्होंने तुम्हारे भाई को पिस्तौल लिए हुए पकड़ लिया, या किसी और चीज़ की वजह से, या किसी भी वजह से नहीं; मैं नहीं जानता।''

''वह शायद इसलिए हुआ,'' अंतॅन ने बिना ऊपर देखे कहा, ''कि मेरी माँ उन जर्मनों के सरग़ना पर झपटी थीं।''

ताकस चुप रहा और सीधा सामने ताकता रहा। अंत में वह अंतॅन की ओर मुड़ा और बोला, ''सचमुच मैं तुम्हें सिर्फ़ युद्ध को लेकर मेरी यादों को तुष्ट करने के लिए तकलीफ़ नहीं दे रहा हूँ, अगर तुम ऐसा सोच रहे हो तो। मैं ऐसे लोगों को जानता हूँ, लेकिन मैं उनमें से नहीं हूँ। वे लोग अपनी सारी छुट्टियाँ बर्लिन में बिताते हैं और अपने बिस्तरों के ऊपर हिटलर की तस्वीर लटकाना एकदम पसंद करेंगे। नहीं, समस्या यह है कि उस दिन वहाँ हार्लम में और भी कुछ हुआ था।'' उसकी आँखों में एक उजाला हो गया। अंतॅन ने उसकी नरेटी को दो बार ऊपर-नीचे होते देखा। ''तुम्हारे माता-पिता और तुम्हारे भाई और उन बंधकों ने ही जान नहीं गँवाई। सच तो ये है कि जब मैंने प्लूख़ को गोली मारी तो मैं अकेला नहीं था; हम दो थे। कोई और मेरे साथ था—कोई जो...चलो यही कहते हैं कि वह मेरी दोस्त थी। लेकिन जाने दो, उतने पर ही छोड़ दो।''

अंतॅन आँखें फाड़े उसकी ओर देखता रहा, और अचानक सारा घुटा हुआ भावावेश लहराता हुआ उस पर छा गया। अपने हाथों में अपना चेहरा रखे हुए वह मुड़ गया और सिसकने लगा। वह मर रही थी। उसके लिए वह इसी पल मरी थी, जैसे इक्कीस बरस कुछ न हों। फिर भी उसी वक्त वह उन सब अर्थों के साथ दुबारा जीवित हो गई जो वह उसके लिए रखती थी, वहाँ अँधेरे में छिपी हुई। यदि उसने कभी इन इक्कीस वर्षों में उसके बारे में सोचा होता, तो ताज्जुब किया होता कि वह अब भी ज़िंदा है या नहीं। लेकिन अभी-अभी, उसने जाना कि वह उसे खोज रहा था, गिरजाघर में और फिर कैफ़े में—और दरअसल यही वजह थी कि वह इस अंत्येष्टि में आया था जहाँ उसे आने की कोई ज़रूरत नहीं थी।

उसने अपने कंधे पर ताकस का हाथ महसूस किया। ''मामला क्या है ?'' उसने अपने हाथ नीचे कर लिए। उसकी आँखें सूखी थीं।

''उसकी मौत कैसे हुई ?''

''उसे उन्होंने ढूहों के बीच गोली मार दी, आज़ादी से तीन हफ़्ते पहले। वह

वहाँ स्मारक कब्रिस्तान में दफ़न है। लेकिन तुम्हें इतनी परेशानी क्यों है ?"

"क्योंकि मैं उसे जानता हूँ," अंतॅन ने हौले से कहा। "क्योंकि मैंने उससे बात की थी। मैंने कोठरी में उसके साथ रात बिताई थी।"

ताकस ने उसकी तरफ़ अविश्वास से देखा। "तुम्हें कैसे मालूम वह वही थी ? उसका नाम क्या था ? बेशक़ उसने तुम्हें तो बताया नहीं होगा कि वह कौन थी।"

"नहीं, लेकिन मुझे बिल्कुल यक़ीन है।"

"क्या उसने तुम्हें बताया था कि वह भी हमले में शामिल थी ?"

अंतॅन ने इन्कार में सिर हिलाया। "नहीं, वह तक नहीं। लेकिन मुझे पूरा विश्वास है।"

"कैसे है, भगवान के वास्ते," ताकस ने नाराज़गी से कहा, "वह कैसी दिखती थी ?"

"मुझे नहीं मालूम। घुप्प अँधेरा था।"

ताकस ने कुछ देर सोचा। "अगर उसका फोटो देखो तो पहचान लोगे ?"

"मैंने असल में उसे कभी देखा ही नहीं, ताकस। लेकिन...मैं उसका फ़ोटो ज़रूर देखना चाहूँगा।"

"लेकिन उसने कहा क्या था ? तुम्हें कुछ तो ज़रूर मालूम होगा !"

अंतॅन ने कंधे झटके। "मैं चाहता हूँ कि जानता होता। इतने पहले की बात है...उसे चोट लगी थी।"

"कहाँ ?"

"मुझे नहीं मालूम।"

ताकस की आँखों में आँसू आ गए। "वह वही रही होगी," उसने कहा। "अगर उसने नाम तक नहीं बताया तो...प्लूख़ ने आख़िरी गोली उसी पर चलाई थी, जैसे ही हम कोने पर मुड़ने वाले थे।"

जब अंतॅन ने ताकस के आँसू देखे तो वह भी रोने लगा।

"उसका नाम क्या था ?" उसने पूछा।

"त्रुइस। त्रुइस कोस्तर।" अब कब्र के आसपास के लोग उन्हें देखने लगे थे, लिहाज़ करते हुए लेकिन लगातार। वे एक दोस्त की मौत पर दो वयस्कों को इस तरह विचलित देखकर चकित हुए होंगे। कुछ ने यह भी सोचा होगा कि कहीं वे दिखावा तो नहीं कर रहे।

"वे रहे, महाबेवकूफ़।" उसकी सास की आवाज़। वे फाटक से भीतर आईं–काली पोशाक पहने दो आकृतियाँ और सफ़ेद कपड़ों में एक बच्ची, चौंधियाती हुई बजरी के सामने। संद्रा ने पुकारा "पापा !", अपनी गुड़िया छोड़ दी और अंतॅन की तरफ़ दौड़ी। उसने उसे उठा लिया और हाथों में पकड़ लिया। सास्किया की बड़ी-बड़ी आँखें देखकर वह समझ गया कि वह उसे लेकर चिंतित थी और उसने उसे आश्वस्त करने के लिए सिर हिलाया। लेकिन अपनी चाँदी की मूठवाली चमकीली

काली छड़ी पर झुकी हुईं उसकी माँ इतनी आसानी से बहलने वाली नहीं थीं।

"हे भगवान, क्या ये सचमुच रो रहे हैं ?" उन्होंने नाराज़ होकर पूछा, जिस पर संद्रा नें नज़र उठाकर अंतॅन को देखा। श्रीमती द ख़ाफ़ ने दम घुटने का नाटक किया। "तुम दोनों सचमुच मुझे बीमार कर दोगे। क्या तुम उस सड़ी लड़ाई के बारे में बिसूरते रहना बंद नहीं करोगे ? बताओ, ख़ेइस, क्या तुम्हें मेरे दामाद को तक़लीफ़ पहुँचाना अच्छा लगता है ? हाँ, बेशक, तुम्हें तो लगेगा ही।" उन्होंने एक विचित्र, मज़ाक़ उड़ाने वाली हँसी हँसी और उनके लटकते हुए गाल हिलने लगे। "ये तो नामुमकिन है, जिस तरह से तुम दोनों दो ज़ाहिर मुर्दापरस्तों की तरह वहाँ खड़े हुए हो, और वह भी कहीं और नहीं, कब्रिस्तान में। इसे फ़ौरन ख़त्म करो। चलो आओ, तुम सब के सब।"

वे घूम गईं और चल पड़ीं, बजरी पर पड़ी गुड़िया की तरफ़ इशारा करती हुईं, एक लमहे को भी यह शुबह न करती हुईं कि उनके हुक्म की तामील नहीं होगी।

"क्या वह अद्‌भुत नहीं है ?" ताकस ने भी एक विचित्र ढंग से हँसकर कहा। साफ़ था कि वह पहले भी उनसे निपट चुका है, और अंतॅन के चेहरे पर भौंचक्कापन देखकर उसने कहा, "महारानी विल्हेल्मीना।"

जब वे चलकर चौक तक आए तो बच्ची ने उन्हें बताया कि वह अपनी माँ के साथ उन मरे हुए सज्जन के घर गई थी और उसे दो गिलास नारंगी का शरबत मिला था। कैफ़े ख़ाली हो रहा था। सामने सरकारी निशान वाली कार खड़ी थी जिसका ड्राइवर पिछले दरवाज़े के पास तैनात था। अंतॅन को ग़ौर से देखा जा रहा था लेकिन किसी ने उसे परेशान नहीं किया। संद्रा और उसकी माँ द ख़ाफ़ को लेने के लिए कैफ़े के अंदर गईं। गुड़िया हाथ में लिए हुए सास्किया ने कहा कि संद्रा को कुछ ज़रूर खाना चाहिए। उसने अपनी माँ को पहले ही सुझाया था कि वे देहात में कहीं दोपहर का भोजन करें।

"ज़रा बिना हिले खड़े रहना," ताकस ने कहा।

अंतॅन ने ताकस को अपनी पीठ पर कुछ लिखते हुए महसूस किया। सास्किया फिर उसे चिंतित भाव से देख रही थी और उसने एक पल अपनी आँख मिचकाकर उसे इशारा किया कि वह बिल्कुल ठीक था। ताकस ने अपनी डायरी से एक पन्ना फाड़ा, मोड़ा, और उसे अंतॅन की ऊपरी जेब में रख दिया। उन्होंने चुपचाप हाथ मिलाए। उसने सास्किया को अभिवादन में सर हिलाया और कैफ़े में चला गया।

पटरी के पास याप अपना स्कूटर चालू कर रहा था। जैसे ही वह कर पाया, मंत्री और द ख़ाफ़ बाहर आए। ड्राइवर ने अपनी टोपी उतारी और दरवाज़ा खोला। लेकिन पहले मंत्री याप के पास गया और उससे हाथ मिलाया।

"जल्दी मिलते हैं, याप।"

"हाँ," याप ने कहा। "मेरे हिसाब से अगली दफ़ा।"

4

ज़ाहिर था कि संद्रा नानी-नाना के साथ कार में सैर करना चाहती थी, सो जब उनकी गाड़ी अंतॅन की गाड़ी के पीछे-पीछे देहात की सँकरी छोटी सड़कों पर चलती हुई उस रेस्तराँ तक पहुँची जिसके बारे में अंतॅन ने सुन रखा था तो वह सास्किया से जो कुछ हुआ था उसके बारे में बग़ैर किसी ख़लल के बात कर सकता था। फिर भी वह चक्के के पीछे चुप बैठा रहा। सास्किया ने, जो यह जानती हुई बड़ी हुई थी कि जब लड़ाई से गुज़रे हुए लोग आएँ तो कोई सवाल नहीं करने चाहिए, सिर्फ़ यही पूछा कि क्या वह किसी निपटारे का दृश्य था। "उसी तरह का कुछ था," उसने जवाब दिया, जबकि वह वाक़ई सच नहीं था। उसने अपनी आँखें सड़क पर रखीं। ऐसा महसूस करते हुए जैसे वह एक गर्म ग़ुसलख़ाने में ज़्यादा देर तक सीझा हो, उसने ताकस के साथ अपनी बातचीत को याद करने की कोशिश की। लेकिन अभी वह उसके लिए पूरी तरह तैयार न था, जैसे अब तक सोचने लायक कुछ था ही नहीं। उसे वह काग़ज़ का टुकड़ा याद आया जिसे ताकस ने उसकी जेब में सरका दिया था। उसे निकाल कर उसने एक हाथ की उँगलियों से खोला और उस पर एक पता और फ़ोन नंबर घसीटा हुआ देखा।

"क्या तुम उससे मिलने जाने वाले हो ?" सास्किया ने पूछा।

उसने उसे जेब में रख लिया और अपने बाल सहलाकर बाजू में कर लिए।

"मैं नहीं सोचता," उसने कहा।

"लेकिन तुम उसे फेंक नहीं रहे हो।"

वह उसकी ओर देखकर मुस्कराया। "सच है। मैं नहीं फेंक रहा।"

करीब दस मिनट बाद वे रेस्तराँ पहुँचे, जो एक ठोस आंचलिक दिखावे वाले ढलवाँ छत के फ़ार्मघर का बदला हुआ रूप था। अंदर वह अँधियारा और ख़ाली था। कोट पहने हुए वेटरों द्वारा फलों के सायेदार बग़ीचे में खाना लगाया जा रहा था।

"मुझे फ्रैंच फ़्राइज़ चाहिए," संद्रा ने दूसरी कार से उतर कर दौड़ते आते हुए ऐलान किया।

''फ़्रैंच फ़्राइज़ !'' श्रीमती द ख़्राफ़ ने दुहराया और एक बार फिर उन्होंने अपना दम घुटने का अभिनय किया। ''यह तो मुझे घटिया लगता है।'' और सास्किया से कहा, ''क्या तुम बच्ची को 'पोम फ़्रित्स' कहना नहीं सिखा सकतीं ?''

''अगर पोम फ़्रित्स नहीं हैं तो बेचारी बच्ची को फ़्रैंच फ़्राइज़ ही खाने दो,'' द ख़्राफ़ बोले।

''मुझे फ़्रैंच फ़्राइज़ चाहिए।''

''तुम्हें तुम्हारे फ़्रैंच फ्राइज़ मिलेंगे,'' द ख़्राफ़ ने अपने दोनों हाथों को एक हैल्मैट की तरह से उसके सिर को ढँकते हुए कहा, ''अंडे की भुर्जी के साथ या तुम्हें फ्रैंच में 'अफ़ ब्रूये' अच्छे लगते हैं ?''

''नहीं, अंडे की भुर्जी।''

''छोड़िए पापा,'' सास्किआ ने कहा, ''बहुत हो गया।''

द ख़्राफ़ टेबिल के सिरे पर बैठ गए और फिर उसका किनारा अपने फैले हुए हाथों से पकड़ लिया। जब वेटर ने उन्हें मेनू दिया तो उन्होंने उल्टे हाथ से उसे बग़ल में सरका दिया।

''जवान के लिए मछली। फ़्रैंच फ़्राइज़ और अंडे की भुर्जी नन्हीं साहिबा के लिए और बाहर तक जमे हुए बर्फ़दान में थोड़ी सी शाब्ली। जब मैं तुम्हें तुम्हारी गरम वर्दी में देखता हूँ, मुझे अपनी शराब का और मज़ा आएगा।'' उनकी पत्नी अपनी खी-खी दबा लें इसके लिए ठहरकर उन्होंने अपनी गोद में नैपकिन लपेट लिया। ''डिकेन्स वाला चुटकुला तुम जानते हो या नहीं ? हर क्रिस्मस के पहले वह अपने दोस्तों को पार्टी देता था। अँगीठी जलाई जाती, मोमबत्तियाँ झिलमिलातीं, और जब वे अपनी भुनी हुई बत्तख़ के चारों ओर बैठते तो खिड़की से बाहर, बर्फ़ में, वे एक निपट अकेले ख़ानाबदोश को खुद को गरम रखने के लिए हाथ चलाते और पैर पटकते सुनते। कभी-कभी वह बेचारा ग़रीब, ''हू हू, अहाहा, कैसी कड़क सर्दी है !'' पुकार उठता। ज़ाहिर है कि उसे उसी काम के लिए रखा गया था, फ़र्क़ दिखाने के लिए।''

वे अंतॅन पर हँसे, जो उनके सामने बैठा हुआ था। उनकी ख़ुशमिज़ाज़ी साफ़ तौर पर मदद करने के मंशा से थी लेकिन जब उन्होंने अंतॅन की आँखों का भाव देखा तो उनकी हँसी विलीन हो गई। उन्होंने नैपकिन उठाकर अपनी प्लेट के पास रखा, सिर से इशारा किया, और खड़े हो गए। अंतॅन उनके पीछे-पीछे गया। संद्रा भी उठी लेकिन मिसेज़ द ख़्राफ़ ने कहा, ''यहीं रुको।''

दोनों आदमी कसपत से भरी एक खाई के किनारे आकर रुक गए जो अहाते को चरागाह से अलग करती थी।

''कैसा चल रहा है, अंतॅन ?''

''मैं ठीक हो जाऊँगा, पापा।''

''जहन्नुम में जाए वो बेवकूफ़ ख़ेइस। परले दर्जे का सत्यानासी ! लड़ाई के

दौरान इसको यातनाएँ दी गई थीं और तब तो इसने एक लफ़्ज़ नहीं कहा, और अब सब जगह बकवासबाज़ी करता घूम रहा है। लेकिन भगवान के वास्ते तुम मेज़ पर उसी की बगल में कैसे जा बैठे ?''

''एक तरह से हमारे रास्ते दूसरी बार मिले थे,'' अंतॅन ने कहा।

द ख़्राफ़ अचकचाए-से दिखे। ''हाँ, मुझे ऐसा लगता है,'' जब वे समझे तो उन्होंने कहा।

''लेकिन इसीलिए वह ठीक बैठता है...इससे तस्वीर पूरी होती है।''

''इससे तस्वीर पूरी होती है,'' द ख़्राफ़ ने सिर हिलाते हुए दुहराया। ''ख़ैर, ख़ैर, तुम पहेलियाँ बुझा रहे हो, लेकिन इसे अपने दिमाग़ से उतार फेंकने का तुम्हारा शायद यही तरीक़ा है।''

अंतॅन हँसा : ''मैं खुद ठीक से नहीं समझता कि मेरा मतलब क्या है।''

''हाँ, लेकिन फिर समझने का काम किसका है ? छोड़ो; ज़रूरी चीज़ इसे काबू में रखना है। शायद यह तुम्हारी ख़ुशक़िस्मती थी कि इसे आज दोपहर को ही होना था। हम इसे बरसों से दबाए आ रहे थे—और अब समस्याएँ सामने आ रही हैं। हर तरफ़ से यही सुनता हूँ। लगता है ये बीस साल हमारे रोग के पकने के दिन थे; अम्स्तर्दम में जो उपद्रव हुए हैं उनका इससे ज़रूर कोई संबंध है।''

''मैं तो नहीं कह सकता कि आप ऐसा आभास देते हैं कि आपको कोई समस्याएँ हों।''

''हाँ...,'' द ख़्राफ़ ने सेवार में फँसे एक कंकर को अपने जूते के सिरे से हिलाते हुए कहा। ''हाँ...'' कंकर को निकालने में नाकामयाब रहने के बाद उन्होंने अंतॅन की तरफ़ देखा और सिर हिलाकर कहा। ''वापस मेज़ पर चलते हैं। तुम्हें नहीं लगता कि यही सबसे अच्छा होगा ?''

जब द ख़्राफ़ दंपति ख़ैल्दरलंत के लिए रवाना हो गए तो सास्किया और अंतॅन बारी-बारी से ग़ुसलख़ाने गए और समुद्र के किनारे की पोशाक़ पहनकर लौटे। यह रूप-परिवर्तन पूरा करके वे अपनी कार से वेइक-आन-ज़े गए।

ढूहों के बीच से सँकरे रास्ते के अंत में, जहाँ पुरानी खंदकें, उस ज़माने की अतलांती क़िलेबंदियाँ, अब भी यहाँ वहाँ बिखरी हुई थीं, सागर क्षितिज तक शांत और पालतू फैला हुआ था। क्योंकि वह एक सामान्य स्कूली दिन था इसलिए किनारे पर अधिकतर छोटे बच्चों के साथ उनकी माँएँ थीं। वे नंगे पैरों से गरम बालू और सीपियों की नुकीली, चुरमुरी कतार के बीच से चलते गए जो ज्वार के निशान और लहरों की पहली पंक्ति के बीच फैली थी। वहीं पहुँच कर आख़िरकार ठंडक मिली।

सास्किया और संद्रा ने अपनी नहाने की पोशाकों के ऊपर के सारे कपड़े उतार दिए और रेत के पहले किनारे के सामने के गुनगुने ज्वारकुंड तक दौड़ गईं। अंतॅन ने उनका सामान सहेजा; तौलिए फैला दिए, एक जासूसी उपन्यास उनके नीचे दबा

दिया, कपड़ों की तह की, एक बाल्टी और बेलचा निकाल कर जमाए, और सास्किया के बटुए में अपनी कलाई-घड़ी रख दी। फिर वह धीरे-धीरे पानी में उतरा, गहराई की तरफ़ चलता हुआ। रेत की दूसरी दीवार के परे, जहाँ अब वह तल को छू नहीं पा रहा था, पानी वाक़ई बहुत ठंडा हो गया। फिर भी वह एक अजीब, नागवार ठंडक थी जो अचल, मृत गहराई से उठती लग रही थी, उसके बदन को ताज़गी दिए बग़ैर भेदती हुई। वह कुछ देर तक आसपास तैरता रहा। हालाँकि वह किनारे से दो सौ मीटर से भी कम दूर रहा होगा लेकिन उसे अब यह नहीं लग रहा था कि वह धरती से जुड़ा हुआ था। किनारा—ढूह, एक प्रकाश स्तंभ, ऊँचे एंटिना वाली निचली इमारतें—चुप्पी में दाएँ और बाएँ फैला हुआ था, एक ऐसा संसार जो मौलिक रूप से उससे भिन्न था जिसमें वह अभी था। अचानक उसने ख़ुद को थका हुआ और अकेला महसूस किया, और उसके दाँत बजने लगे। वह जितनी तेजी से हो सका तैर कर वापस गया, मानो क्षितिज के उस पार के किसी भयानक ख़तरे से बचना चाहता हो। धीरे-धीरे समुद्र गुनगुना होता गया, और जैसे ही उसके पैरों ने तल को छुआ वह पानी में पैदल बढ़ता हुआ किनारे पर पहुँचा। सास्किया और संद्रा के पास ग़ुसलख़ाने के पानी जैसी गुनगुनाहट थी। वहाँ वह रेत की सख़्त मेड़ों पर पीठ के बल पसर गया, अपने हाथ फैला दिए, और एक गहरी साँस ली।

"उधर आगे पानी बहुत ठंडा है," उसने कहा।

वापस तट पर लौटकर उसने अपना तौलिया कुछ मीटर ऊपर फैला दिया जहाँ सफ़ेद रेत गर्म थी। सास्किया उसके पास बैठ गई और दोनों संद्रा को देखते रहे जो खुद अपनी उम्र की एक लड़की को रेत का क़िला बनाते देख रही थी। कुछ देर के बाद संद्रा भी रेत खोदने लगी। दूसरी लड़की ने ऐसा दिखाया जैसे वह ध्यान न दे रही हो।

"कैसा लग रहा है ?" सास्किया ने पूछा। उसने अपना हाथ उसके कंधे पर रख दिया।

"बढ़िया।"

"तुम वह भूल नहीं सकते ?"

"मैं भूल चुका हूँ।" वह अपने पेट के बल लेट गया। "धूप अच्छी लग रही है।" उसने अपना चेहरा अपने हाथ के पास की ख़ाली जगह में छिपा लिया और आँखें बंद कर लीं। सिहर कर उसने अपनी पीठ और पहलू पर एक धार बहती महसूस की, और फिर सास्किया के हाथ उसकी तेल-मालिश करते हुए...

कुछ देर बाद, जब चौंककर उसने सिर उठाया, तो वह समझ गया कि उसे झपकी आ गई होगी। वह फिर उठा और सास्किया को घुटनों के बल संद्रा की तेल-मालिश करते देखता रहा, जो कोई ध्यान नहीं दे रही थी। सूरज अपनी पूरी गर्मी पर था। पानी में एक गेंद इधर से उधर फेंकी जा रही थी और किरमिच के

एक तिरपाल के तले दो लड़के गिटार बजा रहे थे। छोटे-छोटे बच्चे समुद्र के बाहर-भीतर दौड़ रहे थे और रेत में बनाए गड्ढों में बाल्टियों से पानी उलीच रहे थे, इस अटूट विश्वास से कि आख़िरकार पानी उनमें रुका रहेगा। अंतॅन ने अपनी किताब उठाई और पढ़ने की कोशिश की लेकिन धूप के चश्मे के बिना उसकी आँखें काग़ज़ की चमक से चौंधिया गईं हालाँकि उस पर उसके सिर की छाया पड़ रही थी।

संद्रा पिनपिनाने लगी, और सास्किया उसे वापस पानी में ले गई। जब वे बाहर निकलीं, जल की बूँदें टपकाती हुईं, तो चलकर एक भीड़ के पास गईं जो कुछ दूर इकट्ठा हो गई थी, लेकिन एक मिनट बाद संद्रा रोती हुई अंतॅन के पास आई। उसने पापा को बताया कि वहाँ कुछ लड़के मालपुए जितनी बड़ी एक गुलाबी जैली मछली को बेलचों से मार रहे थे और वह मछली उनसे लड़ नहीं पा रही थी।

अपनी माँ जैसे दृढ़ निश्चय से सास्किया अपनी चीज़ें बटोरने लगी। "मैं कुछ ख़रीदने संद्रा के साथ गाँव में जा रही हूँ और फिर अपन घर चलेंगे। वह थक कर चूर हो चुकी है। पहले गिरजाघर, फिर कफ़न-दफ़न, और फिर विधवा के यहाँ जाना...." झुककर उसने संद्रा का बदन पोंछकर सुखाया और बच्ची अपने छोटे-छोटे पैरों पर डगमगाती खड़ी हो गई।

"तो फिर मैं भी चलता हूँ।"

"नहीं, मेहरबानी करो। यहीं रहो; वर्ना वक्त और लगेगा। हम कुछ पिएँगे और फिर तुम्हें लेने आ जाएँगे।"

वह अपनी आँखों से उनका पीछा करता रहा कि एक बार फिर उन्हें देखकर हाथ हिलाए लेकिन वे किनारे से उसकी ओर बिना मुड़े भारी क़दमों से चली गईं। जब वे ओझल हो चुकीं तब वह पसीने से चमकता हुआ अपनी पीठ के बल लेट गया।

धीरे-धीरे किनारे की आवाज़ें हटकर मानो आकाश जैसे चौड़े किसी प्याले की किनारी पर चली गईं। वह खुद उसके केंद्र में एक बिंदु की तरह तिर रहा था, एक सूने, गुलाबी अवकाश में जो तेज़ी से दुनिया से परे हट रहा था। धरातल के नीचे कहीं कुछ स्पंदित हो रहा था लेकिन ज़मीन कहीं नहीं थी। अंतराल स्वयं स्पंदित हो रहा था, धड़क रहा था। अँधेरा होने लगा और बादल छा गए, यूँ जैसे जब पानी-भरे गिलास में स्याही की एक बूँद टपकती है : एक धीमा मिलन जो विलय में नहीं बदल पाएगा, जीवद्रव्य जैसा एक फैलाव, एक रूप-परिवर्तन, जिससे कि एक अस्पष्ट हाथ बकरे-जैसी दाढ़ी और एक आँख के चश्मे वाले एक पुराने ढर्रे के प्रोफ़ेसर के चेहरे में बदल जाता है, और फिर एक सपाट गाड़ी की सवारी किए हुए नकेलदार सर्कसी हाथी में। धड़धड़ाहट एक रेलगाड़ी में तब्दील हो जाती है जो स्विचों से भरे एक स्टेशन पर खड़ी है; फिर वही गाड़ी संगीत की लहरों में ग़ायब हो जाती है, गेहूँ की बालियों को हिलोरती हुई। जैसे-जैसे रात रिसती है सब-कुछ और अँधियारा होता

जाता है। जिरहबख़्तर के पंखों से सजे शिरस्त्राण के ऊपर एक लौ अब भी लपलपा रही है। फिर सब कुछ कठोर हो जाता है, अविनाशी, और प्रकाश लौटता है, एक भीमकाय, गुलाबी बिल्लौरी दरवाज़ा, प्रकाश द्वारा आलोकित नहीं वरन् प्रकाश का स्रोत। सबसे ऊपर, दो फ़रिश्ते लौदार पत्तियों के हार लिए हुए, जो खुद बिल्लौर के बने हुए हैं। द्वार उसी में बनी या ढली लोहे की सलाख़ों से बंद किया गया है, ज़िनपर गुलाबी रंग है। वह ग़ौर करता है कि इन सारे वर्षों में कुछ नहीं बदला है। वह अपने घर 'चिंतामुक्त' में लौट आया है। हालाँकि दरवाज़े सलाखों से बंद कर दिए गए हैं, वह दाख़िल होता है, लेकिन कमरे ख़ाली हैं। हर चीज़ बदल गई है; मूर्तियों, शिल्पों, सजावटी सामान की भीड़ लगी हुई है। स्तब्धता है, जैसी समुद्र की तलहटी हो। वह कठिनाई से कमरों के बीच से चलता है (जो विस्तीर्ण कक्षों में बदल गए हैं), जैसे उसे कोई चीज़ रोक रही हो। पहचान की कौंध के साथ वह घर के पीछे अपने पिता की पढ़ने की कोठरी को खोज लेता है। लेकिन जहाँ ढलवाँ दीवार हुआ करती थी वहाँ अब काँच की बढ़त है, एक बड़े पौधेघर या ठंड के बगीचे की तरह, और उसके भीतर एक छोटा-सा फ़व्वारा है और एक यूनानी मंदिर का खड़िया जैसा सफ़ेद ललित प्रवेशद्वार...

अकेला, वह सोफ़े पर जाँघिया पहने लेटा हुआ था, छज्जे के दरवाज़े गर्मी की शाम के लिए उघड़े हुए थे। कमरे में सिर्फ़ देर के झुटपुटे और सड़क की बत्तियों का उजाला था। अब जाकर उसके चेहरे और पैरों के सामने वाले हिस्सों पर झुलसाने वाली धूप का ताँबई रंग दिखने लगा था। उसके कुछ-कुछ जैतूनी रंग के लिए झुलसना ही असामान्य था लेकिन वह इतना सुर्ख़ हो गया था जैसे उसे सख़्त मार पड़ी हो। जब संद्रा ने उसे समुद्र के किनारे हिलाकर जगाया था तो उसे सोए एक घंटे से ऊपर हो चुका था। नींद में ख़ून कम रफ़्तार से दौड़ता है जबकि ऐसा माना जाता है कि धूप में गर्मी का मुकाबला करने के लिए वह ज़्यादा तेज चलता है—और इसीलिए धूप में सोने वालों की चमड़ी झुलस जाती है। जब वह उठा तो उसे ज़बर्दस्त सिरदर्द हो रहा था, लेकिन कार की पिछली सीट पर, ठंडक पहुँचाने वाली छाँह में, वह लगभग ग़ायब हो गया। कोई शक़ ही नहीं था कि खाने के साथ पी गई शराब का उससे कुछ-न-कुछ ताल्लुक था।

यातायात की लगातार घुरघुराहट दूर से आ रही थी, लेकिन सड़क से सिर्फ़ छज्जों या नीचे सामने के चबूतरों पर बैठे कुछ लोगों की आवाज़ें सुनाई दे रही थीं। कुछ घर आगे कोई बच्चा रिकॉर्डर बाजा बजा रहा था। चूँकि संद्रा सो नहीं पा रही थी इसलिए सास्किया ने खाने के बाद उसे बड़े पलंग पर लिटा दिया और खुद भी उसके पास लेट गई थी। फिर सास्किया को भी फ़ौरन नींद आ गई थी।

सोफ़े पर लेटा हुआ अंतॅन सीधा सामने तकता रहा। वह ताकस के बारे में

सोच रहा था, कि कैसे देर-सबेर हर चीज़ से पर्दा हट ही जाता है, उससे निपटा जाता है और फिर बाजू में हटा दिया जाता है। बेउमर परिवार से मिलने वह कितने पहले गया था ? शायद पंद्रह बरस, 1945 में वह जितनी उम्र का था उससे भी कहीं ज़्यादा पहले। बेशक अब मिस्टर बेउमर अपने ताबूत में लेटे होंगे, और मिसेज बेउमर भी। वह तब से हार्लम नहीं गया था और फ़ाके, भगवान जाने वह कहाँ था; वह कोई चिंता की बात नहीं थी। शायद अब तक वह दैन हैल्दर में ख़ुद अपनी दुकान चला रहा हो। लेकिन ताकस वाली बात अलग थी : वे साथ-साथ रोए थे। वह पहली बार था जब वह जो कुछ हो चुका था उस पर रोया था, लेकिन वह इसलिए नहीं था कि उसके माता-पिता, या पेतर, मर चुके थे बल्कि इसलिए कि एक युवती की मौत हुई थी। उसने त्रुइस को कभी नहीं देखा था...त्रुइस क्या ? वह सायास उठा और उसके आख़िरी नाम को याद करने की कोशिश की लेकिन कर नहीं पाया। ढूहों के बीच गोली से मारी गई; रेत पर रक्त।

उसने कोठरी के अँधेरे को, अपने चेहरे को हौले-से सहलाती हुई उसकी उँगलियों को याद करने के लिए अपनी आँखें बंद कीं। उसने अपना चेहरा अपने हाथों से ढँक लिया और उँगलियों के बीच से आँखें फाड़कर तकता रहा। उसने गहरी साँस भरी और दोनों हाथों से अपने बाल पीछे सहेजे। उसे यह नहीं करना चाहिए, यह ख़तरनाक़ था। उसके साथ कुछ-न-कुछ ग़लत था। उसे जाकर पलंग पर सो जाना चाहिए। लेकिन उसने अपने हाथ एक-दूसरे पर रख लिए और सीधे सामने ताकता रहा।

ताकस के पास उसकी एक तस्वीर थी। क्या अंतॅन उसके घर जाए और उसकी शिनाख़्त करे ? वह ताकस की मित्र रही थी, उसका महान प्रेम, जैसाकि लगता था, और ज़ाहिर था उसके आख़िरी संदेसे पर ताकस का हक़ था। अंतॅन बिल्कुल याद नहीं कर पाया कि उसने क्या कहा था, सिर्फ़ यही कि उसने बहुत बातें की थीं और उसका चेहरा छुआ था। वहाँ जाकर वह यही हासिल कर पाएगा कि उस महान अनाम उपस्थिति को नष्ट कर दे और उसे एक ख़ास चेहरा दे दे। जो वह चाहता था क्या वह यह था ? उसका वह अर्थ जो उसके लिए अब भी था, इससे कमतर नहीं हो जाएगा ? इससे फ़र्क़ नहीं पड़ता कि उसका चेहरा सुंदर था या कुरूप, आकर्षक था या अनाकर्षक या कैसा भी, लेकिन यदि उसने उसकी तस्वीर देख ली तो वह एक सुनिश्चित रूप ले लेगा और कोई दूसरा नहीं। अभी उसके पास कोई छवि नहीं थी, केवल एक अमूर्त बोध था, जैसा कैथलिक बच्चों को अपने रक्षक देवदूत का होता है।

और फिर जो हुआ वह यह था : जिस तरह से सर्कस में झूले के करतब दिखानेवाला भारहीन कलाकार उस सुरक्षा जाल से उठता है जिसमें वह गिर पड़ा था, वह अपनी औंधी स्थिति से घुटनों के बल उठा। वहाँ उसका सामना उस फ़ोटो

से हुआ जिसे वह महसूस किए बिना इस पूरे वक्त देखता रहा था। वह उसकी काँसे से सज्जित महोगनी की पेटी के ऊपर नौचालन-यंत्रों के संग्रह के पास चौखटे में मँढ़ा हुआ खड़ा था। गहरे झुटपुटे में तस्वीर को देख पाना मुश्किल था, लेकिन वह उसे ख़ूब पहचानता था : घुटनों तक की पोशाक में सास्किया, उसकी कोख संद्रा की वजह से उभरी हुई, जो कुछ ही दिनों बाद जन्म लेने वाली थी। यह सच नहीं था कि उसने उस औरत के चेहरे की कभी कल्पना नहीं की थी जिसका नाम शायद त्रुइस था। बिल्कुल शुरू से ही उसने उसके ऐसे ही दिखने की कल्पना की थी, किसी और तरह नहीं—सास्किया की तरह। उस तीसरे पहर रोटी के पत्थर के पास सास्किया को पहली बार देखकर उसमें उसने उसी को पहचाना था। वह उस छवि का साकार रूप थी जिसे वह बिना जाने, बारह बरस की उम्र से, अपने दिमाग़ में रखे चला आ रहा होगा। उसके आविर्भाव ने यह उस पर प्रकट किया था—किसी याद आई हुई चीज़ की तरह नहीं, बल्कि तत्क्षण प्रेम, तत्काल निश्चिति की तरह, कि उसे उसके साथ रहना और उसकी संतति को धारण करना ही होगा।

चिंतित होकर वह कमरे में चहलकदमी करने लगा। किस तरह के विचार थे ये ? शायद यह सच था, शायद नहीं, लेकिन यदि यह सच हो तो क्या वह सास्किया के साथ कुछ अजीब नहीं कर रहा था ? आख़िर वह अपने आप में एक व्यक्ति थी। उसका किसी विद्रोही दस्ते की युवती के साथ क्या संबंध, जिसे बहुत पहले गोली से मार डाला गया था ? यदि उसे वह होने की इजाज़त नहीं थी जो वह स्वयं थी, बल्कि किसी और की नुमाइंदगी कर रही थी, तो क्या वह अपने विवाह को तोड़ने की प्रक्रिया में नहीं था ? उसे तो कभी कोई सुयोग मिलेगा ही नहीं क्योंकि वह कभी कोई अन्य व्यक्ति नहीं हो पाएगी। एक तरह से, वह उसकी हत्या करने में शरीक़ था।

दूसरी तरफ़, वह अभी सास्किया से विवाहित न होता यदि उसे पुलिस मुख्यालय में वह लड़की न मिली होती। फिर दोनों औरतें अविभाज्य हो चुकी थीं, गरज़ यह कि उसकी कल्पना अभी भी उन्हें एक करने में जुटी हुई थीं। क्योंकि संभवतः सास्किया त्रुइस की तरह नहीं दिखती थी, क्योंकि उसे कुछ पता नहीं था कि त्रुइस दिखती कैसी थी। इसके अलावा, ताकस ने सास्किया को देखकर अलग तरह से व्यवहार किया होता, जबकि उसने मुश्किल से उसकी तरफ़ कोई ध्यान दिया था। सास्किया सिर्फ़ उस छवि की तरह लगती थी जो त्रुइस उसकी, अंतॅन की, कल्पना में जगाती थी। लेकिन यह छवि आती कहाँ से थी ? शायद इसका उद्गम किसी और अधिक प्राचीन स्रोत में था; शायद यह—फ्रोइड के तरीक़े से—उस छवि से आती थी जो उसकी माँ की थी जिसे उसने तब देखा होगा जब वह अभी पालने में ही था।

वह बारजे पर खड़ा हुआ और बिना देखे बाहर देखता रहा। जब भी उसे अस्पताल में बताया जाता था कि इस-इस नाम का एक नया सहकर्मी अगले दिन

से आने वाला है तो वह तुरंत उस व्यक्ति की कल्पना करने लगता। कल्पित छवि कभी भी उस व्यक्ति की असली शक्ल से मेल न खाती, लेकिन ये सब धारणाएँ आती कहाँ से थीं ? यही प्रसिद्ध लेखकों और कलाकारों को लेकर भी सच था : जब वह पहली बार उनके फ़ोटो देखता तो उसे घोर आश्चर्य होता। बिना जाने हुए, उसके मन में उनके चेहरे-मोहरे के बारे में एक पूर्वधारणा रहती। कभी-कभी फ़ोटो देखकर उस व्यक्ति के काम में उसकी सारी दिलचस्पी जाती रहती। ज्यॉइस के साथ ऐसा ही हुआ, मसलन, और इसलिए नहीं कि वह बदशक्ल था। सार्त्र कहीं ज़्यादा कुरूप था लेकिन उसकी तस्वीर से अंतॅन की उत्सुकता और जागी थी। लगता था कि पूर्वनिर्धारित धारणा कभी-कभी वास्तविकता से ज़्यादा सही रहती थी।

दूसरे शब्दों में, इसमें कुछ भी ग़लत न था कि सास्किया उसे त्रुइस की कल्पित छवि की तरह लगती थी। उन हालात में त्रुइस ने उसके मन में एक ऐसी छवि उभारी थी सास्किया जिसकी सदृश थी, और वह बढ़िया था, क्योंकि वह छवि त्रुइस की नहीं थी, उसकी बनाई हुई थी, और वह कहाँ से उपजती थी इसका महत्त्व नहीं था। इसके अलावा, शायद यह पूरी चीज़ दरअसल उल्टी दिशा में काम कर रही थी। पहली ही निगाह में सास्किया ने उसके दिल को छू लिया था, और शायद यही कारण था कि अतीत में झाँकते हुए उसने तय कर लिया कि त्रुइस ऐसी ही दिखती रही होगी। लेकिन उस सूरत में वह त्रुइस के साथ अन्याय कर रहा था, और इसलिए यह उसका फ़र्ज़ था कि न सिर्फ़ उसका नाम जाने, बल्कि यह भी कि दरअसल वह दिखती कैसी थी : वह, त्रुइस कोस्तर।

ठंडक होती जा रही थी। दूर पुलिस के सायरन बज रहे थे। शहर में फिर कुछ हो रहा था, जैसे कि कोई एक बरस से होता आ रहा था। साढ़े दस बज रहे थे और उसने ताकस को तुरंत फ़ोन करने वा निश्चय किया। वह ऊपर सोने के कमरे में गया। वहाँ भी पर्दा अभी तक खुला हुआ था। कंबल हटाकर फेंक दिए गए थे और संद्रा चादर ओढ़े पूरा मुँह बाए सो रही थी। सिर्फ़ आधे कपड़े उतारे हुए सास्किया पेट के बल, बच्ची को एक हाथ से लपेटे हुए लेटी हुई थी। नींद से भरी गुनगुनी चुप्पी में वह एक पल उन्हें देखता खड़ा रहा। उसे ऐसा महसूस हुआ जैसे वह अभी-अभी किसी घातक चीज़ के किनारे-किनारे से बचकर आया हो, कुछ ऐसा जो अब उसे एक ख़तरनाक़ उलझाव, ज़्यादा धूप लगने से पैदा हुआ चकराने वाले दिमाग़ी मकड़जालों जैसा लग रहा था। उसे उन्हें भूलना चाहिए और सो जाना चाहिए।

बजाय इसके, वह अपना कोट खोजने गया, जिसे सास्किया ने एक कुर्सी पर डाल दिया था। एक ऐसे हल्के अहसास के साथ कि वह अब भी ख़तरे से खेल रहा है, उसने अपने कोट की सीने की जेब से दो उँगलियों की मदद से काग़ज़ का वह पुर्ज़ा खींचा।

5

"कभी भी," ताकस ने अंग्रेज़ी में कहा। "इसी वक्त क्यों नहीं आ जाते ?" जब अंतॅन ने इसलिए माफ़ी चाही कि उसे थोड़ा सिरदर्द था तो ताकस ने जवाब दिया, "किसको नहीं है ?" अगले दिन अंतॅन चार बजे तक ड्यूटी पर था, इसलिए उन्होंने साढ़े चार बजे मिलने का तय किया।

गर्म मौसम कायम रहा। उसे अपने काम पर ध्यान देने में कठिनाई हुई। जब वह ख़त्म हुआ तो उसे बाहर निकलकर नीउ ज़ेइत्स फ़ोरबॅर्ख़वल तक चलने से ख़ुशी हुई। उसके चेहरे और सीने पर धूप के चकत्ते अब भी दुख रहे थे। जब सास्किया उन पर सुबह एक बार फिर खूब तेल-मालिश कर रही थी तो वह पशोपेश में रहा कि उसे अपनी मुलाक़ात के बारे में बताए या नहीं, फिर न बताने का निश्चय किया। स्पॅउ पर नीली पुलिसगाड़ियों की एक टुकड़ी खड़ी हुई थी। शहर पर तनाव छाया हुआ था लेकिन वह रोज़मर्रा की बात थी। मेयर और मंत्री उसका ख़याल रखेंगे।

ताकस 'दम' पर शाही महल के पीछे एक जर्जर सँकरे मकान में रहता था जो एक ऐसी आख़िरी गली में था जिसमें सिर्फ़ माल ढोनेवाले ट्रक जा सकते थे। उस घर ने कभी बेहतर दिन देखे थे, और उसकी छत की तिकोनी दीवार पर एक शिलाचित्र में अपने मुँह में मछली लिए हुए कोई मिथकीय पशु बना हुआ था। उसके नीचे उसका नाम 'ऊदबिलाव' खुदा हुआ था। सामने के चबूतरे पर अंतॅन को तमाम विभिन्न दफ़्तरों और निजी फ़्लैटों के नामों के बीच सही नाम तलाशने में देर लगी। वह एक घंटी के नीचे ड्राइंग-पिन से लगे हुए एक काग़ज़ के टुकड़े पर पेंसिल से लिखा हुआ था, इस हिदायत के साथ कि घंटी तीन बार दबाई जाए।

जब ताकस ने दरवाज़ा खोला, अंतॅन ने फ़ौरन देख लिया कि वह पी रहा था। उसकी आँखें पनीली थीं और उसका चेहरा कल से ज़्यादा धब्बेदार। उसने दाढ़ी नहीं बनाई थी : उसके जबड़ों और गर्दन से नीचे उसकी खुली कमीज तक एक भूरी झिल्ली-सी ढँकी हुई थी। अंतॅन उसके पीछे-पीछे एक सँकरे हॉल के बीच से गया जिसका पलस्तर उखड़ रहा था और जिसमें साइकिलें खड़ी हुई थीं और खोखे, बाल्टियाँ और रबर की एक अधफूली नाव पड़े हुए थे। बंद दरवाज़ों के पीछे टाइपराइटरों

की टपटपाहट और रेडियो। ओक की लकड़ी की एक प्राचीन, घुमावदार सीढ़ी एक कोण से हॉल में उतरती थी। उसके एक पायदान पर पैंट के ऊपर सोने की पोशाक की कमीज़ पहने हुए बैठा एक बूढ़ा साइकिल का पैडल खोल रहा था।

"तुमने अख़बार पढ़ा ?" ताकस ने बिना पीछे देखे पूछा।

"अभी नहीं।"

हॉल के आख़िर में एक दरवाज़े के ज़रिए ताकस घर के पीछे एक छोटे कमरे में दाख़िल हुआ जो सोने और पढ़ने के कमरे तथा रसोईघर के काम में आता था। उसमें एक बिना बिछा हुआ बिस्तर और एक मेज़ थी जो चिट्ठियों, बैंक के हिसाबों, अखबारों और पत्रिकाओं से लदी हुई थी। काग़ज़ों के बीच एक कॉफ़ी का प्याला, ऊपर तक भरा हुआ राख़दान, मुरब्बे का खुला हुआ डिब्बा और एक जूता भी बिखरे पड़े थे। अंतॅन इस अंगड़-खंगड़ की अव्यवस्था को बर्दाश्त न कर सका; घर में यदि सास्किया उसकी मेज पर एक मिनट के लिए भी कोई कंघी या दस्ताना छोड़ देती थी तो वह उचाट हो जाता था। यह कमरा तो बर्तनों, तवों, जूठी रकाबियों और सूटकेसों तक से भरा हुआ था जैसे ताकस कहीं जाने वाला हो। नाँद के ऊपर की खुली खिड़की से एक गंदा अहाता दिखता था, जहाँ और संगीत बज रहा था। ताकस ने एक अख़बार उठाया जो बिस्तर पर फैला हुआ था और उसे तब तक मोड़ता गया जब तक कि मुखपृष्ठ की सिर्फ़ एक ख़बर न दिखने लगी।

"ये तुम्हें भी दिलचस्प लगेगा," उसने कहा, और अंतॅन ने एक सुर्ख़ी देखी :

विली लाख़स
–सख़्त बीमार–
रिहा किया गया !

वह इतना जानता था कि लाख़स हॉलैंड में गेस्टापो का प्रमुख था और इस हैसियत से हज़ारों फाँसियों और लाखों यहूदियों के देशनिकाले के लिए ज़िम्मेदार था। युद्ध के बाद उसे मौत की सज़ा मिली थी, लेकिन उसे कुछ वर्षों बाद घटाकर क़ैद में बदल दिया गया था। सामूहिक प्रदर्शन हुए थे जिनमें अंतॅन शामिल नहीं हुआ था।

"क्या सोचते हो इसके बारे में ?" ताकस ने पूछा। "क्योंकि वह बीमार है, हमारा प्यारा नन्हा विली। तुम देखना जर्मनी में वह कितनी जल्दी चंगा हो जाएगा। लेकिन फिर भी उसने बहुत सारे दूसरे लोगों को वाक़ई बीमार किया था। पर उसकी कोई अहमियत नहीं है। वे सारे मानवीय परोपकारी जो हमारी कीमत पर इंसानी ज़िंदगी का सम्मान करते हैं! लड़ाई का मुजरिम बीमार है, ओफ़्फ़ो, बेचारा मेमना। फ़ासिस्टों को फ़ौरन रिहा कर दो क्योंकि हम फ़ासिस्ट नहीं हैं, हमारे हाथ साफ़ हैं। क्या इससे उस बहशी के शिकार बीमार पड़ते हैं ? कितने घिनौने लोग हैं–वे फ़ासिस्ट-विरोधी–वे खुद कौन उनसे बेहतर हैं ! आगे चलकर वे यही कहने वाले

हैं, देखना तुम। और इस रिहाई का समर्थन करनेवाले पहले कौन होंगे ? वे सब जिन्होंने लड़ाई के दौरान अपने हाथ साफ़ रखे थे—कैथलिक उनमें सबसे आगे, ज़ाहिर है। यह यों ही नहीं था कि वह जैसे ही जेल गया कैथलिक बन गया। लेकिन अगर वह स्वर्ग जाएगा, तो मैं जहन्नुम ही चुनूँगा...'' ताकस ने अंतॅन की तरफ़ देखा और उसके हाथों से अख़बार खींच लिया। ''तुमने तो बस इसे मंज़ूर कर लिया है, है न ? मैं ऐसा मानूँगा कि तुम शर्म से लजा रहे हो। तुम्हारे माता-पिता और तुम्हारा भाई भी इन्हीं महानुभाव की अमलदारी में आते थे।''

''उस कबाड़ की नहीं जो लाख़स अब हो चुका है।''

''कबाड़ !'' ताकस ने अपनी सिगरेट अपने मुँह से हटाई और उसे खुला ही छोड़े हुए धीरे-धीरे धुआँ बाहर निकाला। ''मुझे उसे सौंप भर दो और मैं उसका गला रेत देता हूँ। ज़रूरी हो तो एक जेबी चाकू से। कबाड़...जैसे कोई उसके बदन का सवाल हो !'' उसने अख़बार मेज़ पर फेंक दिया, एक खाली बोतल को लात मार कर पलंग के नीचे लुढ़का दिया और सायास हँसकर ऊपर देखा, ''लेकिन तुम, तुम्हारा पेशा तो बीमार मानवता का उद्धार करना है, ठीक ?''

''तुम्हें कैसे मालूम ?'' चकित अंतॅन ने पूछा।

''क्योंकि मैंने तुम्हारे बदमाश ससुर को फ़ोन किया। आदमी को जानना चाहिए कि उसका साबक़ा किसे पड़ा है, मानते हो न ?''

अंतॅन ने हामी में सिर हिलाया, और उसके चेहरे पर एक मुस्कान सरक आई। ''लड़ाई अब भी चालू है; ठीक है, ताकस ?''

''बेशक़,'' ताकस ने कहा और उससे आँखें नहीं चुराईं। ''बेशक़।''

अंतॅन को उस बाईं आँख की तीखी निगाह के नीचे बेचैनी महसूस हुई। क्या वे कोई खेल खेल रहे थे, यह देखने के लिए कि कौन पहले पलक झपकता है ? उसने अपनी आँखें नीची कर लीं। ''और तुम ?'' उसने आसपास देखते हुए पूछा। ''मैं तो इतना बेवकूफ़ रहा हूँ कि किसी को फ़ोन नहीं किया। तुम्हारा गुज़ारा कैसे चलता है ?''

''मुझमें तुम एक प्रसिद्ध गणितज्ञ देख रहे हो।''

अंतॅन ठठाकर हँस पड़ा। ''एक गणितज्ञ की हैसियत से तुम्हारा दफ़्तर तो काफ़ी गड़बड़ है।''

''यह गड़बड़ लड़ाई की देन है। तब से मैं 'उन्नीस सौ पैंतालीस संस्थान' की एक पैंशन पर ज़िंदा हूँ। इसकी स्थापना एक श्री ए. हिटलर ने की थी जिन्होंने गणित से मेरा उद्धार किया। उनके बग़ैर मैं अब भी हर दिन विद्यार्थियों का सामना कर रहा होता।'' उसने खिड़की की सिल से व्हिस्की की एक बोतल उतारी और थोड़ी सी अंतॅन के लिए उँडेली। ''चलो हम निर्दयों के लिए हमदर्दी का जाम पिएँ,'' उसने कहा और अपना गिलास ऊपर उठाया। ''चिअर्स।''

अंतॅन जानता था कि वह गुनगुनी व्हिस्की उसे रास नहीं आएगी लेकिन उसे मना करने का कोई सवाल ही नहीं था। ताकस आज कल से भी ज़्यादा सर्वसंशयी था, शायद अखबार के उस समाचार के कारण या पीने के कारण या उसने बस ऐसी मनःस्थिति में चले जाने का फ़ैसला कर लिया था। उसने उससे बैठने को नहीं कहा और किसी वजह से इससे अंतॅन को ख़ुशी हुई। लोगों को हमेशा बैठना क्यों चाहिए ? आख़िरकार, क्लेमेंसो ने तो ख़ुद को खड़े हुए दफ़नाने का निर्णय किया था। वे दोनों उस छोटे से कमरे में एक दूसरे के सामने खड़े रहे, गिलास हाथ में लिए हुए, जैसे किसी कॉकटेल पार्टी में हों।

"दरअसल मैंने भी चिकित्सा के क्षेत्र में काम किया है," ताकस ने कहा।

"सचमुच ? तो हम लोग साथी हैं ?"

"चाहो तो वैसा कह सकते हो।"

"बताओ मुझे," अंतॅन ने अंदेशे से कहा।

"ऐसा कह लो कि वह हॉलैंड में कहीं स्थित एक शरीर विज्ञान संस्थान था। उसके निदेशक ने उसे भले उद्देश्य के लिए हमारे हवाले कर दिया था। लोगों पर वहाँ मुकदमे चलाए गए, मौत की सज़ाएँ सुनाई गईं, वगैरह वगैरह। उन्हें फाँसी भी दी गई।

"इसके बारे में बहुत कम मालूम है।"

"होना भी नहीं चाहिए। क्या मालूम फिर उसकी ज़रूरत पड़ जाए। वह ख़ुफ़िया विद्रोही आंदोलन में काम करनेवाले लोगों के लिए ही था—हमारे बीच के ग़द्दारों, घुसपैठियों वगैरह के वास्ते। नीचे के तलघर में उन्हें एक लंबी सुई से सीधे दिल में फ़ीनोल का इंजेक्शन दिया जाता था। उसके बाद दूसरे सफ़ेद कपड़े पहने नायकों द्वारा एक ग्रेनाइट की मेज़ पर उनकी फाँकें काटी जाती थीं। कान, हाथ, नाक, लिंग, अँतड़ियाँ सब फोर्मेल्डेहाइड से भरी एक नाँद में उतराते रहते थे। उन्हें बाद में सही-सही जोड़ पाना मुश्किल था। सब विज्ञान के फ़ायदे के लिए, समझते हो !" उसने चुनौती-भरे ढंग से अंतॅन का सामना किया। "देख रहे हो, मैं एक निकम्मा कुतिया का पिल्ला हूँ।"

"जहाँ तक वह एक भले उद्देश्य के लिए हो..." अंतॅन ने कहा।

"करमकल्ले उस संस्थान से घबराते थे, जहाँ तक हो उससे बचते थे...उन्हें वह बड़ा डरावना लगता था।"

"लेकिन तुम्हें नहीं।"

"नीचे वहाँ दराज़ों वाली लोहे की अल्मारियाँ थीं, हरेक में करीब पाँच दराज़ थे, और हरेक में एक लाश होती थी। मैंने वहाँ एक रात गुज़ारी थी जब मुझे कुछ दिनों के लिए ग़ायब रहना पड़ा था।"

"और ? तुम्हें ठीक नींद आई ?"

"घोड़े बेचकर।"

"तुमसे कुछ पूछूँ, ताकस ?"

"पूछो, बालक," ताकस ने मधुर मुस्कान से कहा।

"तुम यह क्यों कर रहे हो ? क्या तुम सोचते हो कि मुझे कोई दीक्षा दी जानी है, या ऐसा ही कुछ ? लेकिन वह वाक़ई जरूरी नहीं है। मैं अपना हिस्सा भुगत चुका हूँ, और इसे तुमसे बेहतर कोई नहीं जानता।"

एक घूँट और पीते हुए ताकस अपनी आँखें उस पर गड़ाए रहा।

"मैं यह भी चाहता हूँ कि जिस आदमी से तुम्हारा पाला पड़ा है तुम उससे आगाह हो जाओ।" आँखें अभी भी अंतॅन पर रखे हुए उसने बोतल उठाई। "आओ, टेलीफ़ोन के लिए दरवाज़ा खुला छोड़ दो।" अंतॅन उसके पीछे-पीछे तलघर तक गया, जहाँ एक और हॉल था। एक चाबी से ताकस ने एक निचले कमरे का दरवाज़ा खोला जिसका इस्तेमाल साफ़ नहीं था। वह घुटन-भरा था। तलघर की खिड़कियों से आने वाले उजाले को दूधिया बत्तियों की ठंडी चमक का सहारा था जो बैंगनी लपझप के साथ मद्धिम टिमटिमा रही थीं। दीवार के चिपके हुए चटके सफ़ेद कबेलू इशारा दे रहे थे कि यह कभी किसी निजी घर की रसोई थी। निचली छत से सटे हुए हर तरह के पाइप और घरों को गर्म रखनेवाली नलियाँ दौड़ रहे थे। कमरे के बीच एक नाटी मेज़ पर एक और भरा हुआ राख़दान रखा हुआ था और लंबी दीवार के बराबर एक घिसा हुआ लाल मख़मली सोफ़ा। कपड़े रखने की एक पुराने ढंग की अलमारी भी थी जिसके दरवाज़े पर आईना लगा हुआ था, और कोने में एक साइकिल के अवशेष थे।

सारे कुछ से एक खंदक का आभास होता था, किसी भूमिगत मुख्यालय का, ख़ासकर सोफ़े से लगी हुई दीवार पर चिपके हुए फटे, ज़र्द पड़ते नक्शे से। गिलास हाथ में लिए अंतॅन उसकी तरफ़ बढ़ा। निचले दाएँ कोने पर "जर्मनी का मानचित्र" लिखा हुआ था। नक्शा ज्वार की लहरों की तरह लाल और नीली रेखाओं से भरा हुआ था, जो फ्रांस और रूस से बर्लिन की ओर बढ़ते जवाबी हमलों को दर्शाती थीं और वहीं मिलती थीं। सिर्फ़ उत्तरी और मध्य जर्मनी तथा पश्चिमी नीदरलैंड ही वे इलाके थे जो इन रेखाओं से रँगे हुए नहीं थे। उसका ध्यान समुद्र के फीके पड़े हुए नीले रंग पर तैरती हुई किसी चीज़ ने खींचा : एक मुँह की हल्की ज़र्द-गुलाबी रूपरेखा, कागज़ पर लिपस्टिक से अंकित एक चुंबन। वह घूमा। ताकस सोफ़े पर पालथी मार कर बैठे हुए उसे तक रहा था।

"तो यह इस तरह से है," ताकस ने कहा।

क्या यह कारण था कि वह नक्शा यहाँ लटका हुआ था ? युद्ध के लिए एक दूषित आवृत्तिमोह की वजह से नहीं, बल्कि इसलिए कि उसका मुख उस पर अंकित था ? क्या यह तलघर एक स्मारक था ? शायद वह लड़की और युद्ध उसके लिए

यही बन चुके थे। शायद लड़ाई उसकी प्रेमिका बन चुकी थी और इस कारण वह उससे बेवफ़ाई नहीं कर सकता था। शायद जब वह युद्ध की नृशंसताओं की बात कर रहा था तो दरअसल वह त्रुइस कोस्तर और उन दिनों को याद करने की कोशिश कर रहा था जब वह ख़ुश था।

अनचाहे ही, हालाँकि सीधे खड़े होने लायक काफ़ी जगह थी, अंतॅन ने अपना सिर नीचा किया। वह ताकस के पास बैठ गया और उत्तरी सागर से उभरते हुए उस मुँह को फिर देखने लगा। ऐसा था मानो उसका बाक़ी चेहरा जल के नीचे ही हो। (बचपन में वह कल्पना किया करता था कि यदि वह ख़ुर्दबीन से हॉलैंड का नक्शा देखे तो वह हार्लम के लोगों को सड़क पर घूमते देख सकेगा, और ख़ुद तक को भी उस ख़ुर्दबीन पर झुके हुए खोज लेगा, मानो वह बाहर बग़ीचे में बैठा वैसा कर रहा हो।) सुंदर ओफ़ेलिआ...उसके होठों ने नक्शे पर वह जगह शायद तब छुई होगी जब वह और ताकस रेडियो लंदन से ख़बरों की मदद से मोर्चों को दर्शानेवाली वे रेखाएँ खींच रहे होंगे, और जब वे यह योजनाएँ बना रहे होंगे कि आज़ादी के बाद वे क्या करेंगे...उसने ताकस को गला साफ़ करते सुना। लेकिन ताकस ने गिलास में और शराब ढाली, उसके होठों से सिगरेट लटक रही थी, और चुप रहा। अंतॅन ने कभी किसी आदमी से खुद को इस तरह वाबस्ता महसूस नहीं किया था और मुमकिन था कि ताकस के साथ भी यही सच था। बाहर से घंटियों वाले बाजे की मद्धिम धुन सुनाई दी। अंतॅन ने उस मर्दाना साइकिल को देखा जो आड़े डंडे वाली थी और उसकी सीट ऐसी थी जो अब दिखाई नहीं देती। उसे तब टैरी सीट कहते थे।

फिर उसने फ़ोटो देखा।

वह एक पोस्टकार्ड की तरह था और बिजली के एक तार के पीछे चिपकाया गया था जो नक्शे से बहुत दूर नहीं था। उसका दिल धड़कने लगा। निश्चल, वह उस चेहरे को तकता रहा जो बीस बरसों के अंतराल से उसे देख रहा था। कुछ देर के बाद उसने ताकस पर नज़र डाली, जो अपने मुँह से उठते हुए धुएँ को देख रहा था। फिर वह उठा और उस तस्वीर की तरफ़ गया।

सास्किया। यह उसे देखती हुई सास्किया थी। निस्संदेह वह सास्किया थी नहीं, वह उसकी तरह दिखती भी नहीं थी, लेकिन उसकी आँखों का भाव सास्किया जैसा था, वैसा ही जिसने उसे पहली बार वैस्टमिंस्टर ऐबी में प्रभावित किया था। तेईस बरस की एक दोस्ताना लड़की, जो असाधारण नहीं थी। मुस्कान के कारण उसका मुँह उसके चेहरे की दाहिनी ओर कुछ खिंच-सा गया था, जिससे वह एक ख़ास नफ़ासत हासिल कर पाया था। वह उसकी सलीकेदार, ऊँची कॉलर वाली पोशाक से बेमेल था जिसके सामने का कुछ हिस्सा कढ़ाईदार था और जिसकी बाँह फूली हुई होने का संकेत देती थी। फ़ोटो के किनारों पर उजाला ज़्यादा आ गया था जिससे अँधियारी पृष्ठभूमि के सामने उसके सिर के आसपास प्रकाश की बाग़ी लकीरें चमक और लहरा

रही थीं।

अब ताकस उसके बाजू में खड़ा था।

"यही है वह ?"

"होनी चाहिए, होनी चाहिए..." अंतॅन ने अपनी नज़रें हटाए बग़ैर कहा।

अंततः वह अंधकार से उभर आई थी—सास्किया की आँखें लिए हुए। उसने अपनी पिछली रात की चिंताओं को याद किया, लेकिन वह इतना उत्तेजित था कि समझ नहीं पा रहा था कि इस साम्य का क्या अर्थ था। इसके अलावा, ताकस ने भी उसे समझने न दिया। जैसे अब तक वह अपने को हताशा से भरकर नियंत्रित किए हुए था, उसने अंतॅन को कंधों से पकड़ लिया और उसे इस तरह हिलाया जैसे किसी सोते हुए बच्चे को शिक्षक जगाए।

"मुझे बताओ, उसने और क्या कहा था ?"

"मुझे याद नहीं आता।"

"क्या उसने मेरा ज़िक्र किया था ?"

"मैं याद नहीं कर पा रहा, ताकस।"

"तो कोशिश करो, भगवान के वास्ते !"

इस चिल्लाने से ताकस को खाँसी का एक दौरा आ गया जिसने उसे कमरे के कोने में भेज दिया। झुका हुआ, लगभग उल्टी करने को, वह अपने घुटनों पर अपने हाथों से खुद को सहारा देता हुआ खड़ा था। जब वह उखड़ी साँस से सीधा खड़ा हुआ तो अंतॅन ने कहा, "वह सब जा चुका है, ताकस। मैं चाहता हूँ कि तुम्हें बता सकूँ लेकिन मुझे इतना ही याद आता है कि उसने मेरा चेहरा छुआ था। बाद में उस पर खून दिखा और तभी मुझे मालूम पड़ा कि वह घायल थी। भूलो मत कि मैं उस वक्त सिर्फ़ बारह का था। मैं अपने पिता की आवाज़ तक याद नहीं कर पाता। हमारा घर उसी वक्त जलाया गया था; मेरे माता-पिता, मेरा भाई ग़ायब हो गए थे। मैं सदमे में था। मैं भूखा था, एक पुलिस थाने के तलघर की एक अँधेरी कोठरी में बैठा हुआ था।

"पुलिस थाना ?" ताकस उसे मुँह बाए तकता रहा। "कौन-सा पुलिस थाना ?"

"हेमस्तेद में।"

ताकेस ने अपने हाथ से एक हताश हरकत की। "तो वहाँ थी वह। हे ईश्वर, हम लोग उसे वहाँ से निकाल सकते थे। मैंने सोचा कि यह हार्लेम में हुआ था।"

उसी क्षण, अंतॅन बता सकता था, ताकस के दिमाग़ में हेम्स्तेद के पुलिस मुख्यालय पर हमला करने की योजना बन रही थी। वह हट गया और गुस्से से भरकर चहलकदमी करने लगा। बातचीत की याद जा चुकी थी, दुनिया से हमेशा के लिए ग़ायब हो चुकी थी। वह जानता था कि विश्वविद्यालय में एलएसडी के साथ प्रयोग किए जा रहे थे। बेशक वह उसके दिमाग़ में कहीं संचित थी। प्रयोग में भाग लेने

के लिए गंभीर उम्मीदवार आमंत्रित थे और शायद वह दवा उसे वापस ला भी दे। अगर ताकस को मालूम हो जाए तो वह इतना बावला भी हो सकता था कि अंतॅन से उस प्रयोग से गुजरने को कहे। लेकिन अंतॅन की कोई इच्छा नहीं थी; वह अपने अतीत को रासायनिक तरीके से पुनर्जीवित नहीं करना चाहता था। साथ ही यह जोखिम भी था कि इनमें से कोई स्मृतियाँ उद्घाटित न हो पाएँ—कि उनकी जगह पूरी तरह से अलग, अप्रत्याशित वाली उभर आएँ, और वह उन्हें नियंत्रित न कर पाए।

"जो मैं याद कर सकता हूँ," उसने कहा, "वह यह है कि उसने किसी चीज़ के बारे में एक लंबी कहानी कही थी।"

"काहे के बारे में ?"

"मुझे याद नहीं।"

"ईसा मसीह !" ताकस ने अपना गिलास खाली किया—और अमेरिकी वैस्टर्न फ़िल्मों के बारटेंडर की तरह उसे टेबिल पर फिसलाया। "मुझे याद नहीं, मुझे याद नहीं।" अंतॅन खड़ा रहा। "तुम जो सबसे ज़्यादा पसंद करोगे," उसने कहा, "वह होगा मुझे एक कुर्सी से बाँध देना, मेरे चेहरे पर एक बल्ब की रोशनी फेंकना, और फिर उसे मेरे अंदर से निकालना, ठीक ?"

ताकस ने अपने पैरों की तरफ़ देखा। "ठीक है," उसने कहा।

अंतॅन को अब यह जानने के लिए उस फ़ोटो पर निगाह गड़ाए रखने की ज़रूरत नहीं थी कि त्रुइस कोस्तर कैसी दिखती थी। उसका चेहरा अब उसकी याददाश्त पर अमिट ढंग से अंकित हो चुका था।

"क्या तुम शादी कर चुके थे ?" उसने पूछा।

ताकस ने गिलास में थोड़ी और उँडेली और अंतॅन को बोतल थमा दी।

"मैं ज़रूर शादीशुदा था लेकिन उससे नहीं। मेरी एक पत्नी थी और दो बच्चे थे, जितने बड़े उस वक्त तुम थे करीब उतने ही बड़े, हो सकता है कुछ छोटे रहे हों। लेकिन मैं उसे चाहता था हालाँकि वह मुझे नहीं चाहती थी। मैंने उसके लिए अपना परिवार चुटकी बजाते छोड़ दिया होता लेकिन जब मैंने उससे ऐसा कहा तो वह सिर्फ़ हँस दी। जब भी मैं कहता कि मैं उससे प्यार करता हूँ तो वह सोचती कि मैं बस बेवकूफ़ी की बात कर रहा हूँ, कि ऐसा सिर्फ़ इसलिए था कि हम दोनों साथ-साथ इतनी चीज़ों से गुज़रे थे। जो भी हो, अब मेरा तलाक़ हो चुका है।"

वह फ़र्श पर चहलकदमी करने लगा। उसके पतलून की मियानी उसके पुट्ठों से बहुत नीचे लटकी थी; मुहरियाँ पीछे से घिस चुकी थीं। अंतॅन ने सोचा, यह रहा जो विद्रोही दस्ते का बचा है, एक फूहड़, दुखी पियक्कड़, जो जिस तलघर में रहता है उसे शायद तभी छोड़ता है जब उसके साथियों की अंत्येष्टि होती है, जबकि युद्ध के गुनहगार रिहा किए जा रहे हैं और इतिहास ख़ुद उसकी उपेक्षा कर रहा है।

''एक लंबी कहानी,'' ताकस ने कहा। ''उसे लंबी कहानियाँ सुनाना खूब आता था। इतनी सारी बातें...हम घंटों जुगाली करते बैठे रहते, हमेशा नैतिकता के बारे में। और कभी-कभी इसके बारे में कि लड़ाई के बाद कैसा होगा, लेकिन फिर वह ज़्यादा नहीं कहती थी। एक बार उसने मुझसे कहा था कि जब वह लड़ाई के बाद की सोचती थी तो उसे ऐसा लगता था कि किसी गहरे गड्ढे में झाँक रही हो। लेकिन जब भी हम नैतिकता पर बात करते तो वह अपने असली रूप में होती। एक बार मैंने उससे पूछा, ''अगर कोई नात्सी कहे कि वह या तो तुम्हारी माँ को गोली मार देगा या तुम्हारे पिता को और तुम्हें दोनों में से एक को चुनने को कहे, नहीं तो वह दोनों को मार डालेगा, तो तुम क्या करोगी ?''

''मैंने एक ऐसे मामले के बारे में सुना था,'' ताकस ने कहा और सिगरेट का ठूँठ राख़दान में फेंक दिया। ''उसने मुझसे पूछा कि मैं क्या करता। मैंने कहा कि मैं उसकी वर्दी के बटन गिनता : पिता, माँ, पिता, माँ...अमानवीयता का सामना करने का एकमात्र तरीका है मूर्खता का। लेकिन वह बोली कि वह उस नात्सी से कुछ नहीं कहेगी। वह सोचती थी कि जो भी ऐसे समझौते का प्रस्ताव रखेगा वह वैसे भी उसका पालन नहीं करेगा। फिर शायद वह उन्हें न मारे। लेकिन अगर तुमने कहा कि 'मेरे पिता को' तो शायद वह तुम्हारे पिता को मार ही डाले और फिर तुमसे कहे कि तुम्हीं ने ऐसा चुना था। और वह यह सोचती थी कि एक तरह से उसका वह कहना सही होगा। यह उसकी अक़्लमंदी वाली बात थी। अव्वल दर्ज़े की, अव्वल दर्ज़े की। कई-कई रात हम अपने काम के बारे में बातें करते बैठे रहते। ज़रा हमारी कल्पना करो, दोनों वहाँ मौत की सज़ा पाए बैठे हुए...''

''क्या तुम्हें मौत की सज़ा हुई थी ?'' अंतॅन ने पूछा।

ताकस हँसा। ''बेशक़; तुम्हें नहीं हुई है ? एक बार'', वह बोलता गया, ''उसे रात के बीचोंबीच घर जाना था, कर्फ़्यू के बहुत बाद। वह अँधेरे में रास्ता भूल गई और सुबह तक सड़क पर कहीं बैठी रही।''

अंतॅन ने अपना सर पीछे झुकाया जैसे कहीं से याद आई कोई आवाज़ सुन पा रहा हो, एक मद्धिम संकेत जो तुरंत बिला गया।

''सुबह तक ? कहीं सड़क पर ? ऐसा लगता है जैसे कभी मैंने ऐसा कोई सपना देखा हो।''

''वह पूरी तरह से चकरा गई थी। तुम्हें भी याद होगा कि उन दिनों कितना अँधेरा हो जाता था।''

''हाँ,'' अंतॅन ने कहा, ''उससे मुझमें नक्षत्र-विशेषज्ञ बनने की चाह पैदा हुई थी।''

ताकस ने सिर हिलाया लेकिन मुश्किल से सुनता लग रहा था।

''वह चीज़ों के बारे में सोचती थी। वह मुझसे दस साल छोटी थी लेकिन

मुझसे कहीं ज़्यादा सोचती थी। उसके मुकाबले में मैं सिर्फ़ एक देहाती था, एक तरह का गणित जानने वाला बेवकूफ़। एक दिन मैंने सुझाव रखा कि अपने प्यारे राज्यायुक्त सेइस-ईन्क्वर्त के बच्चों को अगवा कर लेते हैं ताकि उनकी फिरौती में अपने सैकड़ों साथियों को रिहा करवा सकें। लेकिन उन बच्चों का इससे क्या लेना-देना? सच है, उनसे इसका क्या ताल्लुक था ? कुछ भी नहीं, बिला शक़, ज़रा भी नहीं। करीब-करीब उन यहूदी बच्चों जितना ही जिन्हें थोक में मारा जा रहा था। जिसका मतलब है, कुछ भी नहीं। लेकिन वही तो मुद्दा है : तुम्हें अपने दुश्मन पर वहाँ वार करना चाहिए जहाँ वह सबसे ज़्यादा कमज़ोर हों, और यदि उसका मतलब उसके बच्चे थे—और कुदरती है कि उसका मतलब यही था—तो तुम्हें उसके बच्चों के ज़रिए उसे पकड़ना था। और मान लो सौदा नहीं हो पाया तो ? तो बेशक़ बच्चों की क़ुर्बानी देनी पड़ेगी। बिना किसी दर्द के, शरीर विज्ञान संस्थान में।'' उसने अपनी आँखों की कोर से अंतॅन पर एक निगाह फेंकी। ''हाँ, मुझे अफ़सोस है। मैं एक निकम्मा कुतिया का पिल्ला हूँ।''

''यह तुमने दूसरी बार कहा है।''

''आख़, क्या यह सच है ?'' ताकस ने चकित होने का स्वाँग करते हुए कहा। ''क्या वाक़ई ? तो फिर, चलो कहते हैं मैं कुतिया के लायक भी नहीं हूँ, कहें ऐसा? तो हमने वैसा नहीं किया। फ़ासिस्टों के साथ फ़ासिज़्म से ही लड़ो, यह मेरा विचार है क्योंकि वे और कोई भाषा समझते ही नहीं। मैं इसे अपने आदर्श वाक्य के रूप में इस्तेमाल करना चाहूँगा, लेकिन लैटिन में। मुझे विश्वास है कि तुम इसका शुद्ध अनुवाद कर सकोगे, तुम बुद्धिजीवी !''

''फ़ासिस्टों का फ़ासिज़्म से,'' अंतॅन ने कहा। ''इसे लैटिन में नहीं किया जा सकता। उसमें 'फ़ासेस' का मतलब होता है तीरों का पुलिंदा। तीरों के पुलिंदे के ख़िलाफ़ तीरों के पुलिंदे—यह चलता नहीं।''

''ये लो,'' ताकस ने कहा। ''त्रुइस भी सोचती थी कि यह नहीं चलेगा। उसके मुताबिक मुझे चौकस रहना चाहिए था कि मैं भी उन सरीखा न बन जाऊँ क्योंकि मुझसे पार पाने का उनका यही तरीक़ा होगा। हाँ, वह एक दार्शनिक थी, स्तेनवेइक; लेकिन, फिर भी, एक पिस्तौल चलानेवाली दार्शनिक।''

वह कपड़े की अलमारी के आगे गया, झुका, एक दराज़ खोली, मेज़ पर एक बड़ी पिस्तौल रखी, और चलता गया जैसे कुछ न हुआ हो।

डर कर अंतॅन ने उस भूरी चीज़ को देखा जो अचानक नमूदार हुई थी। वह इतनी भयावह थी कि लगता था मेज़ को झुलसा सकती थी। उसने निगाह उठाई।

''ये उसकी पिस्तौल है ?''

''ये उसकी पिस्तौल है।''

निश्चल, वह वस्तु वहाँ ऐसे पड़ी रही जैसे पुरातत्त्वविदों द्वारा खोद निकाली

गई किसी दूसरी सभ्यता की कोई निशानी हो।

"क्या उसने इससे प्लूख़ पर गोली चलाई थी ?"

"और निशाना सही साधा था," ताकस ने अपनी उँगली से अंतॅन को इंगित करते हुए कहा। ताकस कुछ देर तक पिस्तौल को घूरता रहा; साफ़ था कि वह उसके दिमाग़ में कुछ और जगा रही थी। "उस रात मेरी बेवकूफ़ी में मेरा दिमाग़ कहीं और था," वह आधा अपने-आप से बोल रहा था। "हम तुम्हारे उस घाट पर एक-दूसरे के बराबर साइकिलों पर चल रहे थे, हाथ में हाथ लिए, बहुत धीरे-धीरे, जितना अच्छा हमसे बन सकता था उतना प्रेमियों के जोड़े की तरह दिखते हुए। मतलब...जहाँ तक मेरा सवाल है, हम सचमुच थे। हमने उसे अपने आगे निकल जाने दिया और उसने एक मिनट हमें देखा! 'नमस्कार आपको,' त्रुइस ने खुशमिज़ाजी से पुकारकर उसे कहा और वह पलटकर हमारी तरफ़ मुस्कराया। फिर मैं आगे निकला। मैंने उसका फ़ौरन काम तमाम करने का फ़ैसला किया था, लेकिन रास्ते पर फिसलन थी। मैंने एक हाथ छोड़कर जेब से पिस्तौल निकाली कि मैं फिसल गया। मैंने उसकी पीठ में गोली मारी, फिर कुछ पल बाद उसके पेट में, लेकिन मैंने तुरंत देख लिया कि बात बनी नहीं। जब वह ज़मीन पर गिरा तो मैं एक और कोशिश करना चाहता था, लेकिन निशाना चूक गया। मैं तेजी से आगे बढ़ गया ताकि त्रुइस के लिए रास्ता बन सकूँ। जब मैंने मुड़कर देखा तो वह पटरी पर सावधानी से अपनी जूती के सिरे के सहारे अपने को संतुलित कर ठीक उसके कंधों के बीच निशाना साध रही थी। वह पूरी तरह एक गेंद जैसा बना हुआ पड़ा था, उसका सिर उसके हाथों में छिपा हुआ था। उसने दो बार गोली चलाई, अपनी जेब में पिस्तौल डाल ली और जल्दी जल्दी आगे बढ़ गई। दिखता था कि उसे भरोसा था कि वह मर चुका था लेकिन मैंने उसे अपने-आप को उठाते देखा। मैंने चीख़कर उसे बचने को कहा, उसने तेजी से पैडल मारे, और फिर प्लूख़ ने उस पर एक गोली चलाई—और किसी जाहिल इत्तेफ़ाक़ से उसे घायल कर दिया, उसकी पीठ पर कहीं नीचे।

मानो वह पिस्तौल एक वज़न थी जो अंतॅन को अपने साथ अतीत की गहराइयों में ले गई। जिस तरह वह बिल्कुल भूल चुका था कि बाद में जेल की कोठरी में क्या हुआ, उतने ही साफ़ उसे घर की आख़िरी शाम याद आई : गोलियाँ, और फिर प्लूख़ की लाश के साथ सुनसान घाट। गोलियों की आवाज़ से कुछ ही मिनट पहले घाट पर कोई न कोई रहा होगा वह यह हमेशा से जानता आया था, लेकिन केवल एक अमूर्त्त रूप से, जबकि अब वह यथार्थ बन गया था। तो जो चीख़ उसने सुनी थी वह प्लूख़ की नहीं थी बल्कि ताकस की थी। जबकि पहले वह क़सम ले सकता था कि वह एक मरते हुए आदमी की थी।

पिस्तौल के पास रखे राख़दान में कुछ सुलगने लगा।

"और फिर?" उसने पूछा।

"और फिर—और फिर—और फिर..." ताकस ने एक अजीब नाच जैसे कदम रखते हुए कहा। "'एक बार की बात है, वे फिर सुख से रहने लगे।' तुम बिल्कुल बच्चों की तरह हो...और फिर वह चल नहीं पाई। मैंने उसे अपने कैरियर पर बैठाने की कोशिश की, और उसके बाद हम दोनों को झाड़ियों में छिपाने की। लेकिन जब जर्मन आ गए तो एक औरत ने एक खिड़की से पुकारकर बताया कि हम कहाँ थे। त्रुइस ने मुझे अपनी पिस्तौल दी और एक बार चूमा और बस इतना ही। थोड़ी गोलियाँ और चलीं, और मैं निकल गया। लड़ाई ख़त्म होने से पहले मैंने उस चिल्लाने वाली कुतिया को फिर ढूँढने की कोशिश की कि अपने तरीके से उससे निपटूँ। वह अभी भी आसपास कहीं है, प्यारी नन्हीं बुढ़िया, नानी-दादी होने का स्वाँग करती हुई।" उसने मेज़ से पिस्तौल उठाई और उसे अपनी हथेली पर तौला, जैसे कोई पुरानी चीज़ों का व्यापारी किसी महँगे रत्न को जाँचे। "मुझे इससे उसका सामना करवाते बहुत अच्छा लगा होता। 'गुड ईवनिंग, मैडम, कैसा चल रहा है ? बाबा लोग ठीक हैं न ?'"

उसने लबलबी अपनी उँगली से लपेटी और हथियार का हर तरफ़ से मुआयना किया। "इसे अब भी गोली चलाने के लिए इस्तेमाल किया जा सकता है, जानते हो ? लड़ाई के बाद तुम्हारे ससुर और उसके यारों ने चाहा था कि मैं इसे जमा करा दूँ। इन दिनों मुझ पर नज़र रखी जा रही है। तुम इसे सिर्फ़ एक यादगार की बतौर रख सकते हो, लेकिन तब तुम्हें इसे छूँछी करना पड़ता है। मैंने तय किया कि नहीं करूँगा। कह नहीं सकते कि एक आख़िरी वक्त कब ज़रूरत पड़ जाए।" उसने उसे रख दिया और एक उँगली उठाई। "सुनते हो ? वह थोड़ा रो रही है। किसी माँ ने अपने बच्चे को लाड़ में इतना नहीं बिगाड़ा जितना त्रुइस ने इस चीज़ को.."

एक पल के लिए ऐसा लगा मानो ताकस की आँखों में आँसू भर जाने वाले थे लेकिन वैसा हुआ नहीं। "पता है क्या," उसने अचानक विषय बदलते हुए कहा, "एक बार मैंने एक आदमी के बारे में फ़िल्म देखी थी जिसकी बेटी के साथ बलात्कार करके मार डाला जाता है। मुजरिम को अठारह साल की सज़ा होती है और बाप क़सम खाता है कि वह उसे रिहाई के दिन ही मार डालेगा। वह आदमी आठ साल बाद छोड़ दिया जाता है : अच्छे चाल-चलन, सशर्त रिहाई और उस तरह की तमाम चीज़ों के वास्ते घटी हुई सज़ा के कारण। पिता अपनी जेब में पिस्तौल लिए फाटक पर इंतज़ार कर रहा है, और तुम देखते हो कि सारे दिन दोनों के बीच बढ़िया चल रहा है, बात हो रही है। आखिर में वह उसे गोली नहीं मारता क्योंकि वह समझ जाता है कि दूसरा भी हालात का एक और अभागा शिकार है।"

ऊपर फ़ोन की घंटी बज रही थी। जब ताकस धीरे-धीरे दरवाज़े की ओर बढ़ा तो उसने अपनी कहानी ख़त्म की। "आखिरी सीन : पिता खड़ा हुआ है और तुम

दूसरे आदमी को जंगल के बीच से एक पगडंडी पर अपने सूटकेस के साथ भागते देखते हो। फिर तुम उसकी पीठ पर एक छोटा धब्बा उभरता देखते हो जो आगे आता जाता है और बढ़कर 'दि एंड' की इबारत में बदल जाता है। और उस पल मेरे दिमाग़ में एक चीज़ साफ़ हो गई, वह यह कि अपनी सारी रहमदिली के बावजूद बाप को अपनी पिस्तौल निकालनी चाहिए थी और उसे पीठ में गोली मार देनी चाहिए थी। क्योंकि उसकी बेटी हालात की वजह से नहीं, उस एक आदमी की वजह से मारी गई थी और अगर तुम अपना काम पूरा न करो तो जो तुम कह रहे हो वह यह है कि जो भी बदक़िस्मती के हालात में रहे हैं उनके बलात्कारी और हत्यारे होने की आशंका है। मैं अभी आया।"

तलघर में सन्नाटा था, लेकिन जो हिंसा ताकस ने उसमें जगा दी थी वह एक सुनाई न देने वाली गूँज की तरह वहाँ छाई हुई थी। बिगड़ी हुई दूधिया ट्यूबें लपझपा रही थीं। पिस्तौल की तरफ़ पीठ किए हुए अंतॅन टेबिल के किनारे पर बैठ गया और उत्तरी सागर पर झूलते हुए उन होठों को देखता रहा। उसने अपना मुँह उन पर रख दिया होता लेकिन उसने वैसा नहीं किया। फोटोग्राफ़ का चेहरा वापस उसकी ओर मुस्करा रहा था। जहाँ भी वह होता, वह अपनी आँखें बिना घुमाए उसकी ओर देखती रही। वह एक साथ कई सौ लोगों को देख सकती थी, जैसे वह तब करती थी जब वह फ़ोटो लिया गया होगा, और कभी बूढ़ी नहीं होगी, और कभी ख़ुद कुछ भी नहीं देखेगी। और इसी तरह उसने सास्किया की आँखों से उस समय अँधेरे में उसे, उसके परे, और उसके आरपार देखा था। ज़ख़्मी, अभी-अभी एक हत्यारे को मार कर वह भगवान जाने कौन से अत्याचारों और दूहों के बीच अपनी मौत की सज़ा के करीब थी।

अपने हाथों से उसने अपना चेहरा ढँक लिया जिसे उसने छुआ था, और अपनी आँखें बंद कर लीं। यह दुनिया दोज़ख़ है, उसने सोचा, दोज़ख़। अगर कल इस धरती पर स्वर्ग उतर भी आए फिर भी जो कुछ यहाँ हो चुका है उसके कारण वह परिपूर्ण नहीं हो पाएगा। चीज़ें फिर कभी ठीक नहीं की जा सकेंगी। इस ग्रह पर जीवन एक असफलता थी, एक ज़बर्दस्त टाँय-टाँय फिस्स। बेहतर होता अगर वह शुरू ही न हुआ होता। जब तक वह ख़त्म नहीं हो जाता, और उसके साथ मौत के उन तमाम तकलीफ़देह झटकों की एक-एक स्मृति, तब तक इस संसार में व्यवस्था नहीं लौट पाएगी।

अचानक एक भयानक बदबू आई। उसने आँखें खोलीं। राखदान से धुएँ का एक सीधा नीला खंभा उठ रहा था। उसने अपनी बची हुई व्हिस्की उस सुलगते कबाड़ में डाल दी, जिससे वह बदतर हो गया। कोने में उसने एक निचली वर्गाकार नाँद में रसोई का नल देखा लेकिन जब उसने राख़दान उठाने की कोशिश की तो अपनी उँगलियाँ झुलसा लीं। वह अपना गिलास नाँद तक ले गया। कुछ पानी अपनी उँगलियों

पर चलने देने के बाद उसने गिलास भरा और उसे राख़दान में खाली कर दिया। उसमें जो था वह एक घिनौना काला काढ़ा बन गया और धुआँ निचली छत तक छा गया। सरदल खिड़की को खोलने की नाकामयाब कोशिश के बाद वह तलघर से निकल गया।

हॉल में उसे मेज़ पर पड़ी पिस्तौल की याद आई। क्योंकि चाबी अभी भी ताले में पड़ी थी इसलिए उसने उसे घुमाकर बंद किया और ऊपर चला गया।

ताकस अपने कमरे में बाहर देखता हुआ खड़ा था। टेलीफ़ोन का चोंगा वापस अपनी जगह पर था। बाहर सायरन बज रहे थे, और भीड़ की गर्जना थी।

''यह रही चाबी,'' अंतॅन ने कहा। ''नीचे बदबू हो रही है। राख़दान में आग लग गई थी।''

ताकस उसकी तरफ़ मुड़ा।

''क्या तुम्हें वह आदमी याद है जो कल कैफ़े में मेरे बाजू में बैठा था ?''

''बेशक़,'' अंतॅन ने कहा। ''वह मैं था।''

''दूसरी तरफ़ वाला, वह जिससे मैं बात कर रहा था।''

''हल्के से।''

''उसने अभी आत्महत्या कर ली।''

अंतॅन को महसूस हुआ कि वह और बर्दाश्त नहीं कर पाएगा। ''क्यों ?'' वह लगभग न सुनाई देने जैसा फुसफुसाया।

''उसने अपना क़ौल निभाया,'' ताकस ने वाक़ई अब अंतॅन से बात न करते हुए कहा। ''जब 1952 में लाख़स की मौत की सज़ा को क़ैद में बदल दिया गया था, तो उसने भविष्यवाणी की थी : 'अब तुम देखना, वे उसे रिहा भी कर देंगे, लेकिन अगर उन्होंने किया, तो मैं अपना भेजा उड़ा लूँगा।' और हम उस पर हँसते थे, कहते थे कि वह बाइबिल के बूढ़े मेथूसेलाह जितना जिएगा...''

अंतॅन कुछ मिनटों तक उसकी पीठ को तकता रहा, फिर मुड़ा और कमरे से चला गया। हॉल में सोने की पोशाक़ वाली कमीज़ पहना बूढ़ा ग़ायब हो चुका था। एक दरवाज़े के पीछे रेडियो पर एक सुलगती हुई आवाज़ गा रही थी ''रैड रोज़ेज फ़ॉर ए ब्ल्यू लेडी...''

अंतिम प्रसंग
1981

1

और फिर...और फिर...और फिर...समय बीतता जाता है। "वह, कम से कम, अब पीछे गया," हम कहते हैं, "लेकिन सामने अभी भी क्या है?" हम जिन शब्दों में यह कहते हैं, उनसे ऐसा लगता है मानो हमारी पीठ अतीत की तरफ़ हो और हम आगे भविष्य की ओर देख रहे हों; और दरअसल इसी तरह हम सचमुच सोचते हैं : भविष्य सामने, अतीत पीछे। गतिशील व्यक्तियों के लिए वर्तमान वह पोत है जो अपनी अगवाड़ को भविष्य के क्षुब्ध सागरों के बीच से खींच ले जाता है। जो अधिक निष्क्रिय हैं उनके लिए वह एक तरापे की तरह होता है जो ज्वार के साथ तिरता जाता है। निस्संदेह इन दोनों बिंबों में कुछ खोट है क्योंकि यदि समय गति है, तो वह दूसरे प्रकार के समय के बीच से चलायमान हो रहा होगा, और वह परवर्ती समय किसी एक और के बीच से; और इस तरह समय अनंत रूप से संवर्द्धित होता चलता है। यह उस तरह की धारणा है जो दार्शनिकों को प्रसन्न नहीं करती लेकिन फिर हृदय के आविष्कारों का बुद्धि के आविष्कारों से बहुत कम लेना-देना रहता है।

इसके अलावा जो भविष्य को अपने समक्ष रखता है और अतीत को अपने पीछे, वह एक और चीज़ कर रहा है जिसकी कल्पना कठिन है। क्योंकि इस चित्र में यह निहित है कि घटनाएँ येन केन प्रकारेण भविष्य में हमेशा पहले से ही रहती हैं, एक निश्चित क्षण में वर्तमान में पहुँचती हैं और अंत में अतीत में विश्राम करती हैं। लेकिन भविष्य में किसी भी वस्तु का अस्तित्त्व नहीं होता; वह रिक्त होता है; कोई किसी भी क्षण मर सकता है। इसलिए ऐसा व्यक्ति अपना चेहरा शून्य की ओर किए रहता है, जबकि वह उसके पीछे का अतीत है जो कि गोचर होता है, स्मृति में संचित।

इसीलिए जब यूनानी भविष्य की बात करते हैं तो कहते हैं, "हमारे पीछे अब भी क्या बचा है?" और इस अर्थ में अंतॅन स्तेनवेइक एक यूनानी था। वह भी अपनी पीठ भविष्य की ओर किए हुए था और चेहरा अतीत की तरफ़। जब भी वह समय के विषय में सोचता, जो वह कभी-कभार करता था, वह घटनाओं को भविष्य से आती हुई, वर्तमान से गुज़रकर अतीत में जाती नहीं देखता था। उसकी जगह वे

अतीत से वर्तमान में विकसित होती हुईं एक अज्ञात भविष्य के मार्ग पर चली जाती थीं। यह उसे हमेशा अपने मामा की परछत्ती में किए गए अपने एक प्रयोग की याद दिलाता था जिसे वह 'कृत्रिम जीवन' कहता था। जलकाँच के एक घोल में (वह चिपचिपा, कीचड़-जैसा तरल पदार्थ जिसमें उसकी माँ ने युद्ध की शुरूआत में अंडे सहेजकर रखे थे) उसने नीले थोथे के कुछ कण टपका दिए, उस अविस्मरणीय नीले रंग के रवे जो उसने दुबारा बहुत बाद में पादोवा में जोत्तो के भित्तिचित्रों में ही देखा था। वे इल्लियों की तरह, आगे और आगे लहराते हुए, और वहाँ, उसके परछत्ती वाले कमरे में जलकाँच के निर्जीव पीलेपन में से सतत् लंबी होती हुई नीली डालियाँ उगाते हुए फैलने लगे।

वह अपनी दूसरी पत्नी लीस्बेथ के साथ हनीमून पर पादोवा गया था। यह 1968 की बात है, सास्किया से उसके तलाक़ के एक साल बाद। लीस्बेथ, जो कला-इतिहास की विद्यार्थी थी, उस अत्याधुनिक अस्पताल में एक पार्ट-टाइम प्रशासकीय नौकरी करती थी जहाँ वह भी काम कर रहा था, जो एक ऐसी जगह थी जहाँ कुछ भी ठीक से काम नहीं करता था लेकिन तनख़्वाह ज़्यादा थी। लीस्बेथ के पिता ने युद्ध के कुछ ही पहले शादी की थी और एक युवा औपनिवेशिक अफ़सर की हैसियत से डच ईस्ट इंडीज़ में अपने पद पर ऐन उस वक्त लौटे कि एक जापानी युद्ध-बंदी शिविर में बंद कर दिए जाएँ। उन्होंने बर्मा में रेल की पटरियाँ बिछाने तक का काम किया था—लेकिन अंतॅन की तरह वे भी युद्ध के अपने अनुभवों के बारे में बात करना पसंद नहीं करते थे। लीस्बेथ का, जो अपने माता-पिता की देश वापसी के बाद जनमी थी, उस सबसे कोई संबंध नहीं था। उसकी आँखें नीली थीं लेकिन बाल गहरे बादामी, लगभग काले थे। हालाँकि वह कभी इंडोनेशिया नहीं गई थी और परिवार में कोई इंडोनेशियाई ख़ून नहीं था, फिर भी उसकी अभिव्यक्ति और उसकी चाल-ढाल में पूर्व का कुछ पुट था। इससे अंतॅन सोच में पड़ जाता था कि लाइसेंको के इस दावे में कुछ सचाई तो नहीं थी कि कभी-कभी अपनाए गए लक्षण भी आनुवंशिक बन जाते हैं।

उनका बेटा उनके विवाह के साल भर बाद पैदा हुआ और उन्होंने उसका नाम पेतर रखा। क्योंकि सास्किया और संद्रा अब भी उसके पहले घर में रह रही थीं इसलिए उसने दक्षिण अम्स्तर्दम में एक और खरीद लिया जिसमें बग़ीचा था। अपने बेटे को बाँहों में लिए हुए वह कभी-कभी आश्चर्य करता कि वह बच्चा दूसरे विश्व युद्ध से उससे कहीं ज़्यादा दूर था जितना वह ख़ुद पहले से था। उसके लिए पहले विश्व युद्ध का क्या मतलब था? प्राचीन पेलोपोन्नेसियाई युद्ध से भी कम। और हालाँकि उसने पहले कभी सोचा न था लेकिन उसे अहसास हुआ कि उसकी बेटी संद्रा के लिए दूसरे विश्व युद्ध का मतलब ठीक उतना ही कम था।

उसके बाद से उसने अपनी छुट्टियाँ तोस्काना में सिएन्ना के पास एक गाँव

के बाहर एक पुराने कुशीदा घर में बिताना शुरू किया। उसने उसे बहुत कम में ख़रीदा था और वहीं के एक ठेकेदार से फिर ठीक करवाया था। घर का पिछवाड़ा उसके पीछे के चट्टानी ढलान को काटकर बनाया गया था और एक कमरे में पत्थर की सतह ज्यों की त्यों छोड़ दी गई थी। वह पलस्तर में से एक आड़ी-टेढ़ी, नसदार, भूरी-पीली राजि में फूट पड़ती थी। उसे उस चट्टान को अपने हाथों से छूना अच्छा लगता था; उससे उसे ऐसा अहसास होता जैसे वह अपने ख़ुद के कमरे में सारी धरती के साथ संपर्क में हो। वह क्रिस्मस के दिनों में भी अपने परिवार को अपनी बड़ी जीप में तोस्काना ले जाता और जल्द ही वह एक छुट्टी से दूसरी छुट्टियों तक जीने लगा। जैतून के वृक्ष की छाया तले अपनी छत पर बैठे हुए वह हरी पहाड़ियों, अंगूर के बाग़ान, सरो, कनेर, और यहाँ और वहाँ तक एक चौक, मोखेदार मीनार वाले एक ऐसे अद्भुत दृश्य को ऊपर से देख सकता था जो न केवल वैसा था जैसा कि पहली निगाह में दिखता था बल्कि अभी यूरोपीय पुनर्जागरण का पृष्ठपट जैसा लगता और अगले ही मिनट रोमक पुराकाल की मंचसज्जा की तरह, और जो किसी भी दशा में उन्नीस सौ पैंतालीस की युद्धकालीन सदियों के हार्लेम से बहुत, बहुत परे था। वह चालीस का भी नहीं हुआ था कि इस संभावना पर विचार करने लगा कि जैसे ही पेतर बड़ा हो जाएगा और घर छोड़ देगा तो वह नौकरी से विदा लेकर यहीं बस जाएगा।

एक दिन उसे भान हुआ कि वह चार घरों का मालिक था। क्योंकि उसे सप्ताहांत के लिए भी एक जगह चाहिए थी इसलिए उसने द ख़्राफ़ द्वारा पसंद किए गए ख़ैल्दरलंत के एक छोटे फ़ार्म हाउस को भी ख़रीद लिया था। ज़ाहिर था कि सास्किया और संद्रा का भी उसके इस्तेमाल के लिए स्वागत था, जैसा कि वे तोस्काना वाले घर का करती थीं, जब भी उनकी छुट्टियाँ इसकी इजाज़त देतीं। सास्किया ने दूसरी शादी कर ली थी, एक ओलोवादक के साथ जो उससे उम्र में थोड़ा-सा छोटा था। वह अंतर्राष्ट्रीय ख्यातिप्राप्त था और हर हाल में खुशमिज़ाज़ रहता था और उसका भी पहली शादी से एक बच्चा था। संभवतः यथासमय वह भी अपने मकान इकट्ठे कर लेगा। (श्रीमती द ख़्राफ़ को वह शादी ज़्यादा पसंद नहीं आई थी, लेकिन सास्किया कभी भी अपनी सहेलियों की तरह नहीं रही थी—लड़कियाँ जो चुन्नटदार साये, सपाट जूतियाँ और अपनी गर्दन पर रेशमी रूमाल और मोतियों की माला पहनती थीं और जो किसी भी और चीज़ से ज़्यादा अपने सामाजिक जीवन की परवाह करती थीं।) कुछ मौक़ों पर वे चारों अपने तीनों बच्चों के साथ छुट्टियाँ बिताने गए थे। अक्सर जब यह दिखाई देने लगा कि अंतॅन और सास्किया के संबंध विशेष रूप से नज़दीकी थे तो लीस्बेथ कुछ ईर्ष्या प्रकट करती, लेकिन सास्किया का पति सिर्फ़ हँसता था। वह जानता था कि उस अंतरंगता के कारण ही उनकी शादी टिक नहीं पाई थी। दोनों दंपतियों में लीस्बेथ सबसे कमउम्र थी और इन बारीकियों को समझती न थी;

लेकिन शायद इसी के परिणामस्वरूप वह चारों में सबसे मज़बूत थी। कभी-कभी वे उसे अम्मी कहते थे जिससे अंतॅन को मज़ा आता था।

उसके आधासीसी के दर्द उम्र बढ़ने के साथ-साथ कम होते लग रहे थे लेकिन अपनी चालीसी में उसने कुछ और मर्ज़ पैदा कर लिए। उसे थकान और उदासी महसूस होती, उसकी नींद दुःस्वप्नों से टूटती, और जैसे ही वह उठता, चिंताएँ और परेशानियाँ उसे सतातीं : इतने सारे घरों की, संद्रा की, जिसे उसने छोड़ दिया था, और भी कई। पतझड़ की एक तिरती हुई पत्ती की तरह विषाद का एक तंतु उसके भीतर सरसराता रहता।

यह उस तरह का विषाद था जो उसने अब तक सिर्फ़ तब महसूस किया था जब उसके हाथों के नीचे किसी मरीज़ की मौत हो जाती थी। अचानक एक मानव एक निकृष्ट, निस्सार चीज़ में बदल जाता। अंतॅन सीधा खड़ा होता, ऑपरेशन-कक्ष के दूसरे लोग चुपचाप अपने को रोक लेते, मशीनें बंद कर दी जातीं। एक हाथ से वह अपने मुँह से मास्क हटाता, दूसरे से अपनी टोपी उतारता और पैर घसीटते हुए, सिर एक तरफ़ झुकाए, उस कमरे से बाहर निकल जाता।

इटली में एक गर्म दिन उसने खुद को एक ऐसे संकट में पाया जो चिंताओं से भरे हुए उन महीनों की महज़ इंतिहा ही नहीं बल्कि अंत साबित हुआ। गाँव के कसाई के पास सिर्फ़ बछड़े का माँस रहता था इसलिए लीस्बेथ ख़रीदारी करने पेतर के साथ सिएन्ना गई थी। आम तौर पर अंतॅन ही कस्बे में सौदा-सुल्फ़ ख़रीदा करता था, कुछ नहीं तो उन कहवाघरों के चबूतरों पर आवारागर्दी करने के वास्ते ही जो इल काम्पो के उस अद्वितीय पुराने, सीपी के आकार के चौक पर स्थित थे जो इसका एक और सबूत था कि स्थापत्य में कोई प्रगति नहीं हुई है। लेकिन उस सुबह उसे अपनी तबीयत कुछ गड़बड़ लगी और उसने घर पर ही रहने का फ़ैसला किया। वह कुछ पढ़ रहा था, और अचानक उसने ऊपर देखा, सन्नाटे से घबराकर। उसकी निगाहें पाँसे के निशानों वाले बड़े सफ़ेद लाइटर पर पड़ीं जिसे लीस्बेथ के माता-पिता ने उसे तोहफ़े में दिया था। बेचैन वह सफ़ेद पुते हुए अलग-अलग ढंग से बने कमरों में घूमने लगा और ऊँचे-नीचे पायदानों वाली चक्करदार सीढ़ी से नीचे गया। बीच-बीच में उसने बैठने की कोशिश की, लेकिन इससे मामला इतना बदतर हो गया कि वह फ़ौरन खड़ा हुआ।

क्या बदतर होता जा रहा था? उसे कहीं दर्द नहीं हो रहा था, कोई बुख़ार नहीं था, सब चीज़ें ठीक थीं; लेकिन उसी वक्त सब चीज़ें ग़लत थीं। उसे लीस्बेथ और पेतर की ज़रूरत महसूस हुई। उन्हें फ़ौरन वापस आ जाना चाहिए : उसे कुछ हो रहा था जो वह समझ नहीं पा रहा था। बेचैन होकर वह छत के किनारे तक आया, लेकिन देहात की सड़क दूर तक ख़ाली पसरी हुई थी जहाँ वह ढहे हुए कारख़ाने वाले पहाड़ से मुड़कर ओझल हो जाती थी। वह अंदर गया और फिर सामने के

दरवाज़े से बाहर निकला। उसने सड़क तक पहुँचने वाली ऊँची सीढ़ियाँ चढ़ीं—सड़क छत की ऊँचाई के पास से गुज़रती थी। शायद वे लौट आए थे और घूमने निकल गए थे, लेकिन कार अपनी जगह पर नहीं थी। चौक, वृक्षहीन और गाँव को देखते हुए बहुत ज़्यादा बड़ा, ऐसा दिख रहा था जैसे उबलते पानी की बाढ़ में डूबा हुआ हो। उसे एक बूढ़ा और एक बूढ़ी पार कर रहे थे, अंधा कर देनेवाले सूरज के तले दो झुलसे हुए आकार। इस बीच में कुछ बूढ़े आदमी गिरजाघर की काली छाया में बैठे हुए थे।

और अब, जिस वक्त वह वहाँ खड़ा हुआ था, एक भूरा पर्वत उठ खड़ा हुआ, ज्वार की एक ऐसी लहर जो उसके चारों ओर पछाड़ खाकर टूट गई। वह दो-दो पायदान एक साथ उतरता हुआ नीचे भागा, अपने पीछे दरवाज़ा धड़ाम से बंद किया, और काँपता हुआ अपने इर्द-गिर्द देखने लगा। चूना-पुती अचल दीवारें अपना सफ़ेदपन उसके चेहरे पर चीख़ने लगीं; सीढ़ियों का घुमाव, अनगढ़ तराशे हुए शहतीर, सारी चीज़ें इतनी डरावनी बन गई थीं कि उसके सिर में कुछ खिंचकर निकल आया। चट्टान पलस्तर को फोड़कर उसके दिमाग़ को चीर गई। अपना सीना दोनों हाथों से दबाए हुए वह बाहर छत पर गया। पहाड़ियों पर सरो हर जगह काली आग की लपट थे। उसके दाँत समुद्र से बाहर आते हुए छोटे बच्चे की तरह किटकिटा रहे थे, लेकिन वह कुछ भी नहीं कर पा रहा था। दुनिया के साथ कुछ गड़बड़ था, उसके साथ नहीं। झींगुर बोल रहे थे। हाँफते हुए, वह घर में दाख़िल हुआ और लाल फ़र्शियों पर कदम रखे। अँगीठी के ऊपर उसका पुराना आईना टँगा था, पंखदार शिशुओं वाला। पाँसे की काली आँखें! वह जानता था कि उसे अपने पर काबू रखना चाहिए और सामान्य तरीके से साँस लेनी चाहिए ताकि यह उस पर हावी न हो जाए। वह मेज़ के पास एक सीधी पीठ वाली कुर्सी पर बैठ गया, उन थोड़ी छोटी इतालवी कुर्सियों में से एक पर जिनका आसन बेंत का होता है, अपनी नाक और मुँह अपने हाथों से ढँक लिए, आँखें बंद कर लीं और संयत होने का प्रयत्न किया।

लीस्बेथ ने उसे इसी तरह पाया, निश्चेष्ट किंतु काँपते हुए, भूकंप के बीच किसी मूर्ति की तरह। जब उसने उसकी आँखों का भाव देखा तो उसने यह भी नहीं पूछा कि क्या वह डॉक्टर को बुलाए, तुरंत बुला लिया। अंतॅन ने पेतर की ओर देखा और हँसने की कोशिश की। फिर उसकी नज़र खरीदारी से भरे उस थैले पर पड़ी जो लीस्बेथ मेज़ पर छोड़ गई थी। उसके ऊपर एक पुलिंदा था। उसका काग़ज़ निकल गया था, किसी फूल की तरह खुल गया था और उसमें से गोश्त का एक ख़ून से सना टुकड़ा दिख रहा था।

डॉक्टर फ़ौरन पहुँच गया और उसे ढाढस बँधाया कि ऐसी चीज़ की आशंका थी ही, कि ऐसे लक्षणों से चकित नहीं होना चाहिए। उसने अंतॅन को एक इंजेक्शन लगाया, जिसके बाद वह पंद्रह घंटे सोया। अगले दिन वह तरोताज़ा उठा। डॉक्टर

ने नुस्ख़ा लिख दिया था कि दुबारा ऐसे लक्षण दिखाई पड़ें तो नशीला वेलिअम ले लिया जाए लेकिन अंतॅन ने तुरंत उसे फाड़ कर फेंक दिया। वह ख़ुद अपनी दवाएँ लिख सकता था लेकिन जानता था कि अगर उसने एक बार शामक लेना शुरू कर दिए तो फिर कभी उन्हें छोड़ नहीं पाएगा।

उसके बाद उसे इस तरह के और दौरे आए लेकिन हर बार वे पहले से हल्के होते गए। अंत में वे नहीं लौटे, मानो वे उसके नुस्ख़े फाड़ फेंकने से डर गए हों, उसके यह साफ़ कर देने से कि मालिक कौन था।

इस हादसे का एकमात्र स्थायी शिकार हुआ उसका घर और छत से दिखने वाला दृश्य। उस दोपहर के बाद दोनों ने अपनी पूर्णता कुछ खो दी, जैसे एक सुंदर चेहरा चोट के किसी निशान से थोड़ा-सा बिगड़ जाए।

वक्त गुज़रता रहा। उसके बाल पहले से सफ़ेद हो गए लेकिन वह अपने पिता की तरह गंजा नहीं हुआ। क्योंकि श्रमजीवी वर्ग लुप्त हो रहा था इसलिए उसके आसपास के लोगों की वेशभूषा और अधिक श्रमजीवियों जैसी होती गई, लेकिन वह अंग्रेज़ी शैली के ट्वीड कोट, चौखानेवाली कमीज़ और टाइ पहनता रहा। धीरे-धीरे वह ज़िंदगी की उस उम्र पर पहुँचा जब वह ऐसे बूढ़ों से मिलने लगा जिन्हें वह उनकी उस उम्र से जानता था जिसमें वह ख़ुद अब था। यह एक विचित्र अनुभव था। इससे वह बूढ़ों और युवकों दोनों को, और स्वयं को भी अलग तरह से देख पाया। एक दिन वह अपने पिता से भी ज़्यादा उम्र का हो गया और उसे लगा कि वह किसी और की ज़मीन पर अवैध रूप से पैर रख रहा था और भर्त्सना का अधिकारी था: Quod licet Jovi, non licet bovi! देवता का भोग बैल को नहीं चढ़ता! उसने हमेशा "किये को अनकिया नहीं किया जा सकता" या "बेहतर अच्छे का दुश्मन है" या "समझ में आ गया तो मज़ा चला गया" जैसी पुरानी कहावतों से परहेज़ ही किया था। लेकिन अब वह उस उम्र पर पहुँच गया था जहाँ उसे यह मुहावरे चीज़ों को सही अभिव्यक्ति देते लगते थे। वह खोज पाया था कि वे सिर्फ़ शर्मिंदा करनेवाली घिसी-पिटी उक्तियाँ नहीं थीं बल्कि समूची पीढ़ियों के संपृक्त अनुभवों, सारतत्त्व का निचोड़ थीं। अक्सर वे कुछ हद तक हतोत्साह करने वाली सचाइयाँ थीं, बेशक, बजाय क्रांतिकारियों के ज्ञान को प्रकट करनेवाले नारों के, क्योंकि क्रांतिकारी ज्ञानी नहीं होते। लेकिन वह कभी विद्रोही नहीं रहा था; उसके अनुभव को देखते हुए उसकी उम्मीद नहीं की जा सकती थी।

अपनी मामी की मृत्यु के बाद उसने अस्पताल में अपनी मेज़ पर मामा के फ़ोटो के पास चौखटे में जड़ा उनका फ़ोटो रख दिया। आठवें दशक के उत्तरार्ध में द ख़्राफ़ भी चल बसे और उनकी अंत्येष्टि पर दस वर्ष पहले की उस अंत्येष्टि से बहुत कम लोग थे जिसमें अंतॅन ताकस से मिला था। हैंक था, उसकी मूँछें भूरी हो गई थीं, और याप, बर्फ़-जैसी सफ़ेद लटों के साथ, लेकिन मंत्री और मेयर मर

चुके थे, और पादरी, कवि तथा संपादक भी। ताकस भी, जिसे अंतॅन ने दुबारा फिर नहीं देखा था, ग़ैरहाज़िर था। हालाँकि जब उसने पूछा तो हरेक ने उसे भरोसा दिलाया कि ताकस अभी भी ज़िंदा होगा, हालाँकि बरसों से किसी ने उसके बारे में सुना नहीं था। कुछ हफ़्तों बाद उसकी पहली सास की भी मृत्यु हो गई।

वह दूसरी बार संद्रा, सास्किया और उसके पति के साथ शवदाह-गृह में खड़ा हुआ और ताबूत को धधकते हुए विवर में जाते देखा। उसे हैरत हुई कि किसी ने भी उसकी भूतपूर्व सास की चाँदी के मुठियेवाली चमकीली काली छड़ी को ताबूत के ढक्कन पर रखने की नहीं सोची, जैसाकि यदि वे कोई जनरल होतीं तो किया जाता।

युद्ध, हालाँकि समय-समय पर किताबों और टीवी कार्यक्रमों में पुनर्जीवित किया जाता रहा, धीरे-धीरे अतीत की एक वस्तु बन चुका था, यदि ऐसी बात कही जा सकती है तो। क्षितिज के कहीं पीछे, प्लूख़ की हत्या को ज़ंग इतना कुतर चुकी थी कि वह एक मामूली घटना बनकर रह गई थी, बहुत पहले की कोई डरावनी परी-कथा, जिसे अंतॅन के अलावा शायद ही कोई ज़्यादा याद करता था।

जब संद्रा सोलह की हुई तो उसने एक दिन ऐलान किया कि समय आ गया था कि वह उस जगह को देखे जहाँ उसके दादा-दादी और ताऊ मौत के हवाले हुए थे। सास्किया और लीस्बेथ दोनों ने सोचा कि यह एक बुरा ख़याल था लेकिन अंतॅन को यह एकदम वाजिब लगा, सो एक शनिवार की दोपहर को वह अपनी बेटी को हार्लम ले गया। बहुमंज़िला रिहायशी इमारतों की अंतहीन बस्तियों के बीच से, जहाँ पहले पाँस की खुदाई के गड्ढे हुआ करते थे, और तीन मंज़िल ऊँचों पुलों को पार करते हुए, जिन्होंने नहरों के यातायात को निगल लिया था, वे चार सड़कों वाले राजमार्ग से अपनी कार से गए। वह चौथाई सदी से भी कुछ ज़्यादा से वहाँ नहीं लौटा था। उसने सास्किया और लीस्बेथ तक को वह जगह नहीं दिखाई थी।

यह थी वह जगह—और वह हँस पड़ा। टूटे हुए दाँत की जगह एक सुनहरे ने ले ली थी। जहाँ कभी उसका घर था वहाँ अब सातवें दशक की शैली में निर्मित, फैली हुई खिड़कियों, सपाट छत और भीतरी गैरिज वाला एक निचला, सफ़ेद ढाँचा खड़ा हुआ था। शानदार लॉन को घेरे हुए जंगले पर एक तख़्ती लगी थी : बेचना है।

उसने ग़ौर किया कि बेउमर-दंपति के मकान को सुधारा-सँवारा गया था। अब नीचे एक सूनी बड़ी जगह थी, जिसके एक तरफ़ छत का रोशनदान था। आर्त्स परिवार के घर में, जो दाएँ सबसे आख़िर में था, अहाते में एक तख़्ती पर एक नोटरी पब्लिक की मौजूदगी का ऐलान था। तीनों पुराने घरों में से किसी पर भी अब उनके पुराने नामों की पट्टियाँ नहीं थीं। वह याद नहीं कर पा रहा था कि किसे सुदर्शन कहते थे और किसे शांतिदुर्ग, लेकिन वह यह ज़रूर जानता था कि दूसरे पड़ोसी, कोर्तेवेख़,

कल्पनातीत में रहते थे। चारों घरों की दोनों तरफ़ देहाती मकान बन चुके थे और उनके पीछे की खाली ज़मीनों पर एक नयी बस्ती उग आई थी, सड़कों वग़ैरह समेत। पानी के उस पार जहाँ चरागाह सीधे-सीधे अम्स्तर्दम तक पहुँच जाते थे, अब एक समूचा नया उपनगर धूप में पसरा हुआ था, रिहाइशी इमारतों, दफ़्तरों और चौड़े, व्यस्त रास्तों वाला। पुराने छोटे घरों में से कुछ ही, और थोड़े आगे वह पुराना कारख़ाना, पानी के किनारे बचे थे।

उसने वर्णन किया कि पहले कैसा दिखता था। लेकिन वह बता सकता था कि संद्रा को कल्पना करने में कठिनाई हो रही थी, जिस तरह वह भुखमरी की उस ठंड का अर्थ पुनर्सर्जित करने में असमर्थ हो रहा था। पत्थरों की आड़ी बनावट वाली सड़क की दूसरी तरफ़ खड़े होकर उसने उसे बताने की कोशिश की कि चिंतामुक्त कैसा दिखता था, फूस के छप्पर और खाँचा-खिड़कियों वाले पुराने घर के प्रेत को आहूत करने की, तभी उसके सजे-धजे स्थानापन्न से नीली जीन पहने एक उघारा आदमी निकला। क्या वह कुछ मदद कर सकता था? अंतॅन ने कहा कि वह अपनी बेटी को वह जगह दिखा रहा था जहाँ वह रहा करता था, और उस आदमी ने कहा कि अंदर आकर देखने के लिए उनका स्वागत है। उसका नाम स्तॅम्मल था। संद्रा ने पिता की तरफ़ सवालिया निगाह से देखा : आख़िरकार यह घर तो वह नहीं था जिसमें वह रहता था। लेकिन अंतॅन ने अपने होंठ दबा लिए और आँखें नीची कर लीं, जिससे संद्रा ने यह नतीज़ा निकाला कि मामले को वहीं छोड़ देना बेहतर था। अंतॅन समझ गया कि स्तॅम्मल उसकी कहानी को एक संभावित ख़रीदार का बहाना समझ रहा था। जब उन्होंने सड़क पार की तो अंतॅन ने अपनी निगाह को पटरी के पास की एक ख़ास जगह तक भटक जाने दिया लेकिन अब वह उसे ठीक-ठीक पहचान पाने में असमर्थ था।

अंदर सब कुछ उजला और हवादार था। जहाँ हॉल, बैठक और बत्ती के नीचे मेज़ वाला भोजन का कमरा था, सभी कुछ सँकरा और अँधियारा, वहाँ अब एक हल्का-नीला क़ालीन एक तरफ़ बैठक से ही लगी हुई दिल्लेदार रसोई से शुरू होकर दूसरी तरफ़ रखे सफ़ेद पिआनो तक बिछा हुआ था। कोने में दो लड़के पेट के बल टेलीविज़न के सामने लेटे हुए थे जिन्होंने सिर तक उठाकर नहीं देखा। पिछवाड़े में धूपदार सोने के कमरों को दिखाते हुए स्तॅम्मल ने समझाया कि उसने यह घर पाँच साल पहले ही ख़रीदा था। अब बदक़िस्मती से आकस्मिक स्थितियों के कारण उसे बेचना पड़ रहा है। लेकिन वह थोड़ा घाटा उठाने को भी तैयार था। वे बग़ीचे में कुछ कदम चले। वह बाड़ जिसमें से वह कई बार सरका था अब नदारद थी। जो पहले कल्पनातीत हुआ करता था उसमें रहनेवाले पड़ोसी, धूप से तपे हुए एक बुज़ुर्ग-से सज्जन और सफ़ेद बालों वाली एक इंडोनेशियाई महिला, अपने अहाते में एक बड़े छाते के नीचे बैठे हुए थे। अंतॅन को यह अहसास होने में कुछ देर लगी कि ये वही

दो छोटे बच्चों वाले दंपति थे। अब ढेर-सारा मेकअप लगाए हुए श्रीमती स्तॅम्मल उपस्थित हुईं और अपना परिचय दिया। अत्यधिक उत्सुकता से उन्होंने उन्हें कुछ पीने का निमंत्रण दिया लेकिन अंतॅन ने उन्हें घर दिखाने के लिए धन्यवाद दिया और विदा ली। हाथ मिलाने से पहले स्तॅम्मल ने अपनी हथेलियाँ अपनी जींस के बग़ल में पोंछीं, जिससे उनका गीलापन कुछ ही कम हुआ।

एक-दूसरे का हाथ पकड़े वह और संद्रा घाट के छोर पर स्मारक तक गए। नाव को धकाने वाली पगडंडी की जगह अब लकड़ी की एक दीवार थी। बुरुंश बढ़कर कलियों के भारी गुच्छों से ढँकी एक भारी-भरकम भीत बन गए थे, जिनके बीच स्त्री की रीतिबद्ध मिस्री मूर्ति विवर्ण खड़ी थी। कांस्य खुदाई में संद्रा ने अपने परिवार का नाम अविश्वास के साथ पढ़ा। साफ़ था कि वह कभी समझ नहीं पाएगी कि वहाँ क्या हुआ था। इसके विपरीत, अंतॅन ने अपनी माँ के नाम के नीचे का नाम पढ़ा : 'जे. ताकस।' उसे ताकस का यह कहना तो याद आया कि उसके सबसे छोटे भाई को भी बंधक बना लिया गया था, लेकिन उसे यह ख़याल कभी नहीं आया था कि उसका नाम भी यहाँ दर्ज़ किया जाएगा। उसने सिर हिलाया और संद्रा ने पूछा कि क्या बात थी। उसने कहा कि कुछ नहीं।

कुछ देर बाद वे हार्लमर हाउत में एक रेस्तराँ के भीड़-भरे चबूतरे पर बैठे, जहाँ पहले क्षेत्रीय कमान कार्यालय का गैरिज हुआ करता था (खुद क्षेत्रीय कमान कार्यालय की जगह पर एक नयी बैंक इमारत खड़ी थी)। यह अहसास करके कि वह पहले यहाँ कभी नहीं लौटा था और न कभी दुबारा लौटेगा, उसने संद्रा को उस रात हेम्स्तेद के पुलिस थाने के तलघर में त्रुइस कोस्तर के साथ अपनी बातचीत के बारे में बताया। संद्रा समझ न सकी कि वह त्रुइस के बारे में इतनी गर्मज़ोशी से क्यों बोल रहा था। क्या जो कुछ हुआ उसकी वजह वही नहीं थी? अंतॅन को एक भारी क्लांति का अनुभव हुआ। उसने अपना सिर हिलाया और कहा : "हरेक ने जो किया सो किया, और कुछ भी और नहीं किया।"

और उस पल उसे निश्चित रूप से जान पड़ा कि त्रुइस कोस्तर ने उसे यही चीज़ कही थी, एक-एक शब्द वही, या लगभग। फिर अचानक, करीब पैंतीस वर्ष बाद, उसने उसकी आवाज़ सुनी, मद्धिम और सुदूर : "...वह सोचता है कि मैं उसे नहीं चाहती..." बर्फ़ होकर वह सुनता रहा लेकिन एक बार फिर सब कुछ मौन हो गया; उसके बाद कुछ नहीं आया। उसकी आँखों में आँसू भर आए। हर चीज़ अब भी वहीं थी, एक चीज़ भी ग़ायब नहीं हुई थी—ऊँचे, सीधे भोज के दरख़्तों के बीच शांति और उजास, उनसे छोटे वृक्षों की कतार वहाँ जहाँ खंदक हुआ करती थी। यहाँ वह शुल्त्स के साथ ट्रक में चढ़ा था, जब सुइयों-जैसी बर्फ़ गिर रही थी। उसने संद्रा का हाथ अपनी बाँह पर महसूस किया और अपने हाथ से उसे ढँक लिया, लेकिन उसे डर था कि वह कहीं रोने न लगे इसलिए उसने संद्रा की तरफ़ मुँह नहीं किया। हौले से संद्रा ने पूछा कि क्या कभी वह उसकी कब्र पर गया था? जब उसने

इन्कार में सिर हिलाया तब उसने सुझाव दिया कि वे अभी चलें।

संद्रा ने अपने ख़ुद के जेबख़र्च से एक लाल गुलाब लेना चाहा था लेकिन वह फूलों की दुकान से एक बैंगनी, लगभग नीले रंग वाला लेकर लौटी। लाल वाले बिक चुके थे। वे ढूहों के बीच बने सैनिक कब्रिस्तान में गए और कार को पार्किंग की जगह खड़ी थोड़ी-सी गाड़ियों के पास लगाया। फिर वे एक घुमावदार रास्ते से चलकर ढूह के ऊपर लहराते झंडे की तरफ़ गए। उन्हें सिर्फ़ झाड़ियों में भुनगों की भनभन, और बाद में झंडे की फड़फड़ाहट ही सुनाई दे पा रही थी।

दीवार से घिरे एक आयताकार क्षेत्र में कोई सौ के करीब कब्रों के ज्यामितीय खंड फैले हुए थे जो एक ही बार में सारे दिख जाते थे। वे बहुत करीने से जमाई गई रोड़ी से घिरे हुए थे। एक आदमी पाइप से छिड़काव कर रहा था। इधर-उधर बूढ़े लोग कब्रों पर फूल रख रहे थे या बैंचों पर बैठे हुए फुसफुसाकर बातें कर रहे थे। कुछ लोग एक ऊँची दीवार की छाँह में आराम कर रहे थे जिस पर काँसे से नाम उकेरे गए थे। अंतॅन को, जो किसी को न पहचान पाने से चकित था, अहसास हुआ कि उसे ख़ुद ताकस से मुलाकात होने की आधी उम्मीद थी। संद्रा ने माली से पूछा कि क्या उसे पता था कि त्रुइस कोस्तर की कब्र कहाँ है और उसने उनकी बग़ल के टुकड़े की तरफ़ इशारा किया।

कतारीना ख़ेर्त्रॅदा कोस्तर
16.9.1920-17.11.1945

संद्रा ने अपना नीला गुलाब कब्र के पत्थर पर रख दिया। एक-दूसरे के पास खड़े वे उसकी तरफ़ देखते रहे। सन्नाटे में फड़फड़ाता हुआ झंडा, खंभे से टकराती हुई रस्सी किसी भी संगीत से अधिक शोकमग्न थे। नीचे गहराई में, रेत के तले, कोठरी से कहीं ज्यादा अँधेरा था, अंतॅन ने सोचा। उसने ज़मीन के इन टुकड़ों की ज्यामितीय पूर्णता को देखा—युद्ध की गड्डमड्ड दुर्दशा का इतना ही कुछ बचा था। उसने सोचा कि मैं ताकस से मिलने जाऊँगा, यदि वह जीवित होगा तो, और उसे बताऊँगा कि वह उसे चाहती थी।

लेकिन जब वह अगले दिन दोपहर नीउ ज़ेइत्स फ़ोरबर्ख़वल गया तो उसने पाया कि 'ऊदबिलाव' को तोड़ दिया गया है—दिखता था कि कुछ समय पहले, क्योंकि हरे पोते गए मचान पर इश्तहारों की कई परतें चिपकी हुई थीं। उसे टेलीफ़ोन डायरेक्टरी में भी ताकस का नाम नहीं दिखा इसलिए उसने मामले को वैसा ही छोड़ दिया।

दो बरस बीतने पर ही, 5 मई 1980 को, उसने संयोगवश टीवी के एक संस्मरणात्मक कार्यक्रम में, जो उसके खोलने के वक्त लगभग ख़त्म हो चला था,

ताकस को देखा। सफ़ेद दाढ़ी और प्रभावशाली, गर्दिशज़दा चेहरेवाले उस आदमी को अंतॅन सिर्फ़ इसीलिए पहचान पाया कि उसका नाम एक क्षण के लिए आया था :

कोर ताकस
स्वातंत्र्य-सेनानी

"यह बकवास बंद करो," ताकस सोफ़े पर अपने बाजू में बैठे एक आदमी से कह रहा था। "वह सारी चीज़ एक भारी बखेड़ा थी। मैं वाक़ई उसके बारे में अब और सुनना नहीं चाहता।"

इसके बरक्स, अंतॅन अक्सर शहर में एक छोटे सफ़ेद ट्रक को दौड़ते देखता, जिस पर लाल अक्षरों से लिखा होता :

फ़ाके प्लूख़ स्वास्थ्य सेवा लि.

2

और जिस तरह समुद्र उस कबाड़ को आख़िरकार किनारे पर छोड़ देता है जिसे जहाज़ उसमें फेंक देते हैं—और तट से फ़ालतू चीज़ें बटोरनेवाले दिन होने से पहले उसे झपट लेते हैं—उसी तरह उन्नीस सौ पैंतालीस की लड़ाई के ज़माने की उस रात की याद ने उसे उसकी ज़िंदगी में एक आख़िरी बार तकलीफ़ पहुँचाई।

उन्नीस सौ इक्यासी के नवंबर के उत्तरार्ध में एक शनिवार को वह एक दाँत के इतने असह्य दर्द से जागा कि कुछ-न-कुछ फ़ौरन किया ही जाना पड़ा। नौ बजे उसने अपने दाँतों के डॉक्टर को फ़ोन किया जो पिछले बीस बरस से उनकी देख-भाल कर रहा था लेकिन क्लिनिक से किसी ने उठाया नहीं। थोड़ी-सी हिचक के बाद उसने उसके घर पर फ़ोन किया। डॉक्टर ने उसे एक एस्पिरिन लेने को कहा क्योंकि वह उस दिन कोई काम करनेवाला नहीं था, वह एक प्रदर्शन में जा रहा था।

"प्रदर्शन? किसके ख़िलाफ़?"

"एटमी हथियारों के।"

"लेकिन मुझसे दर्द बर्दाश्त नहीं हो रहा।"

"ये हुआ कैसे, इतने अचानक?"

"मैं इसे कुछ दिनों से आते महसूस कर रहा था।"

"फिर मुझे पहले फ़ोन क्यों नहीं किया?"

"मैं एक कांफ्रेंस में म्यूनिख़ गया हुआ था।"

"क्या तुम ऐनेस्थीज़िआ वाले दर्द रोकना नहीं जानते? और हाँ, क्या तुम्हें इस प्रदर्शन में नहीं आना चाहिए?"

"क्या बात कर रहे हो! तुम्हें पता है मैं ऐसी चीज़ों का शौक़ीन नहीं।"

"सचमुच? लेकिन तुम्हारा दाँत तो दुखता है, कि नहीं? देखो, दोस्त, मैं अपनी ज़िंदगी में पहली बार आज किसी प्रदर्शन में जा रहा हूँ। मैं तुम्हारा काम कर दूँगा लेकिन इसी शर्त पर कि तुम हमारे साथ आओगे।"

"कुछ भी चलेगा, अगर तुम मेरी मदद करो तो।"

यह तय हुआ कि अतॅन साढ़े ग्यारह बजे क्लिनिक पहुँच जाएगा। हालाँकि कम्पाउंडर नहीं होगा क्योंकि उसे भी प्रदर्शन में जाना था, लेकिन डॉक्टर जो भी बन पड़ेगा कर देगा।

तो ख़ैल्दरलंत में सप्ताहांत की उस छुट्टी का मटियामेट हो गया जिसका इंतज़ार वह जर्मनी से लौटने के बाद कर रहा था। उसने लीस्बेथ से अकेले पेतर के साथ जाने को कहा लेकिन उसने उस पर विचार करने से भी इन्कार कर दिया। जैसे वह कोई नर्स हो, उसने उसे एक ऐसी छोटी रकाबी में एक नन्हीं, सूखी, करीब एक सेंटीमीटर लंबी एक शाख़ दी, जिसका गोल सिरे वाला नाटा प्याला कॉफ़ी के एक सफ़ेद काग़ज़ी छन्ने के बीच रखा हुआ था।

"ये क्या है?"

"लौंग। इसे अपने दाँत में रख लो। पूरब में ऐसा ही करते थे।"

जिस तरह से उसने लगभग रोते हुए उसे गले लगाया वह उसे कुछ ज़्यादा लगा।

"चलो, तोन, इतना मत करो।"

"बदक़िस्मती से मेरे दाँत में छेद नहीं है—मालूम नहीं उसके साथ क्या गड़बड़ है। लेकिन मैं इसे खा लूँगा।"

फिर भी उससे कोई फ़ायदा नहीं हुआ; चबा पाने का कोई सवाल ही नहीं था। पेतर की निगरानी में वह सारे घर में चहलक़दमी करता रहा, मुँह दर्द के मारे खुला हुआ, उन मुँह बाये चेहरों की तरह जो अम्स्तर्दम की दवाई की दुकानों के बाहर लगी तस्वीरों में बने होते हैं। वह उस शांति-प्रदर्शन के बारे में सोच रहा था जिसमें उसे शरीक़ होना पड़ेगा। उसने उसके बारे में पढ़ा था और जानता था कि वह यूरोप में सबसे बड़ा होगा, लेकिन उसे यह ख़याल न आया होता कि वह उसमें शामिल हो या न हो। उसने उस पर उतना ही ध्यान दिया था जैसे वह मौसम की जानकारी हो। वह केवल एक लक्षण था : सन् 2000 नज़दीक़ आ रहा था और वातावरण में सहस्राब्दि को लेकर डर था, जिस तरह एक हज़ार बरस पहले हुआ था। हर आदमी जानता था कि अणुबम इस्तेमाल न किए जाने वाले निवारक थे, शांति की हिफ़ाज़त के लिए। यदि ऐसे विरोधाभासी हथियार तज दिए गए तब पारंपरीण युद्ध की आशंकाएँ बढ़ जाएँगी और आख़िरकार वैसे भी वे अणुबमों के इस्तेमाल की तरफ़ ले जाएँगी।

फिर भी साथ में उसे भी बेचैनी हुई थी जब अमेरिका के बूढ़े ने ऐलान किया था कि सीमित अणु युद्ध से एकदम इन्कार नहीं किया जा सकता, और वह यूरोप में होगा, जहाँ वह पूरी तरह से होगा। उसे थोड़ा ढाढस तब बँधा था जब रूस के बूढ़े ने इससे असहमति जताई थी, यह जवाब देते हुए कि वाक़ई इन्कार नहीं किया जा सकता क्योंकि तब वह इसका पक्का प्रबंध कर लेगा कि अमेरिका पूरी तरह

से तबाह हो जाए। लेकिन दोनों सूरतों में निहित यह था कि परमाणु हथियारों को तजा नहीं जाना चाहिए। उसने बबूने की वह दवा वाली चाय पी जो उसके लिए लीस्बेथ ने तैयार की थी और सोफ़े पर बैठकर वक्त काटने के लिए एक श्लेष-तथा-वर्ण-विपर्यय वर्ग पहेली को हल करना शुरू किया। "क्या सूर्यदेवता इन खंडहरों की कोई और सुनिश्चित परिभाषा नहीं जानता?" छः अक्षर। ऐसा लगा जैसे चबा नहीं सकने के कारण उसकी सोचने की शक्ति भी चली गई थी। वह उस वाक्य को घूरता रहा। हालाँकि वह ऐसा लगा जो सरल होना चाहिए था लेकिन उसे कोई सही उत्तर नहीं सूझा।

क्योंकि दाँतों के डॉक्टर की क्लिनिक दूर नहीं थी, इसलिए उसने अपने घर से वहाँ तक के लिए साढ़े दस बजे पैदल निकलना तय किया। मौसम ठंडा था और बादल घिरे हुए थे। जबड़े को भेदते हुए दर्द के साथ वह बढ़ती हुई भीड़ वाली सड़कों से गया। दूर आसमान में एक हेलीकॉप्टर चक्कर लगा रहा था। और आगे सारा कार और ट्राम यातायात रुका हुआ था; दिखता था कि शहर का केंद्र बंद कर दिया गया था। मुख्य सड़कें तक एक ही दिशा में जाते हुए लोगों से भरी हुई थीं, उनमें से कई ऊँचे उठाए गए पोस्टर लिए हुए थे। विदेशी भी थे। उसने पगड़ियाँ, चौड़े पतलून, और तलवारों की पेटी पहने हुए योद्धाओं जैसों के एक समूह को देखा जिनके पास सिर्फ़ पिस्तौलों और ख़ंज़रों की कमी थी; विस्थापित कुर्द, शायद, जो अरबी लिखावट वाले एक झंडे के पीछे हँसते गाते हुए ख़ानाबदोशों की फुर्तीली चाल से चल रहे थे। यह उसे कभी पता नहीं चल पाया कि क्या उसमें जिहाद का ऐलान था। जल्द ही सड़कों पर इतनी भीड़ हो गई जितनी मई 1945 के बाद कभी नहीं हुई थी। हर तरफ़ से लोगों के रेले मूज़ेयमप्लेइन की ओर बढ़ रहे थे। इसे याद करके कि बाद में उसे इसी झुंड में शामिल होना है उसके दाँत में और दर्द होने लगा। भगवान ही जानता है कि अगर भगदड़ मच गई, आंदोलनकारी उलझ गए तो क्या होगा। अम्स्तर्दम में आजकल हर चीज़ संभव थी। क़िस्मत की बात थी कि आसमान के हेलीकॉप्टर के सिवाय पुलिस कहीं दिखाई नहीं दे रही थी।

क्लिनिक पहुँचकर उसने घंटी दबाई लेकिन किसी ने जवाब नहीं दिया। ठंड या जाने किससे सिहरता हुआ वह दरवाज़े के सामने इंतजार करता खड़ा हो गया। सूर्यदेवता का प्राचीन मिस्र में 'रा' नाम था, बेशक़ यह तो साफ़ था। यानी आर, ए। उनसे क्या-क्या शुरू होता है—रैकेट? राफ़ाएल? रैट्लिंग? ये देवता का आह्वान करने के लिए थे। या डच भाषा की क्रिया रापेन जिसका अर्थ यों तो उठाना, इकट्ठा करना, पकड़ना होता है लेकिन उसके पेन में क़लम का श्लेष भी है—सूर्य देव के लिखने के उपकरण जिससे वह अपनी परिभाषाएँ लिपिबद्ध करता है...दूर पर लोगों की एक अंतहीन धारा उस बग़ल की सड़क को पार कर रही थी जिस पर वह खड़ा था। आख़िरकार कुछ देर बाद जब डॉक्टर आया, अपने लुंज पैर से लँगड़ाता हुआ, पत्नी की बाँह में हाथ डाले हुए, तो वह हँस पड़ा।

''तुम तो खूब चंगे दिख रहे हो!''

''हँसो, हँसो, ख़ैरित यन,'' अंतॅन ने कहा। ''क्या बढ़िया हकीम हो तुम, है न, अपने मरीज़ों की मजबूरी का फ़ायदा उठाने वाले।''

''सब कुछ मानवता की सेवा के लिए है, सब हिप्पोक्रातीस की भावना के अनुसार।''

इस अवसर के लिए वह शिकार की सामंती पोशाक पहने हुए था : एक हरा लोडेन कोट और नीचे हरा घुटन्ना और लंबे गहरे-हरे मोज़े। उससे उसका ज़बर्दस्त जूता पहले से और ज़्यादा निगाह में आ रहा था। जब वे ऑपरेशन के कमरे में गए तो टेलीफ़ोन बजा।

''यह तो यक़ीन से बाहर है,'' फ़न लेन्नप ने कहा। ''दूसरा मरीज़ नहीं चाहिए!''

फ़ोन पर लीस्बेथ थी। पेतर ने कहा था कि वह भी प्रदर्शन में जाना चाहता था। अंतॅन बोला कि ऐसा है तो वह उसकी साइकिल पर आ जाए और बाहर उसका इंतज़ार करे। फ़न लेन्नप ने अपना कोट कम्पाउंडर की मेज़ पर फेंक दिया था। ''चलो देखते हैं दोस्त कौन-सा वाला है?''

जब उसकी पत्नी एक बार और ग़ुसलख़ाने गई—क्योंकि बाद में वह नामुमकिन होगा—तो उसने अपना लैम्प अंतॅन के मुँह पर साधा और दाँत को अपनी उँगली से छुआ। दर्द उचटकर अंतॅन के दिमाग़ में टकराया। फ़न लेन्नप ने भूरे काग़ज़ का एक टुकड़ा लिया, उसे दाँत पर रखा, और उससे जबड़े एहतियात से बंद करने और हौले से आगे-पीछे चलाने को कहा। उसने काग़ज़ का एक और मुआयना किया और बरमे को खूँटी से उतारा।

''पेशे के हिसाब से बोलते हुए'', अंतॅन ने कहा, ''मैं इंजेक्शन पसंद करूँगा।''

''पागल हो गए हो? ये कुछ भी नहीं है। मुँह खोलो।''

अंतॅन ने अपनी उँगलियाँ मोड़ लीं और अपनी आँखें दूसरे के एक तरफ़ काढ़े गए भूरे बालों पर टिका दीं। दर्द और शोर के दो-तीन क्षण आए और उनके बाद फ़न लेन्नप ने कहा, ''ओ.के., अपना मुँह बंद करो।''

चमत्कार हो चुका था। दर्द क्षितिज के पीछे चला गया और इस तरह ग़ायब हो गया जैसे कभी रहा ही न हो।

''ये कैसे मुमकिन है?''

फ़न लेन्नप ने कंधे झटके और बरमा वापस लटका दिया। ''हल्का-सा दबाव। वह सतह पर आ गया था। अक्सर उम्र के साथ हो जाता है। थोड़ा कुल्ला कर लो मेहरबानी करके; फिर निकलते हैं।''

''ख़त्म भी हो गया?'' जब वे कमरे में दाख़िल हुए तो उसकी पत्नी ने अचंभे से पूछा।

''अब मुझे लगता है कि वह सोच रहा होगा कि अपना वादा भूल सकता

है,'' फ़न लेन्नप ने बदमाशी-भरी मुस्कान के साथ कहा। ''लेकिन वहीं वह ग़लती कर रहा है।''

''तुम्हें कुछ अहसास है, ख़ैरित यन,'' जब वे बाहर खड़े होकर पेतर का इंतज़ार कर रहे थे तो अंतॅन ने कहा, ''कि यह दूसरी बार है जब तुमने मुझसे राजनीतिक प्रतिबद्धता की उम्मीद की है? फ़र्क़ यह है कि इस बार तुम भी कहीं जुड़ रहे हो।''

''तो पहली बार कब था?''

''ये हार्लम में उस पार्टी के वक्त की बात है, जब तुम सोचते थे कि मुझे कोरिया में अपनी मर्ज़ी से लड़ने के लिए भर्ती होना चाहिए, पश्चिमी ईसाइयत और कम्युनिस्ट बर्बरों के बीच युद्ध में।''

फ़न लेन्नप चुपचाप उसे घूरता हुआ खड़ा रहा जबकि उसकी पत्नी अपनी हँसी दबाती रही। कुछ सड़कें छोड़कर आगे एक आवाज़ लाउडस्पीकर पर चिल्ला रही थी।

''तुम जानते हो तुम्हारे साथ क्या मर्ज़ है, स्तेनवेइक? तुम्हारी याददाश्त कुछ ज़्यादा ही अच्छी है। जहाँ तक वह वाली बात है, वह तुम हो जो ब्लैकमेल कर रहा है। मैं बेशक़ कम्युनिस्ट नहीं हो गया हूँ, अगर तुम्हारा वह इशारा है तो। कैसे हो सकता था? पीतल सोना नहीं बन सकता। लेकिन ये एटमी हथियार, ये आदमी के लिए सबसे बड़ा ख़तरा बन गए हैं। हथियारबंदी की हर नयी लहर हमेशा विरोध के ख़िलाफ़ एक प्रतिक्रिया होती है, जो फिर उसके विरुद्ध प्रतिक्रिया करती है। और इस तरह वे एक दूसरे को ज़िम्मेदार ठहराते रहते हैं, और उन चीज़ों के अम्बार लगते रहते हैं। और एक दिन वे निश्चित उनका इस्तेमाल करेंगे। आँकड़ों के हिसाब से यह लाज़िमी है, उतना ही अपरिहार्य है जितना आदम और हव्वा का उस ज्ञान के पेड़ से सेब तोड़कर उसे दाँतों से कुतरना। हमें उन सेबों से पिंड छुड़ाने की ज़रूरत पड़ने ही वाली है।''

अंतॅन ने हामी में सिर हिलाया। वह इस तर्क से अवाक् रह गया था। लेकिन फिर दाँतों के डॉक्टर सनकी होते ही हैं, चिकित्सा के क्षेत्रों में यह सुविख्यात तथ्य है। लेकिन शायद कुल मिलाकर उसकी बात में कुछ दम ज़रूर था। पेतर आया और अपनी साइकिल को ताला लगा दिया। उसे वहाँ देखकर और ऊपर हेलीकॉप्टर की भनभनाहट और दूर पर भीड़ के कोलाहल के साथ अचानक अंतॅन एक अजनबी, कोमल भावना से भर गया जो उसे शहर में जो हो रहा था उससे किसी तरह जोड़ रही थी।

इकट्ठा होनेवाली जगह को जाने वाली सड़क के आख़िरी टुकड़े पर वे ज़रा भी आगे नहीं बढ़ पाए। कोंसेर्तख़ेबाउ और रेइक्समूज़ेयम के बीच, एक गिरते हुए प्रक्षेपास्त्र के आकार के विशाल गुब्बारे के तले, दसियों हज़ार, सैकड़ों हज़ार लोग दस मीटर तक चौड़े पोस्टरों और झंडों के साथ खड़े हुए थे। सब तरफ़ की सड़कों

से और भी लोग आते जा रहे थे। पेड़ों और बिजली के खंभों से लटकते लाउडस्पीकरों से एक भाषण गड़गड़ा रहा था जो लगता था दूर पर बने मंच से दिया जा रहा था, लेकिन जो कुछ कहा जा रहा था अंतॅन उससे उदासीन था। जो उसे विचलित कर रही थी वह यहाँ इतने लोगों की मौजूदगी थी और उसका और उसके बेटे का उसका हिस्सा होना था।

जल्द ही फ़न लेन्नप उसकी आँखों से ओझल हो गया लेकिन उसे ऐसा ख़याल नहीं आया कि उसे यह सब छोड़कर घर चले जाना चाहिए। एक मिनट बाद वह वैसे भी असंभव हो गया। वे दोनों उस मानवीय गेहूँ के खेत के बीच में पौधों के दो डंठलों की तरह खड़े थे जिनके सिरों के ऊपर लुनेरे का हँसिया था। अंतॅन की चिंता और भय एकदम ग़ायब हो गए थे। पेतर के अलावा जो लोग उसके आसपास—बल्कि शायद उसके बरक्स थे वे थे देहात से आई एक बुजुर्ग-सी औरत जो अपने जूड़े पर एक पारदर्शी प्लास्टिक की बरसाती ओढ़े हुए थी, भूरे चमड़े का फ़रदार कॉलर वाला कोट पहने एक हट्टा-कट्टा आदमी जिसकी चौड़ी मूँछें और गलमुच्छे थे, और एक युवती जो अपने सीने पर एक गलपट्टी में एक सोते हुए बच्चे को लिए हुए थी। यही थे जो वहाँ थे, और कोई दूसरा नहीं। आण्विक हथियारों के खिलाफ़ जो नारे उसने देखे उनमें से एक छोटे-से पोस्टर से वह प्रभावित हुआ जिसपर लिखा था :

हिओब हम तुम्हारे साथ हैं

उसने उसे पेतर को दिखाया और समझाया कि बाइबिल में हिओब कौन था।

लाउडस्पीकरों से घोषणा हुई कि पिछले आधे घंटे में अम्स्तर्दम में दो हज़ार बसें दाखिल हुई हैं। इसका अर्थ था एक लाख लोग और। हर्षध्वनि, तालियाँ। उस आवाज़ ने ऐलान किया कि विशेष रेलों से आनेवाले हज़ारों लोग और चले आ रहे हैं। मूज़ेयमप्लेइन आने वाली सारी सड़कें भर चुकी थीं। फिर भी, अंतॅन ने सोचा, यह तथ्य कि एक आवाज़ इतनी ज़्यादा बढ़ाई जा सकती थी अणुबमों के अस्तित्त्व से जुड़ा हुआ था। इन दोनों में से एक भी चालीस बरस पहले संभव न हुआ होता। दुनिया में जो हो रहा था वह शायद किसी की भी कल्पना से कहीं ज़्यादा भयावह और असाध्य था।

उसे भान न हुआ कि वह कितनी देर वहाँ खड़ा रहा। पेतर को अपनी क्लास का एक दोस्त दिख गया था और वह थोड़ी देर पहले ग़ायब हो लिया था। एक क्षण के लिए अंतॅन को वे तहख़ाने याद आए जो यहाँ खड़े थे, जर्मन सेना भवन और प्रशासकीय मुख्यालय, जो यहाँ चारों तरफ़ के बँगलों में हुआ करते थे। अब इस चौक पर अमेरिकी वाणिज्य दूतावास, रूसी व्यापार प्रतिनिधि कार्यालय और

'सोसिएते जेनेराल' थे। राजनेताओं की अगवानी और तारीफ़ हो रही थी, दूसरों पर फब्तियाँ कसी जा रही थीं, और अंत में, कदम-ब-कदम, भीड़ चलने लगी। दिखता था कि अधिकृत मार्ग में हर कोई समा नहीं पाएगा, क्योंकि विभिन्न दिशाओं से कई अलग-अलग प्रदर्शन शहर में दाख़िल होने लगे थे। अंतॅन पर एक विचित्र उल्लास छा गया, ऐसी अवस्था जो न उद्वेलित थी और न चिंतित, बल्कि स्वप्नवत्, उसे बहुत बहुत पहले के कुछ से जोड़ती हुई जो युद्ध के पहले से मौजूद था। वह अब अकेला न था बल्कि इन सब लोगों का एक अंश था। सारी हलचल के बावजूद, एक महान निश्चलता उन पर छाई हुई थी। उनकी उपस्थिति हर चीज़ को बदलती लगती थी, सिर्फ़ उसके भीतर नहीं बल्कि इस पार्श्वभूमि में भी : घर : जिनकी खिड़कियों पर इधर-उधर सफ़ेद चादरें लटकी हुई थीं जैसे किसी ऐसे शहर में जो आत्मसमर्पण कर रहा हो; धूसर बादल ऊपर उड़ते हुए; प्रक्षेपास्त्र वाला काला ग़ुब्बारा जो आगे-पीछे झूल रहा था; कभी हवा का थपेड़ा खाता हुआ, फिर ख़ुद को एक बार और सीधा करता हुआ :

भविष्य के लिए धन्यवाद

चौक के कोने पर भीड़ प्रदर्शनकारियों की एक और चौड़ी धारा से मिली जो केंद्रीय सभा-स्थल की ओर बढ़ रहे थे। उन्होंने अदब से हँसते हुए और माफ़ी माँगते हुए एक-दूसरे को गुज़रने दिया। वह चकित था। साफ़ था कि लोग उतने बदतमीज़ नहीं थे जितना वह समझता था, या वे कम वैसे हो गए थे। या सिर्फ़ ये जुलूस वाले थे जो वैसे नहीं थे? यहाँ लाने के लिए उसे फ़न लेन्नप को शुक्रिया कहना ही पड़ेगा। वह आसपास देखने के लिए अपने पंजों पर खड़ा हो गया। अचानक उसने संद्रा को देखा और आवाज़ दी। उन्होंने हाथ हिलाए और रास्ता बनाते हुए एक-दूसरे की तरफ़ बढ़े।

"मुझे तो अपनी आँखों पर विश्वास ही नहीं हो रहा!" संद्रा बोल पड़ी। "ये आपके लिए फ़ायदेमंद है, पापा!" पिता के गाल पर प्यार कर उसने उसका हाथ पकड़ा। "आपको क्या हो गया?"

"मुझे ऐसा शक़ है कि यहाँ मैं ही अकेला ऐसा हूँ जिसे प्रदर्शन के लिए मजबूर किया गया था, लेकिन अब तो मैं पूरी तरह से क़ायल होता जा रहा हूँ। हाइ, बस्तियान!" उसने संद्रा के ख़ूबरू दोस्त से हाथ मिलाया जो नीली जीन, स्नीकर और गर्दन पर एक फ़िलस्तीनी काफ़िया और बाएँ कान में एक सोने का बुंदा पहने हुए था। हालाँकि अंतॅन उसे ख़ास पसंद नहीं करता था, लेकिन वह उसके नाती का पिता बनने जा रहा था। संद्रा एक किराए के कमरे में रहती थी, लेकिन कुछ हफ़्ते पहले वह इस नौजवान के साथ रहने चली गई थी जो एक मोर्चाबंद, कब्जाए हुए घर में रहता था। जब अंतॅन ने बतलाया कि वह वहाँ क्यों आया था, तो बस्तियान ने कहा, "आप

ये मत सोचिए कि सिर्फ़ आपको ही यहाँ आने पर मजबूर किया गया है। ये जगह पुलिस से जकड़ी हुई है—देखिए!''

आए हुए एक सैनिक दल का स्वागत तालियों से हुआ। अंतॅन ने ग़ौर किया कि फ़ौजी वर्दियाँ देखकर कुछ लोग अपने आँसुओं पर काबू रखने में नाकामयाब हो रहे थे। लड़के और लड़कियाँ उनके चारों ओर एक सुरक्षात्मक-सा डेज़ी हार-जैसा घेरा बनाए हुए थे जैसे वे कोई गुलदस्ता हों। अंतॅन अपनी आँखों पर यक़ीन न कर सका।

''क्या तुम्हें विश्वास है कि इन लड़कों को यहाँ होने का हुक्म दिया गया था?'' उसकी निगाह एक उससे ज़्यादा उम्र की औरत से मिली जो उसे पहचानती लग रही थी—बेशक उसकी कोई मरीज़ होगी। उसने कुछ अनिश्चय से उसे सिर हिलाया।

''नहीं, वो नहीं! वो उधर वाला।'' बस्तियान ने विंडब्रेकर पहने एक आदमी की तरफ़ इशारा किया जो उन फ़ौजियों की फ़िल्म उतार रहा था। ''पुलिस का है।''

''तुम्हें भरोसा है?''

''हमें उसका कैमरा छीन लेना चाहिए!''

''हाँ, ये विचार महान है,'' अंतॅन ने कहा। ''बस इसी का तो वे इंतज़ार कर रहे हैं, ऐसी ही कोई चीज़ जो सब कुछ ख़राब कर दे।''

''ग़लती से, बेशक़,'' बस्तियान ने एक टेढ़ी मुस्कान से कहा जिससे अंतॅन बहुत ज़्यादा उचाट हो गया।

''बेशक़, बेशक़, ग़लती से। मेहरबानी करके एक गर्भवती औरत के साथी की तरह बर्ताव करो। मुझे नाना बनने से एतराज़ नहीं होगा, यदि ऐसी इच्छा नावाजिब न हो तो।''

''ओके,'' संद्रा ने गाने की नकल उतारने वाली आवाज़ में कहा। ''लो फिर शुरू हो गए हम...बाय, पापा, मैं आपको फ़ोन करूँगी।''

''बाय, डार्लिंग। भागो। और ध्यान रखना कि पुलिस के धावे से पहले उस मकान को ख़ाली कर देना। मिलते हैं, बस्तियान।''

वह कोई सचमुच की लड़ाई नहीं थी लेकिन दोनों के बीच उस मनमुटाव की एक और निशानी थी जिससे बचना मुश्किल हो चुका था।

फ़न लेन्नप पूरी तरह से ग़ायब हो गया था, और पेतर भी। धीरे-धीरे अंतॅन धारा के साथ तिरने लगा। अपने अपने छोटे छज्जों पर उसकी उम्र से ज़्यादा बड़े औरत मर्द दोनों हाथों से विजय का 'वी' का निशान बना रहे थे, जो उन्हें लड़ाई के ज़माने से याद था। कवायद करते हुए बैंड जुलूस के साथ थे और सड़क की पटरियों पर और संगीत बज रहा था, लेकिन कोई पैसे नहीं माँग रहा था। सारा समाज थोड़ा-सा बावला हो गया था। बाल पीले और बैंगनी रंग में रंगे हुए, बाजीगरों जैसे काले चिपके कपड़े और कबाड़ी बाज़ार की चमकदार, काली, अपने नाप से

बड़ी जाकिट पहने हुए उत्साहित 'पंक' चरित्र ट्राम स्टेशनों पर नाच रहे थे और वे लोग उन्हें स्नेह से देख रहे थे जो अभी तक उनसे घबराते थे। सिर्फ़ हवा में चीज़ें हमेशा की तरह चल रही थीं। पीछे लहराते झंडों पर हवाई जहाज़ घोषणा कर रहे थे कि सिर्फ़ ईसा मसीह तुम्हारे लिए शांति ला सकता है, तुम्हारे फ़ोटो को एक घंटे के अंदर कल्फर्स्त्रात न. अमुक-अमुक पर तैयार करने का वादा कर रहे थे। पार्क की हुई एक वैन की छत पर दो पंद्रह वर्षीय दिलेर शांति जुलूस को लेकर अपना निजी रुख प्रदर्शित कर रहे थे :

पहला बम वाशिंग्टन पर गिराओ

इसे देखकर लोग थोड़े संकुचित हो शिष्टता से खखार कर अपने गले साफ़ करते। ऐसे झंडे भी थे जिनपर रूसी में मास्को लिखा हुआ था। दूर पर हरेक बाजू की सड़क पर लोगों की भीड़ के और दस्ते एक-दूसरे को पार कर रहे थे, कभी-कभी दो जगहों पर। धीरे-धीरे लेकिन निश्चित रूप से कोई अविश्वसनीय चीज़ हो रही थी। जिस लहर में वह घिरा हुआ था उसके भीतर भी कई अलग-अलग धाराएँ थीं, क्योंकि अलग-अलग चेहरे सामने आते रहते। स्ततहाउदर्सकाद के आधे रास्ते पर अचानक उसे मुखौटे पहने काले आकारों की एक कतार ने बाजू में धका दिया, जो झुनझुने बजा रहे थे और बदन पर अँधेरे में चमकने वाले कंकाल पोते हुए थे और भीड़ में से जबरन रास्ता बना रहे थे—डरावने आकार, मध्ययुग के महामारी के शिकारों की तरह। वह किसी से टकराया और माफ़ी माँगी; यह वही औरत थी जो उसे कुछ देर पहले घूर रही थी। वह कुछ संकोच के साथ मुस्कराई।

"तोनी?" उसने कुछ हिचकिचाते हुए पूछा। "तुम मुझे पहचानते हो?"

हैरत से उसने उस छोटी, करीब साठ बरस की औरत को देखा, मोटे चश्मे के पीछे बहुत हल्की रंगत की, कुछ बाहर निकलती आँखें, बाल लगभग सफ़ेद।

"आपको मुझे माफ़ करना होगा। मैं ठीक से याद..."

"कारिन, कारिन कोर्तेवेख़, हार्लम में तुम्हारे पड़ोस की।"

3

पहले, एक कौंध में, कल्पनातीत की लंबी, सुनहरे बालों वाली औरत उसके बाजू में खड़ी नाटी बूढ़ी महिला में बदल गई। फिर हुई घबराहट।

"अगर तुम मुझसे बात नहीं करना चाहते, तो वैसा कह दो," उसने जल्दी से बीच में कहा। "मैं चली जाऊँगी।"

"नहीं, बल्कि हाँ..." वह हकलाया। "मुझे बस...तुमने मुझे चौंका दिया।"

"मैं बहुत देर से तुम्हें देख रही हूँ लेकिन अगर तुम मुझसे टकराए न होते तो मैं नहीं बोलती।" उसने माफ़ी माँगने के अंदाज़ में उसकी तरफ़ देखा।

अंतॅन ने अपने पर नियंत्रण रखने की कोशिश की। वह थोड़ा कँपा। लड़ाई की वह भयानक शाम फिर अचानक उभर आई थी जैसे कभी-कभी समुद्र के तट पर गर्मी के किसी दिन एक काली, ठिठुरन-भरी छाया आ जाए।

"नहीं, ठीक है," उसने कहा। "हम यहाँ मिल ही गए हैं तो..."

"मुझे लगता है ऐसा होना ही था," उसने कहा, और अपने बटुए के भीतर से एक खुले पैकेट में से एक सिगरेट निकाली। अपनी हथेली में अंतॅन ने अपने लाइटर की जो लौ सुलगाई उसे उसने साँस से खींचा और उसे संकोच से देखती रही।

ऐसा होना ही था। खिन्न मन से उसने लाइटर वापस अपनी जेब में रखा, सोचते हुए : लेकिन लगता है इस सचाई को कि प्लूख़ को तुम्हारे घर के सामने पड़ा होना चाहिए था, नहीं होना था। एक बार फिर वह पुराना कड़वापन उभर आया, वह कभी न रीतने वाला कड़वापन। तो क्या उसे हमारे घर के सामने लेटा हुआ होना चाहिए था? वह एक-एक कदम उसके बाजू में चलता रहा। इससे उसे मितली आ रही थी। वह उससे आसानी से पीछा छुड़ा सकता था, लेकिन उसे यह भान हो गया कि उसके बग़ल की यह औरत करीब-करीब उससे ज़्यादा बदहवास थी।

"मैं तुम्हें अभी-अभी एकदम पहचान गई थी," कारिन बोली। "तुम अपने पिता जितने ही ऊँचे हो, और तुम्हारे बाल सफ़ेद हो रहे हैं, लेकिन तुम दरअसल बिल्कुल नहीं बदले हो।"

"ऐसा मुझे एक से ज़्यादा दफ़ा बताया गया है। मैं कह नहीं सकता कि वह अच्छी चीज़ है या नहीं।"

"मुझे हमेशा से मालूम था कि मैं किसी दिन तुमसे मिलूँगी। तुम अम्स्तर्दम में रहते हो?"

"हाँ।"

"पिछले कुछ सालों से मैं एइंदहोफ़न में हूँ।" वह चुप रहा और वह बोलती रही, "तुम क्या करते हो, तोनी?"

"मैं ऐनेस्थीज़िओलॉजिस्ट हूँ।"

"सचमुच?" उसने ख़ुशी-भरे अचरज से पूछा, जैसे वह हमेशा उम्मीद करती रही हो कि वह वही बनेगा।

"सचमुच। और तुम? अभी भी नर्स हो?"

ऐसा लगा जैसे अपने बारे मे बात करते हुए उसे दुख हो रहा हो। "बरसों से नहीं हूँ। मैं लम्बे वक्त तक विदेश रही और अविकसित दिमाग़ वाले बच्चों के बीच काम किया। कुछ साल यहाँ भी किया, लेकिन अब रिटायर हूँ। मेरी तबीयत ठीक नहीं रहती..." एक बार फिर उत्साह से उसने पूछा, "ये लड़की क्या तुम्हारी बेटी थी, तुम जिससे बात कर रहे थे?"

"हाँ," अंतॅन ने हिचकिचाते हुए स्वीकार किया। उसे लगा कि उसकी ज़िंदगी के उस हिस्से और कारिन के बीच कोई संबंध न था; दरअसल, कारिन के बावजूद उसका अस्तित्त्व था।

"वह तुम्हारी माँ जैसी दिखती है, तुम्हें नहीं लगता? कितनी बड़ी है?"

"उन्नीस।"

"उसे बच्चा होने वाला है, है न? उसके बदन से कहीं ज़्यादा वह उसकी आँखों से दिखता है। तुम्हारे और भी बच्चे हैं?"

"मेरी दूसरी पत्नी से एक बेटा।" उसने आसपास देखा। "उसे भी यहीं कहीं होना चाहिए।"

"उसका क्या नाम है?"

"पेतर," अंतॅन ने कहा और कारिन की तरफ़ देखा। "वह बारह का है।" उसने उसके चेहरे पर चौंकने के भाव को पढ़ा। उसे राहत देने के लिए उसने पूछा, "तुम्हारे बाल-बच्चे हैं?"

एक औरत की पीठ को तकते हुए, जो एक पहियाकुर्सी में बैठे एक बूढ़े को ले जा रही थी, कारिन ने इन्कार में सिर हिलाया।

"मैंने शादी की ही नहीं।"

"तुम्हारे पिता अभी जीवित हैं?" जैसे ही उसने पूछा, अंतॅन ने महसूस किया कि इस प्रश्न में व्यंग्य के स्वर भी हो सकते थे।

उसने फिर सिर हिलाया। "उन्हें गए तो बहुत वक्त हो गया।"

धारा के बीच से एक-दूसरे के बराबर वे चुपचाप घिसटते रहे। कुछ देर के लिए भीड़ ने नारे लगाना बंद कर दिया था। संगीत अभी भी चारों तरफ़ बज रहा था लेकिन उनके एकदम आसपास कोई कुछ बोल नहीं रहा था। वह बता सकता था कि हालाँकि कारिन उस सबके बारे में बात करना चाहती थी, लेकिन हिम्मत नहीं कर पा रही थी। पेतर...हमेशा के लिए सत्रह; वह अभी पचपन का होता। अपनी खुद की उम्र से ज़्यादा इस तथ्य ने अंतॅन को अहसास दिलाया कि वह सब कितने पहले हुआ था। और अब यह रही उसके बाजू में चलती यह तब-युवती-अब-बूढ़ी औरत। कभी यह उसे उत्तेजित करती थी, लेकिन उसके खूबसूरत पैर, जो हवाई जहाज़ के डैनों की तरह सुघड़ थे, उम्र के साथ सूखे और बदरंग हो चुके थे। शायद वह आख़िरी इन्सान थी जिसे पेतर ने देखा होगा। एक ऐसे लेखक की व्यग्र लेकिन राहत-भरी जल्दबाज़ी से, जो अपनी किताब के अंतिम अध्याय तक पहुँच गया हो, उसने कहा, "सुनो, कारिन, अपन इधर-उधर की बातें न करें। तुम मुझे उसके बारे में बताना चाहती हो और मैं जानना चाहता हूँ। उस रात सही-सही हुआ क्या था? क्या पेतर तुम्हारे घर के अंदर भाग आया था?"

उसने सिर हिलाकर हामी भरी। "मैं समझी कि वह हमें गोली मारने आया है," उसने अपनी आँखें अपने सामने के जुलूसवालों की पीठ पर गड़ाए हुए हौले से कहा। "हमने जो किया था उसकी वजह से..." उसने एक पल के लिए अंतॅन की तरफ़ देखा। "उसके हाथ में पिस्तौल थी।"

"प्लूख़ की।"

"वह मुझे बाद में बताया गया। अचानक वह कमरे में आ गया। वह डरावना दिख रहा था। हमारे यहाँ केरोसीन का छोटा-सा लैम्प था लेकिन मैं देख सकती थी कि वह बिफरा हुआ था।" उसने जल्दी से निगलने-जैसी हरकत की, फिर बोलती गई। "उसने कहा कि हम लोग राक्षस थे, वह हमें मार डालेगा। वह बदहवास था। उसे सूझ नहीं पड़ रहा था कि क्या करे। वे लोग उसको ढूँढ रहे थे और वह हमारा घर छोड़ नहीं सकता था। मैंने उससे कहा कि पिस्तौल नीचे रख दो, हम उसे कहीं छिपा देंगे, वर्ना जब वे आएँगे तो उसे ही खूनी समझेंगे।"

अंतॅन बराबर एक रफ़्तार से चलता रहा, हाथ पीछे पीठ पर बँधे हुए, विषण्ण, आँखें सड़क पर लगी हुईं। त्यौरियों पर बल डाले उसने कहा, "फिर उसने क्या कहा?"

कारिन ने कंधे झटके। "मुझे लगता है उसने सुना तक नहीं। वह बस पिस्तौल घुमाता हुआ वहाँ खड़ा रहा, बाहर कोई शोर हो तो उसे सुनने की कोशिश करता हुआ। मेरे पिता ने मुझे मुँह बंद रखने को कहा।"

"क्यों?"

"मुझे नहीं पता; मैंने उनसे कभी पूछा भी नहीं। और उन्होंने कभी उस रात

के बारे में फिर कुछ नहीं कहा। लेकिन बेशक़ जर्मनों ने पेतर को हमारे घर में घुसते देखा था; उन्होंने तलाशी ली होती और उन्हें पिस्तौल मिल जाती। फिर वे हमें भी शामिल समझकर मार डालते। उस वक्त ऐसा ही होता था : वे कभी यह जानने की परवाह नहीं करते थे कि असल में क्या हुआ था।''

''तो तुम्हारा मतलब है,'' अंतॅन ने धीरे-धीरे कहा, ''कि तुम्हारे पिता को यह कुछ आसान लगा कि कोई ऐसा आदमी उनपर पिस्तौल ताने रहे जिसे जर्मन उस जुर्म का अपराधी मानें ?'' और जब कारिन ने बहुत धीरे से सिर हिलाकर हामी भरी, ''दूसरे शब्दों में, वे पेतर को जर्मनों की निगाह में गुनहगार दिखला रहे थे।''

कारिन ने उत्तर नहीं दिया। जुलूस वालों की सुस्त नदी में वे कदम-ब-कदम तिरते जा रहे थे। बाजू की एक सड़क से करीब सोलह बरस के लड़कों का एक टोल निकल कर आया। उन सबके घुटे सिर, काली चमड़े की जाकिटें, काली पतलूनें और लोहे की नाल वाले काले जूते थे। उन्होंने भीड़ के बीच से ज़बर्दस्ती रास्ता बनाया और दूसरी तरफ़ के पुल पर से अदृश्य हो गए।

''और फिर?'' अंतॅन ने पूछा।

''कुछ देर के बाद पूरी फ़ौज घाट पर आ गई। मुझे याद नहीं सारे में कितनी देर लगी। पेतर उस चीज़ को हमारे सिरों पर ताने रहा, और अचानक बाहर ख़ूब शोर और चीख-चिल्लाहट मची। मुझे बिल्कुल नहीं मालूम कि वह क्या करना चाहता था और मैं सोचती हूँ कि उसे भी पता नहीं था। मैंने अक्सर सोचा है कि उसने हमें गोली क्यों नहीं मार दी; उतना होने के बाद उसका और कुछ तो बिगड़ना नहीं था। शायद आख़िर में उसे अहसास हो गया था कि हमारा कुसूर नहीं था। मेरा मतलब है...'' उसने कहा, उसकी तरफ़ यह जानने के लिए देखते हुए कि जो वह कहना चाहती थी वैसा कहना ठीक था या नहीं, ''...कि न तुमने ऐसा कुछ किया था न किसी और ने, और न किसी से ज़्यादा हमने, कि लाश हमें ही मिलती। मैंने देखा था कि पेतर उसे हमारे घर के सामने रखने की तैयारी कर रहा था, और...''

''इसके बारे में मुझे इतना यक़ीन नहीं है,'' अंतॅन ने उसे टोका। ''वह उसे बेउमर के सामने भी ले जाना चाह सकता होगा। तुम्हें बेउमर दंपति की याद होगी; वे बूढ़े थे। शायद पेतर डरता होगा कि तुम्हारे पिता उसे मारेंगे।''

कारिन ने उसाँस ली और अपने बालों पर हाथ फेरा। उसने अंतॅन की तरफ़ बेचैनी से देखा। वह जानता था वह देख रही थी कि वह सुनना चाहता था आगे क्या हुआ, लेकिन वह कभी पूछेगा नहीं। सिर अचानक झटक कर वह मुड़ी, जैसे कहीं और से मदद मिल पाएगी। जब नहीं मिली तो उसने शुरू किया, ''ओह, तोनी ...हमारी बड़ी खिड़की पर चिपका काग़ज़ जरूर कहीं से फटा रहा होगा; उन्होंने उसे पिस्तौल लिए हुए देख लिया होगा। अचानक खिड़की को तोड़ती हुई गोली आई।

मैंने अपने को फ़र्श पर गिरा दिया लेकिन मुझे लगता है उसे गोली लग चुकी थी। एक सेकंड के बाद उन्होंने लात मार कर दरवाज़ा तोड़ दिया और ज़मीन की तरफ़ निशाना लगाकर कुछ गोलियाँ और चलाईं, जैसे किसी जानवर को ख़त्म कर रहे हों...''

क्या सूर्य देवता इन खंडहरों की कोई और सुनिश्चित परिभाषा नहीं जानता? तो यह हुआ था। एक हवाई जहाज़ के पीछे फड़फड़ाते हुए एक परचम को न देखते घूरते हुए अंतॅन ने झटक कर अपना सिर पीछे किया और एक गहरी साँस ली। जो छत्तीस बरस पहले हुआ था उससे अब यह शांति-प्रदर्शन बहुत दूर लगता था। और फिर भी वह उस कमरे में मौजूद नहीं था जहाँ वह कारिन के साथ लूडो वगैरह खेला करता था, और जहाँ पेतर को खिड़की की एक दरार से गोली मारी गई थी।

''और फिर?'' उसने पूछा।

''मुझे ठीक से याद नहीं है...'' उसकी आवाज़ से यह बता सकता था कि वह रो रही थी, लेकिन उसने उसकी तरफ़ नहीं देखा। ''उसके बाद मैं देख ही नहीं रही थी। हमें फ़ौरन घर से घसीटकर ले जाया गया, जैसे हमारे साथ कुछ और ख़राब होने वाला हो। मुझे लगता है कि हम बहुत देर तक ठंड में खड़े रहे। मुझे बस शीशे टूटने की याद है जब वे तुम्हारी खिड़कियों को तोड़ रहे थे। और कई जर्मन आए और घर के भीतर-बाहर जाते रहे। फिर वे हमें ख़ाली ज़मीन के टुकड़ों के पार ले गए जहाँ दूसरी कारें खड़ी हुई थीं। हमें क्षेत्रीय कमान के दफ़्तर में जाना पड़ा, लेकिन दूर से भी मैंने धमाके सुने, जब उन्होंने तुम्हारे घर को उड़ाया...''

उसका गला रुँध रहा था। अंतॅन को कमान दफ़्तर में कोर्तेवेख़ का हॉल पार करना, गरम दूध का गिलास, चर्बी वाली सैंडविच याद आए...उसने अपने को पूरी तरह गड़बड़ाया महसूस किया, किसी ऐसे कमरे की तरह जिसे चोरों ने खसोट डाला हो, और फिर भी उस याद की वजह से उस पर सुख की एक लहर छा गई। लेकिन वह मिट भी गई जब उसे शुल्त्स को आख़िरी बार देखने का ख़याल आया, जब वह ट्रक के पायदान के पास पलटा हुआ पड़ा था। अंतॅन ने अपनी आँखें कसकर मींचीं, फिर उन्हें पूरा खोल दिया।

''तुमसे पूछताछ हुई थी?'' उसने पूछा।

''मुझसे अलग से पूछा गया था।''

''क्या तुमने उन्हें सच बताया?''

''हाँ।''

''उन्होंने क्या कहा जब उन्होंने सुना कि पेतर का इससे कोई ताल्लुक़ नहीं था?''

''उन्होंने सिर्फ़ लाचारी दिखाई। उन्हें उसका शक़ था, क्योंकि पिस्तौल प्लूख़ की थी। लेकिन उस बीच में उन्होंने एक और को पकड़ लिया था। एक लड़की

थी, अगर मुझे ठीक याद आ रहा हो तो।"

"हाँ," अंतॅन ने कहा। "मुझे भी यही बताया गया था।" उसने चार क़दमों के बाद कहा, "तुम्हारी उम्र की थी कोई।" अब उसे हर बात जान लेनी चाहिए और फिर उसे हमेशा के लिए दफ़ना देना चाहिए, उसके ऊपर एक पत्थर लुढ़का देना चाहिए और फिर कभी उसके बारे में नहीं सोचना चाहिए। "मुझे एक चीज़ समझ में नहीं आती," उसने कहा, "उन्होंने पेतर को तुम्हें पिस्तौल से धमकाते देखा था, देखा था न? उन्होंने पूछा नहीं कि क्यों?"

"बेशक।"

"और तुमने उन्हें क्या बताया?"

"जो सच था।"

वह पशोपेश में पड़ गया कि उसका यक़ीन करे या न करे। दूसरी तरफ़ शायद तब तक कारिन को मालूम नहीं पड़ा था कि उसके माता-पिता अब बोल नहीं सकते थे। ख़ुद उसने जर्मनों को बता दिया होता लेकिन उससे किसी ने पूछा ही नहीं था।

"तो तुमने माना था कि पहले प्लूख़ तुम्हारे दरवाज़े पर पड़ा हुआ था?"

"हाँ।"

"और तुम उसे हमारे दरवाज़े पर घसीट लाई थीं?" उसने हामी में सिर हिलाया। शायद वह सोच रही थी कि वह उस बात पर ज़ोर देकर उसे शर्मिंदा करना ही चाहता था, लेकिन वह सच नहीं था। कुछ देर तक दोनों ने कुछ नहीं कहा। वे प्रदर्शन में साथ-साथ चलते हुए भी उससे बाहर थे।

"तुम्हें डर नहीं लगा," अंतॅन ने पूछा, "कि वे तुम्हारा घर भी जला देंगे?"

"मैं चाहती थी कि जला देते," कारिन ने कहा, जैसे उसे इस सवाल का अंदाज़ रहा हो। "तुम्हें क्या लगता है, उस सबके बाद मुझे कैसा लगा? अगर वे जला देते तो मैंने बिल्कुल अलग तरह से ज़िंदगी गुज़ारी होती। उस वक्त मेरी एक ही इच्छा थी—उनकी गोली से मरूँ या पेतर की गोली से।"

अंतॅन बता सकता था कि वह सच कह रही थी। उसे अचानक इच्छा हुई कि उसे छू ले, लेकिन उसने वैसा नहीं किया।

"जब तुमने उन्हें बताया तो उन्होंने क्या कहा? क्या कमान अफ़सर भी ख़ुद वहाँ मौजूद था?"

"मुझे कैसे मालूम होता? मुझसे तो एक सादा कपड़े पहने हुए करमकल्ले ने सवाल किए थे। पहले..."

"क्या उसके चेहरे पर कोई निशान था?"

"निशान? मुझे नहीं लगता। क्यों?"

"आगे बताओ।"

"पहले वह सिर्फ़ बुदबुदाया, "इससे मुझे क्या? मुझे क्या परवाह कि किसने

क्या किया था?'' ऊपर निगाह किए बिना। फिर उसने अपना पैन रख दिया, अपने हाथ बाँधे, मुझे कुछ देर देखता रहा, और तारीफ़ में बोला, ''बधाई।''

ऐसी बधाई का पात्र होने के लिए अंतॅन को भी उसे बधाई देने की इच्छा हुई लेकिन उसने अपने को ज़ब्त किया।

''तुमने अपने पिता को बताया?''

मानो दूर से आती आवाज़ में कारिन बोलती रही, ''उन्हें कभी पता नहीं चला कि मैंने क्या कहा, न मुझे उन्होंने बताया कि उन्होंने क्या कहा। सुबह तक हमने एक-दूसरे को देखा ही नहीं, जब हमें घर जाने की इजाज़त मिली। इसके पहले कि मैं कुछ कहती वे बोले, 'कारिन, हम कभी भी इसके बारे में बात नहीं करेंगे।' ''

''और तुमने मान लिया।''

''अपनी बाक़ी सारी ज़िन्दगी में उन्होंने कभी इसका ज़िक्र नहीं दिया। उसके बाद भी नहीं जब हम घर पहुँचे और राख का वह सुलगता ढेर देखा, और मिसेज़ बेउमर से सुना...मेरा मतलब कि तुम्हारे पिता...और तुम्हारी माँ भी...।''

उस बूढ़े आदमी की पहियागाड़ी धकाती हुई वह औरत दूसरी तरफ़ बहने वाली धारा में फँसकर अदृश्य हो चुकी थी। भोंपू लिए हुए एक महिला के नेतृत्व में भीड़ तालियों के साथ और नारे लगा रही थी लेकिन बग़ैर भोंपू वाली आवाज़ें खो जाती थीं। ज़्यादातर लोग चुपचाप आगे चल रहे थे जैसे कोई अत्यधिक प्रिय व्यक्ति और आगे ताबूत में ले जाया जा रहा हो। पटरियों पर खड़े तमाशबीन गुज़रते हुए जुलूस को निहार रहे थे। जुलूस में चलनेवालों और उन्हें देखनेवालों के बीच एक फ़र्क़ था, एक तरह की चिलकन जिसका संबंध युद्ध से था।

''मैं एक बार बेउमर दंपति से मिलने गया था, लड़ाई के कुछ बरस बाद'', उसने कहा, ''श्रीमती बेउमर ने बताया कि तुम आज़ादी के फ़ौरन बाद वहाँ से चली गई थीं।''

''हम मुल्क छोड़कर न्यूज़ीलैंड चले गए थे।''

''सचमुच?''

''हाँ,'' कारिन ने सीधे उसकी आँखों में देखते हुए कहा, ''क्योंकि पिताजी को तुम्हारा डर था।''

''मेरा डर?'' अंतॅन हँसा।

''उन्होंने कहा था कि वे एक नयी ज़िंदगी शुरू करना चाहते हैं, लेकिन मैं सोचती हूँ कि वे तुम्हारा सामना नहीं करना चाहते थे। आज़ादी के बाद पहले दिन से ही उन्होंने चीज़ों की तैयारी शुरू कर दी थी। मुझे विश्वास है कि उन्हें डर था कि जब तुम बड़े हो जाओगे तो बदला लोगे—शायद मुझसे भी।''

''इस तरह की बात!'' अंतॅन ने कहा। ''यह तो कभी मेरे दिमाग़ में आया भी नहीं था।''

“लेकिन उन्हें आया था। तुम्हारे मामा ने आज़ादी के कुछ दिन बाद हमारे घर की घंटी दबाई थी लेकिन उन्हें देखते ही मेरे पिता ने उनके मुँह पर दरवाज़ा बंद कर दिया था। हम कुछ हफ़्तों बाद मेरी एक बुआ के यहाँ रहने रोत्तर्दम चले गए। क्योंकि लड़ाई के पहले से ही वहाँ उनकी हर तरह की जान-पहचान थी इसलिए हम एक साल के भीतर ही एक माल वाले जहाज पर निकल सके। हम शायद न्यूज़ीलैंड में जाकर बसने वाले पहले डच रहे होंगे।” एक अजीब, ठंडे भाव से उसने आगे जोड़ा, “और वहाँ, अड़तालीस में, उन्होंने आत्महत्या कर ली।”

हालाँकि पहले अंतॅन हक्का-बक्का रह गया लेकिन जल्द ही उसकी दहशत की जगह स्वीकृति और शांति की एक भावना ने ले ली, जैसे अंततः उसके साथ न्याय हुआ हो। तैंतीस बरस पहले ही पेतर की मौत का बदला लिया जा चुका था। ताकस ने उसके बारे में क्या कहा होता? प्लूख़ को निशाना बनाने के तीन साल बाद उसका एक और शिकार बना था।

“क्यों?” अंतॅन ने पूछा।

“क्या कहा तुमने?”

“उन्होंने आत्महत्या क्यों की? आख़िरकार उन्होंने अपनी रक्षा के लिए लाश हटाई थी। शायद उन्होंने ख़ास कर वह तुम्हारे लिए किया। उन्होंने तक़दीर की बस ज़रा-सी ही मदद की थी।”

आगे कहीं रुकावट रही होगी क्योंकि वे एक ठहराव पर आ गए थे। कारिन ने असहमति में सिर हिलाया।

“तुम्हें ऐसा नहीं लगता?” अंतॅन ने पूछा।

“नहीं, हमें ऐसा कभी नहीं लगा कि वे वहाँ रहने वाले सभी को मार डालेंगे। उन्होंने ऐसा पहले कभी नहीं किया था। हमें हमारी जान तभी ख़तरे में लगी थी जब पेतर ने हम पर पिस्तौल तानी थी?”

“फिर मैं अभी भी उसे समझ नहीं पा रहा हूँ। वे सिर्फ़ यह चाहते थे कि तुम्हारे घर की बजाय हमारा घर जल जाए : ठीक है, यह बहुत उम्दा बात नहीं है, लेकिन वे यह नहीं जान सकते थे कि हर चीज़ बदतर होकर सामने आएगी। मैं समझ सकता हूँ कि शायद उनकी अंतरात्मा उन्हें सताती होगी...लेकिन आत्महत्या?”

कारिन ने जैसे कुछ निगला। “तोनी,” उसने कहा, “एक बात है जो मैं तुम्हें बताना चाहती हूँ...” वह निश्चल खड़ी रही, फिर उसे चलना पड़ा क्योंकि जुलूस आगे बढ़ रहा था। “जब हमने उन गोलियों की आवाज़ों को सुना और उन्होंने प्लूख़ को हमारे घर के सामने पड़ा देखा तो जो उन्होंने कहा वह यह था, ‘हे भगवान, अपने गिरगिट!’”

अविश्वास में आँखें फाड़े अंतॅन उसके सिर के परे देखता रहा। वे गिरगिट...क्या यह संभव था? क्या सारी चीज़ का कुसूर उन छिपकलियों पर मँढ़ा

जा सकता था? क्या आख़िर में कुसूर उनका था?

"तुम्हारा मतलब है," उसने कहा, "उन गिरगिटों के बिना इसमें से कुछ भी न हुआ होता?"

सोच में गहरे डूबी हुई कारिन ने उसके कंधे से एक बाल हटाया और अपनी उँगली और अँगूठे को एक साथ रगड़ते हुए उसे पटरी पर फेंक दिया।

"मुझे कभी समझ में नहीं आया कि मेरे पिता के लिए वे गिरगिट क्या मानी रखते थे। कुछ अनंतता और अमरता के बारे में, कोई रहस्य था जो वे उनमें देखते थे। मुझे समझ में नहीं आता कि उसे कैसे कहूँ। वे घंटों एकटक उन्हें देखते बैठे रहते थे, उसी तरह निश्चल जितने कि वे प्राणी थे। मुझे विश्वास है कि उसका कुछ संबंध मेरी माँ की मृत्यु से था, लेकिन मुझसे मत पूछो कि कैसे। तुम्हें देखना चाहिए था कि भूख की उस ठंड में उन्होंने उन्हें ज़िंदा रखने के लिए क्या नहीं किया था। वही करीब-करीब एक चीज़ थी जिसकी उन्हें तब भी परवाह रही। शायद उन्हें मुझसे ज़्यादा उन जानवरों से लगाव था। वे मेरे पिता के लिए ज़िंदा रहने की अकेली वजह बन गए थे।"

जुलूस फिर रुक गया था। सड़क पूरी तरह बंद थी, क्योंकि सभी अलग-अलग प्रदर्शन अब मुख्य जुलूस में शामिल होने की कोशिश कर रहे थे। अंतॅन और कारिन एक चौड़े झंडे के पीछे खड़े हुए थे जिसे दूसरे छोर से कसकर नहीं पकड़ा गया था इसलिए सामने कुछ दिख नहीं पा रहा था।

"लेकिन जब वह सब कुछ हो चुका," वह कहती रही, "पेतर नहीं बचा; और तुम्हारे माता-पिता भी, तो वे उनके लिए फिर गिरगिटों में बदल गए, बस मामूली प्राणियों में। जैसे ही हम कमान दफ़्तर से लौटे, उन्होंने उन सबको रौंद कर मार डाला। मैंने उन्हें एक पागल की तरह पैरों से उन्हें कुचलते सुना। उसके बाद उन्होंने दरवाज़े पर ताला लगा दिया और मुझे उस कमरे में जाने से मना कर दिया। कई हफ़्तों बाद उन्होंने वह गंदगी साफ़ की और उन प्राणियों का जो भी बचा था उसे बगीचे में गाड़ दिया।" कारिन ने एक हिचकिचाती-सी चेष्टा की। "हो सकता है वे उसी का सामना न कर पा रहे हों, कि छिपकलियों के एक झुंड के लिए उनके मन में जो प्रेम था उसके कारण तीन लोगों को अपनी जान गँवानी पड़ी, और इस ख़याल का कि अगर तुम्हें कभी कोई मौक़ा मिला तो तुम उन्हें मार डालोगे।"

"कैसे मारता?" अंतॅन ने कहा। "मुझे तो इसका कुछ पता भी नहीं था।"

"लेकिन मैं जानती थी। और वे जानते थे कि मैं जानती थी। और यही वजह थी कि वे मुझे अपने साथ दुनिया के दूसरे छोर तक खींच ले गए, मेरी मर्ज़ी के बहुत ख़िलाफ़। लेकिन आख़िर में उन्हें मारने के लिए उन्हें तुम्हारी ज़रूरत नहीं पड़ी। उन पर तुम्हारा आतंक सवार था।"

अंतॅन को मितली-सी आने लगी। यह कहानी जितनी वह आंशिक रूप से

सुन चुका था उससे बदतर थी। उसने कारिन के चेहरे की तरफ़ देखा, जिस पर अभी भी आँसू थे। उसे उससे दूर जाना था, उसे फिर कभी नहीं देखना था। लेकिन एक और चीज़ थी जो उसे जाननी ही चाहिए थी। वह अभी भी बोल रही थी लेकिन उससे शायद ही। "वे एक हताश अभागे इंसान थे। जब भी वे अपने गिरगिटों में नहीं रमे रहते थे तो नक्शों को घूरते रहते थे। मूर्मांस्क को जाने वाला रास्ता, अमेरिकी फ़ौजी दस्ते...इंग्लैंड भागने के लिए वे बहुत बूढ़े थे, इसलिए..."

"कारिन," अंतॅन बोला। वह चुप हो गई और उसकी तरफ़ देखने लगी। "हम लोग घर में बैठे हुए थे। तुमने वे गोलियाँ सुनीं। फिर जब तुमने प्लूख़ को वहाँ पड़े देखा तो तुम उसे घसीटने के लिए बाहर गईं, ठीक है?"

"हाँ, मेरे पिता ने मुझे मजबूर किया। यह तय करने में उन्हें सिर्फ़ एक पल लगा।"

"सुनो। तुम दोनों उसे एक-एक तरफ़ से पकड़े हुए थे—कंधे तुम्हारे पिता, और पैर तुम।"

"तुमने देखा था?"

"उसे छोड़ो। कुछ और बात भी है जो मैं जानना चाहता हूँ। तुमने उसे हमारे दरवाज़े के सामने क्यों रखा, आर्त्स के घर के सामने क्यों नहीं?"

"मैं वही करना चाहती थी, मैं वही करना चाहती थी!" अचानक आकुलता से वह अंतॅन का हाथ जकड़कर चीख़ी। "मुझे तो इतना साफ़ लगा था कि उसे तुम्हारे, तुम्हारे और पेतर के दरवाज़े पर नहीं लगना चाहिए था, बल्कि आर्त्स के सामने, जहाँ दो ही लोग रहते थे, जिन्हें हम सचमुच नहीं जानते थे। मैंने उनके घर की तरफ़ एक क़दम बढ़ा भी दिया था, लेकिन फिर पिताजी ने कहा, 'नहीं, वहाँ नहीं, उन्होंने यहूदियों को छिपाया हुआ है।'"

"हे ईश्वर!" माथे पर हथेली को मार कर अंतॅन चिल्ला पड़ा।

"हाँ, मुझे बिल्कुल पता नहीं था, लेकिन साफ़ था कि मेरे पिता जानते थे। तैंतालीस से एक जवान पति-पत्नी अपने छोटे बच्चे के साथ वहाँ छिपे हुए थे। वे भी हमें देख रहे होंगे लेकिन उन्हें कभी मालूम नहीं पड़ा कि असल में हो क्या रहा था।"

आर्त्स परिवार, जिन्हें कोई बर्दाश्त नहीं कर पाता था क्योंकि वे अपने में ही रहते थे : उन्होंने तीन यहूदियों की जान बचाई थी और उन यहूदियों ने अपनी मौजूदगी से खुद उनकी जान बचाई थी। हर चीज़ के बावजूद, कोर्तेवेख़ एक भला इंसान रहा था! तो यह वजह थी कि प्लूख़ की लाश दूसरी तरफ़ रखी गई थी, उसके अपने दरवाज़े पर, ताकि...अंतॅन और बर्दाश्त नहीं कर सका।

"विदा कारिन," उसने कहा। "मुझे माफ़ करो, मुझे...तक़दीर तुम्हारा साथ दे।"

जवाब का इंतज़ार किए बिना, उसे वहीं खड़ी छोड़कर, वह मुड़ा और भीड़ के बीच से बढ़ता गया, कभी इस तरफ़ जाता हुआ कभी उस तरफ़, मानो आश्वस्त होने के लिए कि कारिन उसे कभी खोज न पाए।

4

उसे होश-हवास में आने में कुछ देर लगी, लेकिन बहुत ज़्यादा नहीं। वह जुलूस के उस हिस्से में शामिल हो गया जो अभी भी चल रहा था, या एक बार और चल पड़ा था, और उसने अपने को भीड़ द्वारा साथ ले जाने दिया। कुछ ऐसा था जैसे ये लाखों लोग, मानव-जीवन की ये अनंत धाराएँ, उसकी मदद कर रहे थे, उसके आगे और पीछे पुलों और नहरों को पार करते हुए, बाजू की सड़कों से आते हुए और भी कई समूहों की वजह से और बढ़ते हुए। अचानक उसने अपने हाथ पर एक हाथ महसूस किया। पेतर उसकी तरफ़ मुस्करा रहा था। वह भी मुस्कराया, लेकिन उसकी आँखों में चुभन थी। वह झुका और उसने कुछ बोले बिना पेतर के सिर का गुनगुना ऊपरी हिस्सा चूम लिया। लड़का बतियाता रहा लेकिन अंतॅन ने उसे शायद ही सुना।

क्या हर आदमी अपराधी और निर्दोष था? क्या गुनाह बेकुसूर था, और बेकुसूरी गुनहगार? वे तीन यहूदी...उनके साठ लाख लोग मारे गए थे, यहाँ जितने चल रहे थे उनसे बारह गुना। लेकिन ख़तरे में होने के कारण, उन तीन लोगों ने अनजाने ही अपनी और दूसरे दो की जान बचाई और उनकी जगह खुद उसके पिता और माँ और पेतर को जान गँवानी पड़ी थी, सिर्फ़ कुछ गिरगिटों की वजह से...

"पेतर," उसने कहा, लेकिन जब बेटा सिर उठाकर उसकी ओर मुस्कराया तो उसने सिर हिला दिया और हँसा, जिस पर पेतर भी हँस पड़ा। उसी वक्त उसे याद आया : *आर ए वी ए जी ई, रैवेज,* बेशक़, *रैवेज* यानी तबाही, खंडहर। वही होगी सूर्य देवता *आर ए रा* की अनिश्चित, *वेग, वी ए जी यू ई,* परिभाषा—*यू* निकालने के बाद।

और जब वे दम के रास्ते पर वेस्तरकर्क गिरजा के पास आए तो उनके पीछे दूर पर भीड़ का एक भयावह हो-हल्ला सुनाई दिया जो पास आता जा रहा था। भयभीत होकर हर शख़्स मुड़ा। क्या हो रहा था? अब कुछ भी नहीं होना चाहिए! वह साफ़-साफ़ एक डर की चीख़ थी, जो थम नहीं रही थी बल्कि पास, और पास आती जा रही थी। जब वह उन तक पहुँची तो बिल्कुल कुछ नहीं हुआ, लेकिन

हर आदमी बिला वजह चीखने लगा—पेतर भी, और अंतॅन तक। एक मिनट बाद वह चीख़ उनके पास से गुज़रती हुई आगे चली गई, उन्हें अपने पीछे हँसता छोड़ते हुए। रादहोउसस्त्रात के मोड़ के पास उस चीख़ ने दम तोड़ दिया। पेतर ने उसे ज़िंदा करने की कोशिश की लेकिन नाकामयाब रहा। कुछ मिनटों बाद वह हुँहुआहट एक बार फिर पीछे से आई, फिर उन्हें पीछे छोड़ गई, और आगे ग़ायब हो गई। अंतॅन समझ गया कि वह सारे शहर के बीच से गुज़र रही थी, जुलूस के पहले अगुवा मूज़ेयमप्लेइन लौट चुके थे और जो आख़िरी थे वे रवाना नहीं हो पाए थे। वह शोर चक्कर लगा रहा था, हर आदमी एक साथ हँस और चिल्ला रहा था, और फिर भी वह एक भय की हुँहुआहट थी, उन सबसे उठती हुई मानवता की आदिम चीख़।

लेकिन इसका महत्त्व क्या है? अंत में हर चीज़ भुला दी जाती है। कोलाहल मिट जाता है, लहरें लौट जाती हैं, सड़कें सूनी हो जाती हैं और एक बार फिर सन्नाटा छा जाता है। एक लंबा, दुबला आदमी एक प्रदर्शन में अपने बेटे के साथ हाथ में हाथ लिए चलता है। वह "युद्ध के बीच रहा है", जैसा कि लोग कहते हैं, शायद उन लोगों में से अंतिम, जो याद रखते हैं। वह इसमें अपनी मर्ज़ी के ख़िलाफ़ शामिल हुआ है, इस प्रदर्शन में, और उसकी आँखों में एक व्यंग्यात्मक चमक है, जैसे उसे यह स्थिति मनोरंजक लग रही हो। तो, अपना सिर कुछ-कुछ बाजू में झुकाए हुए, जैसे वह दूर की किसी ध्वनि को सुन रहा हो, वह स्वयं को शहर के बीच से लिए जाने देता है उस जगह को जहाँ से उसने शुरू किया था। एक फुर्तीली चेष्टा से वह अपने सफ़ेद होते हुए सीधे बाल पीछे झटकता है, अपने पैर थोड़े घसीटते हुए, जैसे हर क़दम राख के बादल उठा रहा हो, हालाँकि राख कहीं दिखने में नहीं आ रही थी।

अम्स्तर्दम
जनवरी - जुलाई 1982